《大参考》编委会

大参考

REFERENCE INFORMATION 1006

领导决策信息杂志社◎编

全国百佳图书出版单位
百佳
中华人民共和国新闻出版总署评定

中国时代经济出版社

图书在版编目（CIP）数据

大参考1006/领导决策信息杂志社编

—北京：中国时代经济出版社，2010.11

ISBN 978-7-5119-0364-8

Ⅰ.①大… Ⅱ.①领… Ⅲ.①时事评论—中国 Ⅳ.①D609.9

中国版本图书馆CIP数据核字（2010）第203801号

书　　名：**大参考1006**

出 版 人：宋灵恩

作　　者：领导决策信息杂志社

出版发行：中国时代经济出版社

地　　址：北京市西城区车公庄大街乙5号鸿儒大厦B座

邮政编码：100044

发行热线：（010）68320825　68320484

传　　真：（010）68320634

邮购热线：（010）88361317

网　　址：www.cmepub.com.cn

电子邮箱：zgsdjj@hotmail.com

经　　销：各地新华书店

印　　刷：北京佳信达恒智彩印有限公司

开　　本：889×1194　1/16

字　　数：330千字

印　　张：12.5

版　　次：2010年11月第1版

印　　次：2010年11月第1次印刷

书　　号：ISBN 978-7-5119-0364-8

定　　价：100.00元

Content

目录大参考+

+P001...中国舆情报告

P002　2010年舆情关注十大焦点

P014　2010五大舆情事件

P021　综治维稳三项重要工作

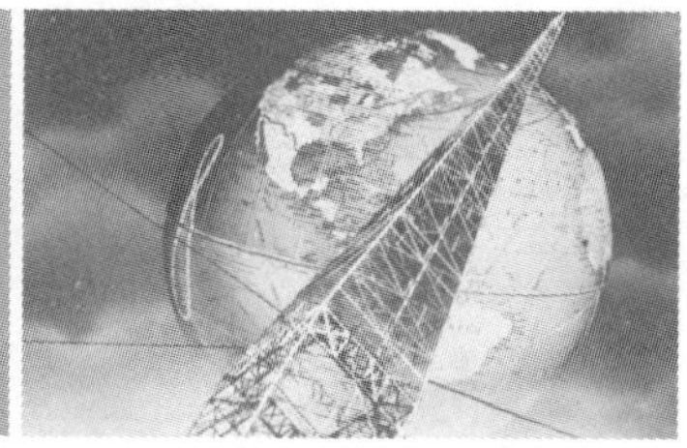

时政关注点

+P025...

P025　“十二五”中国转型发展的主题、主线、基调和方向

P030　面向下一个30年的中国改革新宣言

P035　第22次集体学习引爆文化强国战略冲击波

政情观察室

+P040...

P040　监督政府，从“创造条件”到“依法保障”

P043　“十二五”上项目要总结4万亿的经验和教训

P044　新型城镇化，特色才是硬道理

P050　灾后重建反思：“科学”两字很重要

P056　反渎职侵权呈现9大特点和趋势

区域新战略

+P059...

P059　海南国际旅游岛先行试验区全面启动

P062　四川所有财政资金实现统一管理

P065　江苏发布首个科技创新评价指标体系

P068　打造“健康山东”行动方案

P071　河南发力“中原经济区”

+P077…中国政务景气监测报告

P078　2010中央巡视组

P085　2010中国领先城市考察报告

P108　从《人民日报》三大周刊看民主、民生、党建

P119　2010各地公推公选大扫描

P127　产粮大省 煤炭大省 钢铁大省的"大革命"

案例分析会 Anli Fenxi Hui

+P141…

P141　世博案例："宅基地换房"看华明

P144　网络金融看襄樊，中小企业都叫好

P147　《唐山大地震》：城市营销运作新典范

P150　文化体制改革看深圳：文化+科技 文化+金融 文化+旅游

P157　新疆：安全隐患上升为法规

数字能见度 Shuzi Nengjiandu

+P160…

P160　2010国际城市论坛发布《中国城市价值报告》

百姓新看法 Baixing Xin Kanfa

+P178…

P178　反"三俗"与新道德运动

P185　家政业"三化"之路怎么走

P191　重庆拿出2个亿：一年六大节 节节要"送礼"

中国舆情报告

CHINA

化解人民内部矛盾实现公平公正的社会关注点

2010年舆情关注十大焦点

2010五大舆情事件

综治维稳三项重要工作

中国舆情报告：2010年舆情关注十大焦点

劳资矛盾锐化呼吁诉求新机制

“体面劳动”是和谐劳动关系的主要内容。但根据有关数据，我国居民劳动报酬占GDP的比重，在1983年达到56.5%的峰值后，就持续下降，2005年已经下降到36.7%，22年间下降了近20个百分点。

2010年5月13日《北京青年报》今日社评《“劳动者报酬占GDP比例”该触底反弹了》一文指出，劳动者报酬占GDP的比例一路走低，是不符合把改革发展的成果用于改善民生的大方向的。事实上，有些地方劳动者收入过低，不满情绪长期积压，已经酿成了一些影响社会稳定的事件。无论从社会公平还是维护稳定的角度出发，劳动者报酬占GDP的比例是该触底反弹的时候了。

2010年5月，位于广东南海的本田汽车零部件制造有限公司爆发持续性的罢工事件，并致使本田在中国的四家组装工厂从5月17日起停产。此前还发生了一系列类似的罢工和劳资冲突事件，特别是深圳富士康员工的连续12起跳楼自杀，把当前中国的劳资紧张关系推到了“火山口”，引起了全社会关于企业用工、劳动者权益等诸多方面问题的广泛思考和讨论。

而此前，在2010年全国劳动模范和先进工作者表彰大会上，胡锦涛总书记在讲话中强调，要切实发展和谐劳动关系，建立健全劳动关系协调机制，完善劳动保护机制，让广大劳动群众实现体面劳动。4月29日的《人民日报》发表《体面劳动离不开合理报酬》一文指出，不断增加劳动者的劳动报酬，肯定劳动价值，实现分配正义，让广大劳动者更多地分享经济社会的发展成果，这不仅是执政为民的体现，也是社会公平和国家长远发展的保障。

富士康员工频繁跳楼事件中，工会方面的沉默一度引起社会质疑。多名专家在接受《第一财经日报》采访时表达了相同的观点：工会本身的局限使其难以在劳资矛盾中发挥应有作用，并使多项意愿良好的改革举措无法顺利实施。

为了破解劳资矛盾中的工会缺位，力推工资集体协商。2010年5月至6月间，全国工会连续下发了《关于深入推进集体合同制度实施彩虹计划的通知》、《关于进一步做好职工队伍和社会稳定工作的意见》、《关于进一步加强企业工会建设充分发挥企业工会作用的紧急通知》；6月24日，全国工会工资集体协商工作现场经验交流会在辽宁营口召开，部署在全国范围内加大力度开展工资集体协商工作。《21世纪经济报道》发表社评指出，充满公平向度的收入分配制度改革势在必行，在增加普通民众收入方面，唯有让普通劳动者有了自己利益表达的合理有序的渠道，感到自己的劳动得到了合理的报酬，社会才会温和发展，收入分配制度改革最重要的一环才能真正落到实处。

在打造强有力的工会的同时，2010年以来，我国几乎所有省份上调了最低工资标准。各省的上调幅度均在20%以上，其中有些地区的工资增幅达到40%以上。全国总工会的官员表示，这为下一步推进收入分配改革，迈出了关键的一步。7月2日，《中国青年报》刊登《最低工资会不会约束市场竞争》一文指出，政府在制定最低工资标准的时候，已经充分考虑到了一些中小企业的承受能力，但它不应该反过来成为企业拒绝给职工加薪的理由。理想的状态是，职工的个人收入能够与企业的发展保持同步，当企业的效益出现上升的时候，职工的工资也能够上升，让他们能够分享到自己创造的劳动成果。

2010年2月4日温家宝总理在省部级主要领导干部研讨班上发表讲话强调，“我们不仅要通过发展，做大社会财富这个‘蛋糕’，也要通过合理的收入分配制度，把‘蛋糕’分好，让全体人民共享改革发展的成果”。中国(海南)改革发展研究院院长、全国政协委员迟福林表示，中国社会发展到目前这一步，已经不仅仅是做大“蛋糕”的问题。前30年追求的是增加经济总量，现在要做的是怎么分“蛋糕”，怎么走向共同发展。让公平和效率兼顾。

环境污染屡禁不止的背后

经过多年治理，我国的环境保护工作有了长足的发展，但重大环境污染事故仍然频发。据统计，2004年至2009年5年间媒体报道的重大污染事件共有720件，基本呈逐年上升的趋势，而这其中重特大污染事件28件。从年份上看，2009年发生的污染事件最多，共171件，其次是2006年，共161件。以发生污染事件年份最多的2009年为例，从污染类别看，主要是水污染、固废污染和有害气体污染，其中水体污染情况最严重，有80件，固废污染有3件，有害气体污染61件。2010年以来，从湖南郴州“血铅事件”到大连输油管道爆炸事故，再到紫金矿业污染事件，每一次重大环境污染事件都成为媒体关注的焦点。

2010年3月，湖南郴州发生“血铅事件”，《中国青年报》刊登《政绩观的“血铅

中毒”最可怕》一文指出，错误的政绩观已到了“血铅中毒”的程度，这才是最可怕的。不少政府片面追求发展速度，满足于GDP增长，不惜牺牲环境，其根源在于扭曲的发展观与政绩观，说白了，就是发展观、政绩观遭到了严重的“污染”。如何纠正“污染”的政绩观，如何给“中毒”的政绩观消毒，关键在于从源头“治污”，关键要给政绩观“刮骨疗伤”。

同是在7月，紫金铜矿湿法厂污水池突发渗漏环保事故，接下来，大连新港输油管道爆炸起火事故，至少造成附近海域50平方公里的海面污染。针对一些环境污染事故频发的现状，中华新闻网发表名为《嵌入日常生活的环境污染更严重》的媒体评论指出，公众环保意识在高涨，政府文件在强调，环保部门有点名，有披露，但透过一些污染事故，我们有时难以判定，一个地方、一级监管部门对污染持何种态度，污染是允许，还是不被允许，如果被允许，污染到什么程度被允许？民众对问题的反映是根本无须理会，还是仅仅“知道了”，又或是要被视为一道解决问题的指令？哪一个更具稳定性，值得深思。

经过改革开放以来30多年的探索，环境保护与生产力发展和经济社会建设之间的关系及深层次规律被不断地发掘出来。国家对于环境保护的重视程度不断加深。9月13日，国务院总理温家宝出席世界经济论坛2010年新领军者年会开幕式时表示，节约资源和保护环境，是我们的基本国策。

在环境保护被提升至如此高度之后，如何才能够避免出现屡禁不止的污染问题呢？2010年10月，人民网发表题为《借鉴“污染者处罚原则”治理环境污染》的文章提出要积极借鉴国际经验，以尽可能小的社会成本取得更好的效果。文章指出，日本在20世纪50~70年代发生和处理水俣病的过程中，总结出了“污染者处罚原则”：首先，认定污染者有罪，必须对其进行处罚；其次，严格追究加害者的责任，对受害者进行赔偿、复原。我们在解决环境污染问题时，可以借鉴这一原则。

城镇化建设仍需更深入的改革

目前，我国城镇化已经进入加速发展阶

段，但城镇化进程中还存在许多错综复杂的问题，其中户籍制度改革被认为是最重要的内容之一。《北京青年报》2010年3月28日刊发了题为《户籍之辩》的文章，文章认为在政府主导的公共或准公共产品的分配过程中，城乡二元、区域分隔的户籍制度，仍然是重要的分配依据，也是"户口"对公民自由流动的最后束缚。因此，户籍制度改革能否继续深化，其真正的关键在于能否探索新的公共产品的分配模式，改变这部分资源分配与户籍制度相互捆绑的现状，继续弱化户口的"含金量"，并最终使其回归人口登记的本来功能。户籍制度改革的必要性和合理性已经无须论证，而其可行性则有赖于政府的决心和努力。即使"水到渠成"式的改革，也不可能被动地坐等而来，仍然需要最后开堤放水的决心。

在户籍问题上与《北京青年报》持相同观点的媒体很多。《经济观察报》也曾撰文《关于城市不设门槛的假设》来阐述农民户籍问题的改革。文章指出，"农民"变成"市民"后，还留有和土地千丝万缕的联系，比如原本的承包地和宅基地。按现行有关法律法规和政策规定，或是保留承包经营权，或是进行承包经营权流转，或是交回集体。对于这些敏感问题的解决，也非一日之功。而《新京报》则发表题为《户籍制度改革，要福利均等化而非取消农民身份》的评论，明确指出不应让农民用土地换户籍。文章进一步指出，现在，把这个户籍、户籍背后的福利拿出来，高价出售给农民，让农民用其手里唯一的财产——土地来交易，在把农民转成城镇户籍的时候，也把他们转成无财产者。这种交换显然是不合适的。农民是因为权利遭到限制、福利遭到剥夺而让城镇户籍形成溢价的，让农民拿土地再来购买各种权利和福利，这不是在矫正先前的不正义，而是在进行第二次剥夺，制造第二次不正义。

从长期来看，中央大力加快推进城镇化进程已经是势在必行，但是阻碍这一进程的制度限制不容忽视。《人民日报》曾发表一篇题为《改革创新推动城镇化发展》的评论指出，我国城镇化发展任务十分艰巨，还面临着很大的制度障碍。例如，虽然统计上我国城镇化水平已经达到45.7%，但实际上其中绝大部分并没有享受与城镇居民同等的公共服务水平。而在我国统计为城镇人口的居民中，仍有1.6亿人是长期在城镇就业务工的外来农村人口，他们的长期消费趋势在农村。虽然我们城镇化率逐年提高，但真正转变这些进城农民的身份，破解有关制度性的障碍，还要有一个漫长的过程，还需要进一步深化改革。

司法公正与法律尊严不容亵渎

2010年有关司法公正的舆情事件依然高居不下。看守所非正常死亡接连不断、贵州安顺枪击案警察违纪、赵作海冤假错案、渭南书案言论自由、记者被通缉的媒体监督、陕西地方施压最高法院干预司法等，每一起事件无不引发社会媒体强烈关注。《新京报》刊登文章《“躲猫猫”周年为何又现“喝水死”》在分析“监狱死”问题时指出，任何法治国家都不能保证每个执法人员都不出问题，但法治国家却有及时、透明、公开的自我纠正制度，以避免个别司法人员的行为伤害整个法治环境。面对受羁押者的意外死亡、身上的伤痕，当地警方没有及时、主动启动追查机制，这是拿政府公信做背书。

针对浙江丽水警方通缉《经济观察报》记者事件，《北京青年报》在其刊发的《网上通缉记者 意在震慑舆论监督》一文中指出，从近年来的一些不正常现象看，受到批评报道的机构或企业，往往绕开新闻单位直接对记者“下手”，试图以敲山震虎的方式起到威慑记者群体的作用。如果这样的做法得到执法机构或司法机关的支持，则舆论监督的作用就会被削弱，公众的知情权也难以得到保障，最终损害的是整个社会的利益。不让记者因正当的采访报道而陷入法律困境，恐怕是一个健康和正常的社会所必须保证的。

司法公正问题的不断发生，冲击着人们的神经，广大舆论媒体也不断探究其问题背后的原因。《第一财经日报》2010年8月刊登的评论《法律尊严怎能为“维稳”让路》认为，在这些事件中，一些党政官员，甚至是执法者本身，一再成为干扰、破坏法治精神的主体，实在是与上述努力背道而驰。文章进一步指出，法律精神不能为行政权不当干扰、干预，司法机构不能为行政权力绑架要挟，亦是我们必须直面的现实问题。中国要推动建设法治之路，当为手握公权者遵法、守法为必要前提。

暴力拆迁成为“火药桶”

2009年唐福珍自焚的一幕还没散去，江苏邳州暴力征地事件、黑龙江富锦数百村民不满圈地与武警冲突、农民自制土炮轰退百人强拆队、江西宜黄拆迁自焚等事件又见诸报端，钉子户、强拆、自焚，这些中国特定社会背景条件下一个个新鲜的概念逐渐吞噬着宪法、物权法的尊严，同时也拷问着政府的良知。

在对抗拆迁的过程中，有媒体人士将这样的场景形容为：一边是高举着支持依法强拆的《城市房屋拆迁管理条例》，一边摇动着本该更有力的《物权法》；一边是现实利益的铲车，一边则是铲车下迅即变成砖瓦石块的立身之所。日本《产经新闻》评论认为，中国市民维权意识增强，“一方面是地方不顾形象的蛮横做法，另一方面是市民保护私有财产的维权意识逐渐提高，这种官民冲突的事件很可能越来越多。”

2010年5月，国务院办公厅曾下发紧急通知。通知要求，因工作不力引发征地拆迁恶性事件，有关领导和直接责任人将被追究责任。要求严格征地拆迁管理工作，切实维护群众合

法权益。然而，这个通知连带其他相关法规，在一次又一次的自焚事件中，被漠视了。

《南方都市报》针对此问题曾发表文章《珍惜民众信任，严惩拆出人命的官员》指出，拆迁拆出了人命，这已经令人愤怒，没有官员因此受到惩罚，这简直令人绝望。不管法律和政策的条文是否真的可以为相关官员辩护，以民众朴素的逻辑去看，拆迁拆出了人命，就说明执法者残忍没人性；执法者丧心病狂，其上级责任难逃，要么是管理不当，要么根本就是默许、暗示甚至指示。再有，拆迁与GDP及地方官员政绩之间的关系，也是人所共知，急功近利到了拆出人命的程度，怎么可能只是个别执法人的问题、怎么可能只是执法过程中的技术问题？相关官员的责任怎能撇清？对此，《北京青年报》2010年4月刊登的《必须尽最大的努力遏制暴力拆迁》一文认为，改变法律缺位的状况，是遏制暴力拆迁的最佳途径。《南方都市报》则以《遏制恶性拆迁需要坐实民众说不的权利》为题发表文章，文章指出紧急通知无疑是来自中央政府的一个警示，而来自拆迁户痛苦遭遇的警示也在增加，国家必须要有实质的遏制动作。野蛮血腥的拆迁从来都是对社会的沉重打击，割裂了政府与民众的联系。这种打击仍在令人厌恶地继续着，但其任何一次得逞都只是蝇头小利，定将激起民众更多的愤怒和蔑视。从这个角度看，铁腕拆迁不可能永远赢下去。

如何避免制造拆迁的“火药桶”，从根本而言，还需尽快在法治轨道上，理顺拆迁各方利益关系，明确政府职能和治理机制。2010年9月20日《人民日报》针对宜黄强拆事件发表评论文章认为，对地方政府而言，要完成维护社会稳定的责任使命，必须能够正确处理和应对这一矛盾冲突。一方面，要恪守职责本分，把坚持以人为本、维护公平正义放在首要位置，彻底切断官商瓜葛的“强拆利益链”；另一方面，在处理拆迁纠纷时要时刻省察：对被拆迁人的利益考虑是否周详，是否为其提供了公平顺畅的利益诉求通道？决不能把民众当对手，把维稳大局“地方化”乃至“个人化”，并以此排斥司法救济、干预媒体监督。

2010年10月，《人民日报》再次就所谓的宜黄官员“没强拆就没有新中国”的谬论发表评论文章，文章指出中国的城市化进程必然伴随着拆迁，但如果把所有“拆”字前面都加上一个“强”字，不仅与事实不符，也无助于将来的城市发展。在为了公共利益、经过合理补偿的前提下，拆迁并无不可。但假如以“没有强拆就没有城市化”来理解“公共利益”，理直气壮地称“谁影响发展一阵子，我影响他一辈子”，则显然是对公共利益的无知。应该尊重一些地方干部的发展愿望，也可以体谅他们面临的压力、遭受的误解和委屈。但这一切都不足以成为“强拆发展观”的理由。

从制度上构建遏制腐败蔓延的堤防

2010年以来，党政腐败大案舆情事件延续往年的势头层出不穷。7月，贺国强在《求是》撰文谈推进反腐倡廉建设，文章指出坚持标本兼治、综合治理、惩防并举、注重预防的方针，大力推进惩治和预防腐败体系建设，在坚决惩治腐败的同时，加大从源头上防治腐败工作力度，大力推进反腐倡廉建设创新。

河北王亚丽造假骗官案、广东中山女市长落马风波、江西国土系统反腐风暴、河南省安阳市委副书记李卫民涉嫌职务犯罪出逃等都是媒体和舆论关注的焦点。《北京青年报》在《王亚丽造假骗官案中的“程序空转”》一文中指出，在王亚丽的升迁轨迹中，我们不但看到了选拔程序的空转，也看到了纠错机制的失灵。要想避免类似事件的发生，一方面要把《党政领导干部选拔任用条例》中的原有规定落到实处；另一方面还应加强群众在干部选拔任用中的推荐作用和监督力度。如果能用好千千万万双群众的雪亮的眼睛，何愁“王亚丽”们不现出原形?

针对河南省安阳市委副书记李卫民“失踪”三个月事件，《北京青年报》刊登题为《贪官出逃信息不该轻描淡写和姗姗来迟》的评论文章，文章认为站在严肃政风和完善法纪的角度而言，不但应及时向社会公布官员外逃的信息，还应该更进一步追究有关人员的责任。对官员的管理和监督有成套的法律和纪律，对官员护照的保管、出入境管理、财产报告也都有相关制度，当官员受到纪律调查和司法追究的时候，更有严格的保密规定。哪一个环节出了问题，就应该有人承担责任。如果纵容、放任和漠视贪官外逃而不受追究，就无异于给其他贪官留了一道后门，法纪就有沦为摆设的危险。

2010年1月，胡锦涛总书记在十七届中央纪委五次全体会议上强调，要逐步建成内容科学、程序严密、配套完备、有效管用的反腐倡廉制度体系，深入开展党风廉政建设和反腐败斗争。对此，《人民日报》连续刊发了五篇学习胡锦涛同志在十七届中央纪委五次全会上重要讲话系列评论。2月，《中国共产党党员领

学习胡锦涛同志在十七届中央纪委五次全会上重要讲话系列评论

日期	媒体	标题
2010-1-14	人民日报	以制度建设打开反腐倡廉新局面 ——学习胡锦涛同志在十七届中央纪委五次全会上重要讲话之一
2010-1-15	人民日报	用制度管权 按制度办事 靠制度管人 ——学习胡锦涛同志在十七届中央纪委五次全会上重要讲话之二
2010-1-19	人民日报	让制度行得通、管得住、用得好 ——学习胡锦涛同志在十七届中央纪委五次全会上重要讲话之三
2010-1-20	人民日报	制度的生命力在于执行力 ——学习胡锦涛同志在十七届中央纪委五次全会上重要讲话之四
2010-1-21	人民日报	以党风廉政建设新成效取信于民 ——学习胡锦涛同志在十七届中央纪委五次全会上重要讲话之五

导干部廉洁从政若干准则》出台。6月，中央纪委印发了《用公款出国（境）旅游及相关违纪行为适用〈中国共产党纪律处分条例〉若干问题的解释》。一系列政策的出台彰显了政府反腐的决心和力度，正如《人民日报》的社论指出的，在新的历史时期，反腐败仅着眼于案件的查处和单纯强调思想教育和自律远远不够，只有从制度上构建遏制腐败蔓延的堤防，才能有效防治腐败。作为惩治和预防腐败体系建设的重要内容，反腐倡廉制度建设管长远、治根本，无疑是从源头防治腐败的重要途径，是加强反腐倡廉建设的紧迫任务。

"官二代""富二代"挑战社会神经

近年来，宝马撞人、杭州飙车案等类似案件一再出现。从"学好数理化，走遍天下都不怕"到"学好数理化，不如有个好爸爸"，一句话的变迁折射多少隐忧。社会不公，自古而然，或许也将长久存在。只是这样的不平等，本身并不可怕，可怕的是，这样的不平等会世代传递……

2010年10月，河北的一位大学生酒后在校园内飙车，将两名女生撞飞，致一死一重伤。在被拦下后，面对拦截的保安和学生他口出狂言，"看把我车刮的!你知道我爸是谁吗?我爸是李刚!""官二代""富二代"的叫嚣一再刺痛社会神经。

从去年杭州富二代飙车的"70码"到"我爸是李刚"，10月20日的央视新闻1+1对此做出了深度解读。主持人白岩松谈到，随着时代的进步，会有越来越多的父母有钱、有权、有名或者有资源，但是不管你有钱、有权、有名或者有资源，都应该一如既往地去做父母该做的事情，不该给孩子一种你可以超越了你的钱、你的权、你的名、你的资源的那种行为。这是一个刚刚在实习的孩子，而且你会不会有一些惋惜呢？这个孩子为什么会在事发之后冒出来第一句话就是，"你们告去，我的爸爸是李刚"，是不是因为父亲有一定的权利，过去他在开的过程当中一些违章、一些小行为都不以为然，因为总能"铲单子"或者说是基本上是睁一只眼闭一只眼就放他过去了。正是因为那些小的问题慢慢积累了他这样的一种行为，在出了这么大事之后他居然冒出来的是这样一句话，父母在当父母的过程中给了他怎样的教育和暗示呢?

而搜狐网的一组专题也这样写道：当老子成为儿子的通行证，权贵便成为公平的墓志铭。如今，一条名为"拼爹游戏"的流行语在网上被广泛传播："在贫富差距越来越明显的社会，年轻人认为自己学得好，有能力，不如有个'成功'的老爸。"事实上，"'拼爹'已经成为一条社会游戏法则，不用去抱怨自己的家庭背景不够好，假如你觉得参加这个游戏还不够格，那就试着以后让自己的儿子能去参加这个游戏。"

另外，在这起事件中，还有一个更值得反思的现象，那就是很多现场目击的学生都不敢接受采访，因为"学校不让说，怕受处分"。《新京报》对这种明目张胆妨害司法的行为评论道，"我校沉默"比"我爸李刚"更令人寒心。四川在线一篇题为《"官二代"的叫嚣与大学的沉默》的评论指出，河北大学校方原以为可以通过对学生下达"禁言令"来弥补网络对"官二代"事件的讨伐，不料适得其反。让社会嗅出了大学从中扮演的无良角色，这所以"实事求是"为校训，以"求真"为校风的近百年高校在一场"官二代"的事故面前变得如此卑躬屈膝，畏缩不前。

房地产调控"药方"不断

2010年1月10日，国务院发布了促进房地产市场平稳健康发展的"国十一条"。然而，调控作用并不理想，先是在海南掀起炒房热。继而在两会后，一些央企竟在北京拍下了三块创纪录的"地王"。为何"国十一条"没有发挥应有的作用，有不少媒体发表评论认为，就房地产调控措施而言，"国十一条"的11项举措及中央前期出台的一系列政策，无论是加大保障性住房的供应，二套房贷的收紧，还是打击圈地屯地等行为，都抓住了当下高房价的弊端和制度根源。只要每一项政策真正落实到位，房价的回落应在情理之中，而历次房地产调控的失败，根子就在于地方政府出于自身利益的考虑根本不执行，而不是政策本身所致。

国务院4月17日出台了更为严厉的调控政策——《国务院关于坚决遏制部分城市房价过快上涨的通知》，规定贷款买二套房首付不得低于50%，同时要求房价过高地区可停放第三套房贷，这被称为史上最严厉的房地产宏观调控，使市场迅速做出强烈反应。4月19日，《第一财经日报》撰文提醒，鉴于此次政策的严厉性，对楼市投机行为会起到抑制作用，不过就以往经验来说，上有政策、下有对策的事情屡见不鲜，也应注意。而4月21日《中国青年报》更是指出，楼市新政绝不会一帆风顺。这么大的调控力度，将会伤及房地产利益集团，他们绝不会甘心看着既得利益被夺走，一定会使出浑身解数抵制楼市新政。

4月30日，北京市出台新政，一户家庭限购一套房，非户籍人口则要提供一年以上的本地纳税证明，其后深圳、广州、重庆也出台各自政策，甚至严厉程度已超过中央的基调。为了控制房地产价格飞速上涨，5月2日，央行年内第三次上调准备金率。面对这样严峻的局面，5月10日，《经济观察报》发表评论，如此急风暴雨式的调控是否会达到预期效果，现在评估为时尚早，不过有一点确定无疑：是应该对房地产市场进行调控了。当前房价飙升，一些重点城市泡沫化日趋严重，一旦泡沫破灭，将危及中国经济安全。同一天，《中国青年报》也刊登文章指出，房价暴涨的核心关节是银行，楼市泡沫可能拖累银行产生金融风险，而风险则直接由放贷银行承担，所以应力避“中国式次贷危机”。同时，减少银行资金对投机性行为的支持，对于遏制投机行为是最有效的，这也大大降低了银行的风险。5月23日，《南方都市报》则建议学习广州“勾地制度”，认为楼市调控政策贵在击中要害而非猛药。此外，金融机构也祭出重拳。

2010年6月，住建部等七部委发布了《关于加快发展公共租赁住房的指导意见》，公租房成为热门话题。但随着公租房等问题逐渐凸显，特别是北京市规定公租房每平方米30元，对期待公租房的人们来说，无疑是一瓢冷水。8月5日《新京报》对此发表评论，公租房的建设虽刚起步，但已显示出种种不足和隐忧。《新京报》认为公租房面临的问题是，供应对象开放性不够、公共租赁房的供应量太小、监管制度缺乏和定价太高。保障性租赁住房的建设应避免经济适用房制度的“杯具”。

在房地产调控的关键时刻，2010年8月12日，中房协副会长朱中一表示，中房协曾“上书”国务院，建议暂缓出台新的房地产调控政策，称调控将会影响经济增长。9月11日《南方都市报》指出，在刚刚过去的8月份里，《人民日报》连续发表评论文章，呼吁坚持调控政策，可以说是传递了中央的某种态度。然而，坚持调控却并不意味着国家一定要出台新的政策。目前最应该做的是严格执行既有的政策，同时加大保障住房的建设。在当今中国，最大的问题并非“无法可依”，而是“有法不依”，因为强势利益集团往往能够轻而易举绕过国家的法律政策。如果不能不折不扣的执行，再多、再严厉的调控政策都不会收到预期的效果。而在互联网上，也有众多网友不断发布一些住宅小区“黑灯照”，质疑楼盘高空置率，但国家统计局相关人员却表示，空置率的定义和统计存在一定困难，一时间引发普遍质疑。8月18日《北京青年报》评论，晒黑灯为什么会成为网上最流行的一种“娱乐”呢？原因在于人们发现很多售罄的楼盘入住率并不高，而热衷于晒黑灯的人，很可能正是存在刚性需求的但却无缘迈过高房价的门槛。进行空置率的调查统计并不存在不可逾越的障碍，如果看到了空置率对于民生的重要意义和对于宏观经济调整的价值所在，统计部门是没有理由一再延宕的。

“蒜你狠”、“豆你玩”、“姜你军”威胁民众“菜篮子”

从2009年四季度开始，大蒜、绿豆、姜等农产品出现大幅上涨的情况，网络戏称“蒜你狠”、“豆你玩”、“姜你军”，此外，粳米、玉米、蔬菜等农产品，甚至三七等中药材价格上涨也较多。2010年5月22日，国家发改委在京召开全国物价局长会议，要求各级价格主管部门未雨绸缪，采取有力措施，保持平稳的价格环境，这引发媒体、网络的持续关注。5月26日，《金融时报》指出，虽然此轮蒜价等上涨由游资炒作的说法并未得到官方认同，但大蒜、绿豆价格已经脱离了一般理性上涨规律，其背后应该是游资炒作的结果。大蒜、绿豆一旦被游资恶意炒作，价格疯狂上涨，会形成强烈的示范效应，带来大规模的农产品价格快速上扬。这种上涨有很大的放大效应，极易

导致整体价格失控，引发通货膨胀。

2010年8月18日，国务院常务会议罕见地研究了中国的“菜篮子”问题。会议指出，近年来一些地区“菜篮子”市长负责制弱化，蔬菜生产水平、流通设施能力不足，部分大城市蔬菜自给率过低，蔬菜价格大起大落、农民“卖菜难”和居民“买菜贵”并存等问题日益突出。面对问题，媒体纷纷给出建议。8月20日《新京报》发表《平抑菜价须抓住“最后一公里”》的文章指出，从目前情况来看，蔬菜从“进城”到市民菜篮子的“最后一公里”是菜价飙升的最大推手，中间巨大的利润其实被菜场经营者给吃掉了。社区菜场要不要完全市场化，这可能是对政府公共服务职责的考验。从保障城市居民基本生活的目标看，社区菜场应该和学校、公园、公交站、体育场一样，是一种公共设施，它不宜成为圈钱的工具。《中国青年报》也发文建议，政府应该做的不是行政管制，而是遵循市场的规律，引导市场的价格，或想方设法减轻困难群众的生活负担，如帮助蔬菜经营者增加货源或发放临时性物价补贴，保障困难群众的基本生活需求等。市场经济条件下，政府都要清楚自己的角色、不能缺位，也不能越位，尤其是在“特殊时期”，政府更应该保持清醒的头脑，绝不能干那种帮不上忙反而添乱的蠢事。

另外，《21世纪经济报道》建议，要治理好城市生活必需品的涨价问题，深入价格传导链条和造成价格扭曲的深层机制上进行治理，恐怕才会是有效方案。目前而言，仍然需要通过政府的和市场的两种调控，及时的稳定物价和粮价，防止引起涨价风潮，蔓延到资产和其他领域，破坏经济运行并增加经济结构调整的难度。

食品药品安全再敲警钟

近年来，一系列食品药品安全问题的出现，给人们敲响了警钟。食品领域毒奶粉、问题豇豆、地沟油隐患持续不断，而药品领域的问题也在刺痛人们的神经，如山西疫苗事件，社会舆论给予此类问题极大的关注。

2010年初，卫生部通报“毒奶粉”流入广州市场，三聚氰胺死灰复燃。2月8日《新京报》发表社论，在感叹毒奶粉漏洞为何总也堵不住的同时，也给出了建议：监管部门应亡羊补牢，重新核实并公示当年那些问题乳品有多少没被真正销毁，并立刻采取有效措施弥补已经暴露的监管漏洞；企业应洗心革面净化整个行业；各级政府也应雷厉风行，让生产、销售三聚氰胺乳制品的企业及责任人付出沉重代价。而2月8日，《南方都市网》发表评论则认为行政监管对市场的高度失明与失控，已经到了令人瞠目的程度。8月22日《北京青年报》发表评论员文章，三聚氰胺事件震惊中外，国家动用了那么多的行政和法律资源善后，现在仍然时不时沉渣泛起，令人痛心。三聚氰胺一再出现已成了公众的心病，如果这一问题迁延不治，它将以一种耻辱的方式载入公共卫生的史册。为今之计，可以考虑把问题奶粉流散的每一个环节公之于众，既便于执法人员的追查，也便于群众的监督举报。只有调动监管部门和公众的积极性，才能让三聚氰胺奶粉绝迹于市场。

2010年食品领域相继又出现了“问题豇豆”、“地沟油”和“金浩茶油事件”。媒体对这些事件也给予了关注。2月27日《北京青年报》对“问题豇豆”发表评论员文章，问题豇豆不仅仅是农药残留，如果问题豇豆只是偶然检出并且流入市场的数量很小，或许可以将原因归咎于失误，但目前所暴露的严重性，已经反映出蔬菜安全监管存在系统性缺失和部分失灵，对于这样的机制障碍，仅由海南方面或海南菜农作检讨可能是不够的。3月25日《北京青年报》对“地沟油”事件给出观点，没有人知道地沟油的数量到底有多庞大，恰恰说明没有权威机构掌握问题的严重性。地沟油检测手段的缺乏，更证明地沟油流向餐桌的机会很大。面对“顽强”的地沟油，靠地方各自为政、小打小闹已经不行了，国家实实在在该有所动作。9月8日《南方都市报》发表社论，金浩事件卷入的企业与监管部门，都出现了背离自身天职的立场错乱与价值扭曲。本来为消费者负责的企业，明知致癌物超标却在长达半年的时间里瞒而不报，视消费者利益为无物；原本是为公众利益负责的质监部门，却出于地方经济发展的利益考量，逃避媒体采访，选择以沉默应对舆论。这种种作为表明，成熟健康的市场和公正有效的监管仍是未能达致的目标，提升公众的生活安全感还有很长的路要走。9月8日《新京报》更是发表文章亮出观点，作为必要的惩戒手段，有关方面应当尽快启动问责机制，这样才能令那些揣着明白装糊涂的渎职者与失职者无处藏身。

在药品领域，2010年爆发的山西疫苗事件，再次绷紧了人们的神经，引发媒体和网络也持续关注。对此，《南方都市报》做了系列报道，3月20日该媒体发表文章建议，对政府来说，要将大事化小，要让民众放心，唯一的办法就是出面回应追问，给出真相，对责任人进行追究，严惩不贷。此事关系到民众安危，不是模糊了视点搅一搅浑水就能糊弄过去的。3月21日，《南方都市报》再发社论，疫苗事件的如此走向，让人焦虑。我们秉持一个坚定的信念：无论某件事如何复杂，利益黑洞多么深不可测，法律的适时介入将会化繁为简。3月23日，《南方都市报》继续关注，问题疫苗事件拷问的实质是政府的公信力，无论是山西方面，还是卫生部，问题疫苗的最终调查报告都要面临如何取信于民的问题。这个问题的核心其实就是，对山西问题疫苗的调查过程需要透明、公开，必须要真正受到外界的监督。

2010五大舆情事件

福建南平"3·23"校园惨案

2010年3月23日福建南平发生了震惊全国的"3·23"校园惨案，5月12日陕西南郑再次发生校园血案。此后不到两个月的时间内陆续发生了6起校园血案，造成了舆论的巨大震动。

短时间内接连发生校园恶性事件引起了党中央、国务院以及各级相关部门的高度重视。胡锦涛总书记、温家宝总理等中央领导同志多次作出重要指示，要求依法严肃处理犯罪分子，精心治疗受伤人员，切实加强校园安全防范，严防类似案件再次发生，维护社会和谐稳定。中央政法委书记、中央综治委主任周永康在5月3日举行的全国综治维稳工作电视电话会议上要求，各级党委、政府要把维护学校、幼儿园安全作为一项重大政治任务，切实承担起第一责任，党政一把手要负总责、亲自抓，分管领导要具体抓、深入抓。为避免类似惨案再次发生，各地方一套校园及周边安全防范的长效机制，在各级政府和有关部门的高度重视及周密部署下，纷纷建立起来。

为什么郑民生会丧心病狂地残杀无辜的小学生？人民网评论员文章《关注郑民生骤变为杀人恶魔背后的原因》分析认为，近两年来就业难、高房价、分配不公、公权滥用、贫富差距拉大等因素，进一步恶化了广大中低收入群体的经济环境，增大了社会的整体精神压力，也增强了“仇官”、“仇富”等戾气。《福建南平杀人案启示：案犯郑民生犯罪动机引发的思考》同样认为，如果不从根本上改变维系人与人之间纽带的模式——金钱关系，不从根本上改变推动社会发展的动力——物质利益，更多的人的生存环境只能越来越艰难，“悲观厌世”的郑民生会像野草一样，铺天盖地，蔓延开来。杀一个郑民生很容易，不改变产生郑民生的土壤和环境，无数的郑民生还会产生。国外媒体譬如《华尔街日报》在看南平血案时认为，社会压力大是导致中国暴力犯罪率上升的主要原因之一，这也使得一些弱势群体以极端手段报复社会。对此，温家宝总理在接受凤凰卫视采访时表示，频频发生的杀童案，说明中国社会存在深层次矛盾，而且日趋尖锐化。社会矛盾的深化和存在不公平问题是导致事件发生的根源。政府正在努力发挥基层的协调作用，维护公民的生命安全和权益，让社会更为和谐。

另外，校园血案的频频上演，在谴责凶手和“无良”企业的同时，公众也不禁反思：惊人相似的事件频发，是不是因为媒体的报道带来“示范效应”？羊城晚报《谨防“校园惨案”示范效应》文章认为，我们说电视、网络等媒体对仇杀、强奸、盗窃等犯罪行为的逼真描述，可能诱导一些人去模仿，甚至滑向犯罪深渊。同理，校园血案是可怕的，而由于媒体报道所引发的“示范效应”，则比血案本身更为可怕，更让公众担忧。中国政法大学法律心理研究所所长马皑在接受《中国青年报》采访时同样认为“南平案对其他作案人是具有效仿效应的”。从社会心理学角度分析，这是一种社会感染现象：当人们集聚在一起时，某种特定的感情、情绪、行为就会像细菌一样在人群中传染，有点像情绪上的“流感”。正确的报道态度是什么？英国BBC制作人报道守则的一项规定或许值得借鉴：“自杀是一个正常的新闻题材。不过若按真实情况报道自杀消息，会有可能引致他人模仿。报道时应避免美化自杀或简化死因，照片和自杀方法的细节也不应刊登，小心报道的用词亦十分重要”。

谈起如何才能使悲剧不再重演时，中国社科院社会问题研究中心主任于建嵘认为，南平血案不同于此前的任何一种报复性杀人事件，是一种社会敌对性的行为，说明我们整个的社会心态出现了重大问题，建立社会心理发现和干预渠道已迫在眉睫。中国青年政治学院青年发展研究院副院长卢德平认为，在我们这个社会，确实有一些极端边缘化的人群，他们处于被社会深度排斥的状态。对此，我们社会目前还没有形成充分有效的关怀体系。社会关怀体系不完善，对这些人群没有太多的支持，还长期排斥。从这几起案件来说，我们社会关怀系统很大程度上处于失灵状态。社会关怀体系的形成和建设是一个非常重要的政治和社会命题。《南平血案的启示》一文认为，解决这类问题，从制度上看，就是要构建更加公平和和谐的制度，这里和谐的制度体系应满足公平性、竞争性和人道性。另外，陆湘敏在其《南平惨案，改良社会与完善个体应该并行》一文中指出，社会要充分认识到自己潜在的危机，锐意推进改革，多管齐下，着力解决深层次的矛盾。从近处看，社会应努力排除死难者家庭的心理阴影，满足判决所附带的民事赔偿，有效化解因惨案而引发的各种负面情绪，扭转校园安全防范方面的颓势，并敦促舆论保持理性克制，尊重生命的价值，不为各色“有血性有担当”的言行火上浇油。从长远着眼，则应从防范失意群体走向关爱失意群体，大力改善民生，并让法律坚挺，正义彰显，公平普及，从而消解社会戾气，疗治民众的心理危机，唤起弱者生活的勇气与人性的良知，为社会持续注入亮光，推动其朝文明、法制、开放、包容和多元化方向发展。

富士康12连跳事件

2010年以来，富士康深圳龙华厂区连续发生12起员工跳楼事件，共造成10死2重伤，舆论反响强烈，引起党中央国务院的高度关注，多位中央领导对此做出批示，要求加大力度，采取切实措施，支持帮助富士康集团妥善处理好问题，制止类似事件再次发生。

客观而言，简单把自杀归因富士康有点武断。据了解，富士康在深圳的口碑还是很不错的，打工的人都想挤进富士康。因为富士康能按时给员工发工资，8小时以外的工作有着不低的加班费，企业会给员工办理社保、医保和低保，员工收入在同行中处于前列。但为什么这样的事情还会发生在富士康呢？媒体在报道中分析，当前在富士康以及其他的代工企业，简单重复劳动在工厂装配线上是常态，在这样的代工企业中，80后、90后的一代，遇到难题，无法从集体和他人那里获得抚慰。生活中任何一个触发点，都可能导致心理问题的爆发。中国劳动关系学院工会学系教授许晓军5月18日在做客人民网强国论坛时指出，富士康管理方面的问题在于“只关注效益，而忽视了以职工为本”，虽然保证了代工效率，但却是冷冰冰的，没有任何人情味的。北京大学社会学系卢晖临博士则认为，世界工厂的安排就是廉价劳动力和宿舍劳动体制，中国制造这种短期行为无论是从人来说，还是对于产业技术来说，这种短期行为本身就应该是接近于一种自杀行为，所以应该到了一个需要转变的契机。

在关于富士康事件的评论性文章中，传统媒体在谈论相关责任问题时主要侧重于富士康用工和管理制度、中国经济发展转型等方面，涉及政府责任层面则稍显“含蓄”，倒是一些网民的声音值得关注。著名时事评论员秋风认为，地方政府实施的种种歧视性法规、政策，迫使年轻的外来人口依附于工厂。政府长期实施这种政策的结果是，年轻人甚至根本不敢幻想自己不光是个打工仔、打工妹，而是一个完整的人和公民，因此在富士康自杀问题上，地方政府难辞其咎。

为了避免悲剧再次重演，媒体和学者从不同方面给出了应对之道。

员工减压方面，荆楚网《富士康“调薪”不如“调心”》一文认为做好员工减压工作需要从多个方面来调节。多与员工进行交流，了解员工的想法，为每一个工作人员提供公平竞聘其他职务的机会，使所有员工都保持积极乐观的心态；提高企业的文化内涵建设也是必要的，适当组织些文艺活动，缓解员工的疲劳情绪；开展一些心理咨询活动，及时解决员工出现的心理问题也是必需的。

政府管理方面，中国经营报的《从富士康跳楼看转型时期的劳资冲突》一文认为，针对企业日益显现的矛盾冲突，政府不应将进城谋生的新生代农民工简单推进企业的小社会，要为他们融入城市、长期驻留创造条件，促进农民工市民化；要积极推进和建立劳资协商的有效机制，改变工会形式化、官僚化的状况；通过减税增加可支配收入，政府要重视底层民众的利益，要反哺弱势群体，主动承担企业转型的相应成本。

企业管理方面，中国青年报《富士康是否搬迁不重要 管理方式是重点》文章指出，像富

士康这样的大企业，应该首先实现企业空间分割上的“细胞化”，不妨将企业内部的各种服务和娱乐设施全部转让给社会，让企业细胞式地镶嵌于社会、镶嵌于大城市之中，成为大城市的又一个充满活力的组成部分。《晶报》刊发《富士康走出阴影、强化人性化管理乃众望所归》一文认为，企业是契约性的合作组织，在法律层面，劳方与资方、企业管理层与普通员工都具有平等的身份。一旦这种平等在实际的企业关系中被架空或扭曲，就会产生心理压抑和精神抑郁，对企业效率的发挥也将产生负面影响。所以，一个有远见的企业家，必然注重企业内部的平等宽松氛围，这恰恰是企业内部无间合作所需要的，也应该成为现代企业关系中员工的基本权利。

赵作海案

2010年5月9日，“杀害”同村人在监狱已服刑多年的河南商丘村民赵作海，因“被害人”赵振裳的突然回家，被宣告无罪释放，河南省有关方面同时启动责任追究机制。2010年5月9日上午，河南高级人民法院召开新闻发布会，向社会通报赵作海案件的再审情况，认定赵作海故意杀人案系一起错案。河南省高院于2010年5月8日作出再审判决：撤销省法院复核裁定和商丘中院判决，宣告赵作海无罪。立即派人赶赴监狱，释放赵作海，并安排好其出狱后的生活。2010年5月17日上午，赵作海领到国家赔偿金和困难补助费共65万元，并表示对赔偿满意，要开始新生活。

尽管赵作海被宣告无罪，重获自由，且可以获得一定的国家赔偿和补偿，但赵作海及家人失去的太多东西已无法弥补。怎样避免赵作海式的冤案重复发生是政府和社会接下来共同面对的问题。

在探讨赵作海案出现的原因时，南都社论《从佘祥林、聂树斌再到赵作海，冤假错案何以不绝？》列举聂树斌、佘祥林、赵作海三冤案，将冤案未得昭雪的原因直接指向公检法铁板一块的机制，“制造错案的与纠正冤案的恰恰是同一个系统，这样的情势有助于理解辩冤昭雪的新机制何以没有机会尝试。”扬州晚报的《赵作海案错在哪？》一文指出，司法活动的行政化，权力之间的潜规则，恰恰成了刑讯逼供、有罪推定的罪魁祸首。新京报《被害人复活：反思错案，回归常识》中认为，错案发生是因为刑事诉讼三个常识理念未得到落实，即疑罪应当从无、非法证据应当排除、证人应当出庭作证。腾讯网制作专题，认为赵作海案的出现是由民众法制观念淡薄、警方刑讯逼供、公检法“协作”办案、命案侦破政绩化、申诉权不彰、纠错问责不足等六大推手造成。针对出了事，总有人喜欢寻找“替罪狼”的现象，新京报另一篇评论文章《赵作海案拷问良知与职业精神》指出，年代的局限、权力的强大、法律的漏洞、体制的弊端等并不能成为个体灵魂拒绝反省良知和职业精神是否缺失的挡箭牌。

从佘祥林到赵作海，冤狱如何救赎？媒体和专家给出了自己的看法。香港《文汇报》评论指出，中国政法大学刑事诉讼法教授洪道德认为，关于“命案必破”，此提法有悖客观规律。他强调，在诉讼期限下的“命案必破”必会导致办案人员为破而破，打击犯罪变成打击嫌疑人。

南方周末的《冤狱“复制”:原地反思最无趣》文章认为，杜绝错误的重复发生有赖于当政者摒弃头痛医头，脚痛医脚的思维，而我们并不缺治本的经典案例。文章进一步指出，想当年，被收容遣送者死于非命的事也多次发生，但当中央高层果断废除收容恶法之后，孙志刚式的悲剧就再未听闻。可以想见，如果能对司法体制进行改革，保障司法机关的独立与公正，佘祥林第三就可能不会再现，各种嫌犯离奇死也会杜绝。如果能在发展民主政治上不断稳步推进，所谓野蛮拆迁、贪污腐败之类的不法也会大大减少。

检察日报刊登的清华大学法学院教授张建伟《追问赵作海案:应该就刑事司法制度缺陷作出检讨》的文章中更是进一步强调，如果今天我们仅把赵作海之类案件当做个别、偶发案件而不在制度层面作出检讨、有所革新，错案的真正价值就没有得到实现，发现错案，就只有一时的震动，时过境迁，冤错案件还是会规律式的一再发生。赵作海案件再次提醒我们:是该对刑事司法制度作实质的、全面的和有痛感的改革的时候了。

“挟尸要价”获奖风波

2010年8月18日，中国新闻摄影最高荣誉“金镜头”颁出，《挟尸要价》以全票夺得本年度最佳新闻图片奖。然而随后，长江大学党委宣传部部长李玉泉公开质疑照片的真实性。

李玉泉的质疑再次让2009年的“挟尸要价”事件成为舆情焦点。

当“挟尸要价”事件发生后，一家网站的调查数据显示，对挟尸要价的看法，29.2%的人认为“地方政府难辞其咎”，34.9%的人认为“利欲熏心到如此地步，无语”，还有27.8%认为是“物欲横流、人性扭曲”的表现。参与调查的网民一致认为，国家是公民的庇护所，公民发生溺水死亡，对于家庭而言，是天大的灾难，政府有义务给予救助，只有取消以赢利为目的存在的捞尸，才能从根本上杜绝“挟尸要价”这样有悖社会基本道德的事。齐鲁晚报《从“挟尸要价”看社会公德底线后移》中指出，政府在承担某些公共责任方面的严重缺位，是滋生“挟尸要价”现象的根本原因。文章分析，从报道中可得知，尸体打捞以前是由政府承担的，随着市场经济的发展，政府逐渐退出这一领域，而改由市场承接。这本是政府将某些公共责任进行社会化托付的一种尝试，但这并不意味着政府在这方面的公共责任就完全没有了，相反，还应主动承担起市场

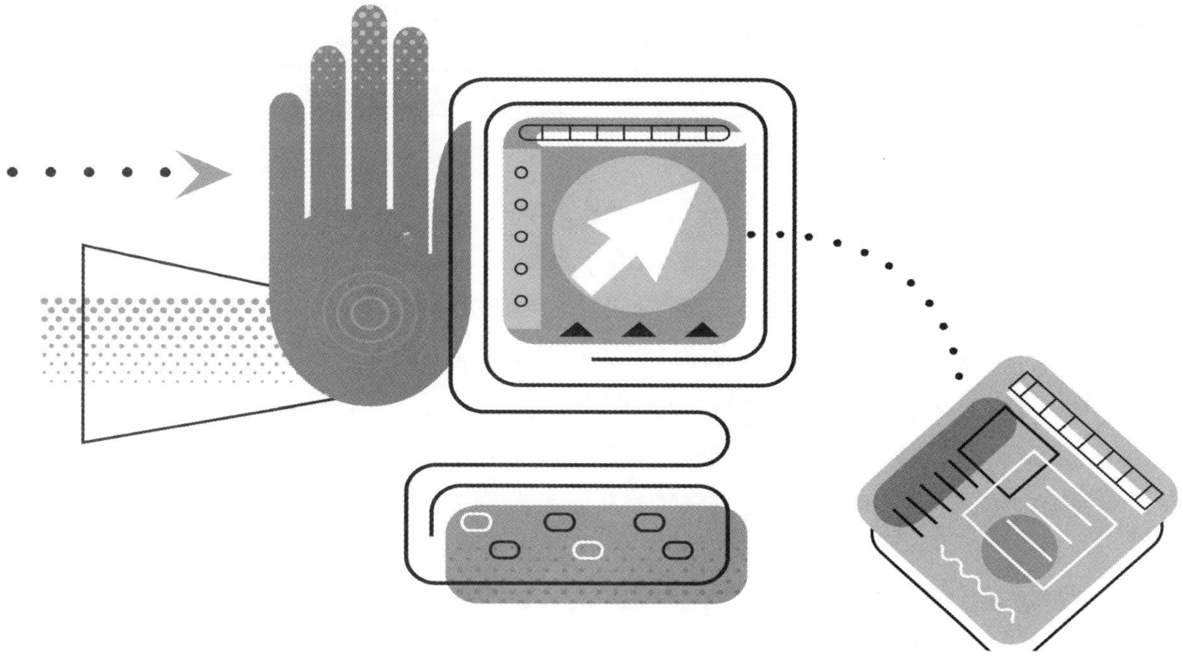

监管和组织协调等方面的管理义务。央视评论员徐慨在新闻频道《共同关注》中发表了自己的看法，他认为“挟尸要价”突破社会道德底线。

《中国青年报》8月26日《“挟尸要价”争议留下的价值财富》中指出，争议引发了许多话题，耗费了许多资源，虽然争议并没有获得一个确凿的结论，也没有撼动什么和推翻什么，但争论并非没有意义，这个争议过程留下了许多有价值的道德财富，提升了公众的辩论理性，也通过争论让公众对“挟尸要价”——这个时代无法回避的道德溃疡，这个社会不能遗忘的道德伤痕——留下了更无法磨灭的精神印记。

《挟尸要价》获奖后，《河北青年报》记者又一次采访了成为舆论焦点的拍摄者张铁。张铁告诉记者，希望人们跳出事件之外，转去关注“高价捞尸”现象，尽早建立溺水救助或遗体打捞制度，杜绝暴利环节。不过，据媒体报道，如今打捞船依旧在岸边“等活儿”；冬泳队几乎成了当地的义务救生队，他们每天自发在江边巡逻，抢救落水者……

抵制庸俗、低俗、媚俗之风

2010年7月23日，在主持中共中央政治局第22次集体学习时，中共中央总书记胡锦涛强调，要引导广大文化工作者和文化单位自觉践行社会主义核心价值体系，坚持社会主义先进文化前进方向，坚决抵制庸俗、低俗、媚俗之风。由此，“三俗”一词迅即升温。不过，究竟什么是“庸俗、低俗、媚俗”？社会各界存在着不同的认识。这些认识之间的差别，甚至可以大到完全相反。前段时间美国新闻周刊载文，说小沈阳是中国最低俗的人，凤凰网做了一个调查，受调查的网友中97.5%的人看过小沈阳的表演，但是74.6%的受调查者觉得小沈阳不低俗，23.08%的人认为低俗，1.6%的人认为不好说。

而此前，“三俗”的泛滥已引起广大群众

的强烈反感，所以反“三俗”也迅即成为当下社会的强音。针对“三俗”之风的愈演愈烈，2010年以来，文化部和广电总局等部门开展了一系列整治“三俗”的行动。人民日报、新华社等主流媒体频频发声，剑指“三俗”之风。凤凰网曾作过一期关于“反低俗”活动的民意调查，有57.6%人主张采用法律规范的方法，支持政府管制和媒体自律的分别为16%和24.3%。文化部长蔡武曾指出，针对当前文艺创作低俗化倾向严重，各级文化行政部门要多用引导的办法，少用行政的办法。在研讨会上，也有学者认为对待不同层面的低俗信息应当有不同的治理手段，不宜笼统一刀切。在如何做好“反三俗”的问题上，在政府、媒体部门、文艺工作者等不同层面，众多媒体和学者给出了自己的看法。

首先政府要从正官风做起。香港《大公报》2010年8月10日刊文说，官风影响民风，官风正则民风清。要抵制“三俗”，匡正民风，首先要从正官风做起。《法制日报》在《反“三俗” 有所为与有所不为》一文指出，对某些低俗风气的封杀，也许可以治标，但是不能治本。庸俗、低俗、媚俗文化产品，如果其生存土壤还在，社会需求还在，仅靠外力封杀是无法从根本上消除的。优秀文化战胜低俗文化，靠的不是权力的封杀，而是优秀文化自身的道德感召力和主流凝聚力。而引导、培育优秀文化使之成为社会主流价值观，正是政府责无旁贷的责任，也是反“三俗”的治本之策。其次，媒体要加强自律，有所担当。9月16日，在石家庄举办的“责任媒体”高峰论坛上，30多家媒体和中国广播电视协会共同向全国媒体发出“牢记社会责任，坚持正确导向”的倡议，呼吁加强行业自律，拒当低俗文化的传播者。国家广电总局副局长李伟在倡议书签字仪式上表示，媒体不能为了片面追求收听收视率而忽视甚至放弃社会责任，一些媒体把大众化理解为庸俗化、低俗化，实际上是对人民群众的文化权益缺乏尊重，也是对人民群众文化品位的曲解和低估。大众媒体应承担起社会责任，旗帜鲜明地抵制“三俗”之风，提供优质的文化服务，保障人民群众的文化权益。《法制日报》评论文章《反“三俗” 有所为与有所不为》还指出，媒体在加强自律的同时还要有所担当，要加大报道和评论力度，曝光、谴责传播低俗信息的不文明行为，抨击各类“三俗”现象，积极参与到“共同治理”当中。再者，文艺工作者应戒骄戒躁，沉心工作。中国曲艺家协会党组书记、著名相声演员姜昆在接受采访时表示，遵守道德底线实际上是一个很低的标准，对于社会主义文化工作者来说，应该有更高的追求。戏协名誉主席李默然在接受光明日报记者采访时认为，演员的素质与修养对传播先进文化、培养高尚情操有着至关重要的作用。改革开放30年来，我国舞台艺术进入了新一轮的繁荣发展时期，但个别演员心态比较浮躁，在群众中的形象大打折扣。他希望年轻的舞台艺术演员们能沉下心来，在艺术上有更高追求和更大进步。

另外，荆楚网《“反三俗”也须由人民做主》一文还认为，“反三俗”的主体应当是人民。针对“反三俗”的对象，不应依靠行政手段进行管理和处罚，而应依靠社会舆论和人民自身进行“反三俗”。中国青年报《反低俗如何不被低俗化》文章则指出，通过立法来谋求共识，行政部门依法而行，让民间成为反低俗的主力军，反低俗才能不被低俗化。

2009年底，中共中央政治局常委、中央政法委书记周永康在国政法工作电视电话会议上强调，要深入推进社会矛盾化解、社会管理创新、公正廉洁执法三项重点工作。2010年2月，《求是》发表周永康题为《深入推进社会矛盾化解、社会管理创新、公正廉洁执法，为经济社会又好又快发展提供更加有力的法治保障》的文章强调，要紧紧抓住影响社会和谐稳定的源头性、根本性、基础性问题，深入推进三项重点工作。

2010年5月召开的全国省级综治办主任座谈会上，中共中央政治局委员、中央政法委副书记、中央综治委副主任王乐泉再次强调，要以改革创新的精神，深入推进社会矛盾化解、社会管理创新、公正廉洁执法三项重点工作。并在此后对黑龙江、吉林、天津、陕西、北京、江苏等多个省市展开考察调研。在此之后，很多媒体都以社评社论的形式对深入开展三项重要工作进行了评述。2010年9月，《求是》第16期刊登天津市委书记张高丽题为《深入推进三项重点工作 努力营造良好发展》的文章，他指出，推动政法工作全面发展进步，确保国家安全和社会和谐稳定，为经济社会又好又快发展提供更加有力的法治保障。深入推进社会矛盾化解、社会管理创新、公正廉洁执法三项重点工作，是党中央准确把握我国发展的阶段性特征、全面分析影响社会和谐稳定的突出问题作出的重大战略部署。

综治维稳三项重要工作

社会矛盾化解

当前，我国社会大局总体稳定，信访总量和群体性事件数量同比下降。但同时，我们也看到，影响社会稳定的因素仍然大量存在，社会矛盾的关联性、敏感性、对抗性明显增强，而且越来越集中地体现在农村土地征用、城镇房屋拆迁、劳资纠纷、医患矛盾、环境污染等一些敏感事件和重点人群上。一些案件事件的连续发生不仅在社会上造成了重大的影响，而且直接影响着经济的发展和社会的稳定。

《北京日报》2010年7月26日刊登中央党校社会学教研室教授吴忠民《我国现阶段社会矛盾演变新趋势》的文章指出，我国是在一种比较特殊的条件下进行改革开放和现代化建设的，这同其他大多数发展中国家和地区不同。这种特殊的时代背景条件使得我国现阶段的社会矛盾的演变呈现出明显的新特征。一是民生需求甚于政治诉求，二是干群之间的矛盾比较突出，三是个案问题容易演化成整体化的矛盾，四是诉求方式相对温和，五是解决社会矛盾的两难境地，六是社会矛盾的演化空间大。

在江西抚州宜黄“9·10”拆迁自焚事件发生后，《人民日报》发表评论指出，从“野蛮拆迁”到“暴力反抗”，由此引发的社会矛盾、上访和群体性事件，已成为影响社会稳定

的导火索。《新京报》也发表题为《用法治和创新的手段减少社会矛盾》称，处理新时期人民内部矛盾问题之所以引起中央高度重视，在一定程度上反映出伴随着经济的快速增长，各种内部矛盾凸显的现实。这种情况的出现，一方面源于经济体制和社会结构日益变动导致的结果，另一方面也是利益格局调整和利益诉求分化的结果。但同时也要看到，其中更有社会管理思维滞后、管理机制落伍的因素。“注重从源头上减少矛盾”，实质上是要解决政府在促进经济发展和社会管理、服务职能之间的脱节问题。正确处理新时期人民内部矛盾问题，从根本上说也是能否实现胡锦涛此前首提的“包容性增长”的问题。“包容性增长”就是共享性增长，是各利益群体协调的、注重社会领域发展的增长。从这个角度说，找到处理存量和增量的内部矛盾的正确模式，是实现“包容性增长”的关键所在。

2010年9月30日，湖南省委书记、省人大常委会主任周强主持召开省委常委会议，学习贯彻胡锦涛总书记在中共中央政治局第二十三次集体学习时的重要讲话精神，研究部署进一步加强全省社区党建和社区建设工作。周强强调，全省各级各部门要认真贯彻落实胡锦涛总书记重要讲话和中央的有关精神，充分认识加强社区党建和社区建设工作的极端重要性，进一步加强扶持、分类指导、突出重点、整合资源、创新管理，更加积极主动地处理好人民内部矛盾，切实维护好人民群众的利益。

目前，各地都在深入开展社会矛盾化解工作。作为边疆民族地区的内蒙古，从2010年4月份在全区集中开展了社会矛盾化解专项行动，并以此为抓手，促进三项重点工作的深入开展。2010年7月到8月间，《内蒙古日报》连续刊登五篇深入推进社会矛盾化解工作系列评论，评论认为，科学有效地化解社

《内蒙古日报》深入推进社会矛盾化解工作系列评论

日期	标题
2010年7月12日	充分认识推进社会矛盾化解专项行动的重要意义——深入推进社会矛盾化解工作系列评论之一
2010年7月20日	化解社会矛盾的关键是解决问题——深入推进社会矛盾化解工作系列评论之二
2010年7月30日	化解社会矛盾重在强化责任落实——深入推进社会矛盾化解工作系列评论之三
2010年8月5日	解决民生问题是化解社会矛盾根本所在 ——深入推进社会矛盾化解工作系列评论之四
2010年8月6日	建立健全长效机制是化解社会矛盾根本保证 ——深入推进社会矛盾化解工作系列评论之五

会矛盾，是推动社会和谐，促进一个地区经济社会持续健康发展的重要方法。化解社会矛盾，关键是要实实在在地解决问题，就是要下决心解决影响社会和谐稳定的根源性、根本性、基础性问题，巩固当前和谐稳定的良好局面。扎实做好社会矛盾排查化解工作，是推动社会发展、维护群众根本利益、促进经济社会和谐稳定、巩固党的执政基础的重要举措。各级党委、政府特别是党政一把手一定要切实履行好维护稳定这个第一责任，切实加强扎实做好社会矛盾排查化解工作的领导，要亲自抓，负总责，务求实效。评论还强调，化解社会矛盾，是一项重要的民生工程。化解社会矛盾的根本所在是解决民生问题。因此，化解社会矛盾，要下大力气解决好关系人民群众切身利益的实际问题。人民群众是维护稳定的主体。只有解决好关系人民群众切身利益的问题，才能从根本上减少不和谐不稳定因素。建立健全化解社会矛盾的长效机制，对于有效协调各种不同利益主体之间的利益关系，妥善化解各种利益矛盾，确保社会良性、和谐运行，具有极其重要的意义。

社会管理创新

近年来，由于长期存在的社会矛盾所引发的各种社会治安案件事件接连发生，从总体上讲，都是我国发展的阶段性特征在社会建设和社会管理领域的集中反映。2010年6月21日，《法制日报》发表《加强社会建设 创新社会管理维护好重要战略机遇期社会稳定》一文指出，出现这些情况既有社会经济发展不平衡引发的经济失调、社会失序、人们心理失衡的问题；也有社会结构发生巨大变化后带来的社会管理上的不适应问题，还有人民日益增长的物质文化需求与落后的社会生产之间的矛盾问题。而更为重要的则是我们自身工作的问题：一些地方和部门在经济建设和社会建设上始终存在“一手硬”、“一手软”的情况；在社会建设和社会管理创新上始终存在着思想重视不够，责任落实不到位、投入不足、能力不适应的问题。

2010年6月25日《人民日报》广东省政法委书记、省公安厅厅长梁伟发《关于社会管理创新的思考》一文指出，创新决定平安度，创新决定竞争力。只有与时俱进，探索建立与社会主义市场经济体制相适应的社会管理体系，才能实现经济社会的协调、科学发展，满足人民群众的新期待、新要求。并提出四点意见：一是深化改革是推进社会管理创新的前提，二是夯实基层基础是推进社会管理创新的重点，三是依托信息化是推进社会管理创新的关键，四是加强党的领导是推进社会管理创新的保障。

对于如何进行社会管理创新，2010年8月3

日《学习时报》刊登题为《中国的社会管理创新走向》的评论文章指出，在改革开放和社会主义现代化建设的关键时期，我国的社会管理应当适应形势与任务的变化进行理念、体制和方法的创新，逐步实现社会管理主体由一元向多元的转变、社会管理向度由线性向互动的转变、社会管理服务由垄断向竞争的转变、社会管理绩效评估由一维向多维的转变。

公正廉洁执法

坚持公正廉洁执法，维护社会公平正义，是政法工作的生命线。虽然，近年来全国政法机关多措并举，狠抓公正廉洁执法，取得明显效果，但在政法队伍中仍然有不少徇私枉法的行为。2010年4月，发布的《重庆的“涉黑”案件审判》白皮书显示，54%的“涉黑”组织有“保护伞”，“保护伞”涉及多个公权力部门。

2010年6月1日，经国务院批准，由监察部、人力资源和社会保障部、公安部联合公布的《公安机关人民警察纪律条令》开始正式实施。《新京报》6月2日发表《“从严治警”的信号越来越清晰》一文指出，细读《公安机关人民警察纪律条令》设定的76种具体违法违纪行为及其适用的处分，可以发现，它与民众密切的程度，将会是过去所有部门规章无法比拟的。“从严治警”这个信号，经由各种渠道，现在是传递得越来越清晰了。

2010年9月10日，中共中央政治局委员、中央政法委副书记、中央综治委副主任王乐泉在全国地方党委政法委领导干部培训班上强调，要紧紧抓住影响公正廉洁执法的关键环节，下大力气解决制约公正廉洁执法的突出问题，使执法理念、执法能力、执法公信力有一个质的提高，切实维护社会公平正义，不断提升人民群众的满意度。《法制日报》2010年9月20日刊登了专题培训班8个地方党委政法委领导干部的有效措施和心得体会。

9月14日，中央政法委第15次全体会议暨司法体制改革第7次专题汇报会在北京召开。中共中央政治局常委、中央政法委书记周永康在会上强调，要加强对司法权的监督制约，加快政法保障体系建设，促进公正廉洁执法，不断提升司法公信力。周永康表示，同意检察机关从2010年10月起全面推行人民监督员制度，推进人民监督员制度的法制化。9月16日，中国法院网刊登《让人民监督员成为真正的“言官”》一文指出，在一府两院的宪法体制下，政府实施行政权，法院实施审判权，检察院对政府和法院依法监督，人民监督员再对人民检察院进行具有法律意义的群众性监督，使国家权力的监督体系更加科学完备。人民监督员制度通过对检察权的直接监督进而可对行政权和审判权产生间接监督，从而使国家行政、司法大权通过人民监督员制度尽在人民监督之下。

公正廉洁执法是一项系统工程，需要从教育、制度等各方面共同努力才可以实现，2010年2月3日《检察日报》刊登《公正廉洁执法面临的挑战及其制度创新》一文指出，政法机关公正廉洁执法建设是一项系统工程，需要从外部监督制度创新和内部激励制度创新两个方面共同推进。现代管理理论和实践表明，激励制度在激发工作动力和创造力方面有巨大的作用。这个规律同样适用于政法机关的管理活动。培训激励主要解决公正执法能力不足的问题。考核激励主要解决公正执法动力不足甚至动机不良的问题。

“十二五”中国转型发展的 主题、主线、基调和方向

2010年10月中旬召开的中共十七届五中全会是在我国进入全面建设小康社会的关键时期和深化改革开放、加快转变经济发展方式的攻坚时期召开的一次重要会议。会议审议通过了《中共中央关于制定国民经济和社会发展第十二个五年规划的建议》，明确提出了“十二五”规划的指导思想、基本要求、奋斗目标、主要任务、重大举措，描绘了我国在新世纪第三个5年经济社会发展的宏伟蓝图。

科学发展是主题，转变发展方式是主线

这次五中全会最突出的成果，就是提出了制定“十二五”规划的主题和主线。主题就是科学发展，主线就是加快转变经济发展方式，这也是这次规划建议最重要的精神实质。科学发展观早在2003年就已经提出，而转变经济发展方式的前身是转变经济增长方式，是“九五”计划提出的，2007年党的十七大把这一提法中的“增长”改为“发展”，正式提出转变经济发展方式。胡锦涛总书记继2010年2月3日在省部级主要领导干部专题研讨班上强调“转变经济发展方式已刻不容缓”之后，2010年全国两会上，加快转变经济发展方式成为最强音。

应该说这些年各地各部门一直在实践科学发展、转变经济发展方式并取得进展。但接下来还要将其作为主题、主线、作为“十二五”发展的核心任务，主要是因为，虽然我们在

“十一五”期间积累了一些比较成功的经验，但也暴露出了一些不足，促使我们进一步对经济社会发展的反思，尤其是经过国际金融危机的冲击，进一步加强了我们要尽快转变经济发展方式的紧迫感。为了引导转变经济发展方式，全会一个鲜明的特点就是从追求数量增长转向质量提升，与“十一五”规划提出人均GDP比2000年翻一番等具体数据指标相比，这次全会公报不再出现具体的发展数据，而是更加注重民生问题，更加注重社会目标的实现。专家指出，“十二五”的根本任务在于调结构，中央将引导地方淡化经济目标，转而强调社会目标，强调增长和分享的平衡。据有关人士披露，“十二五”规划的建议中，也没有提出数量性要求，没有GDP，没有CPI，没有失业率控制在多少以内……一个数字也没有。这实际在引导我们：不要单纯地重视经济数量增长，不要贪大求快，不以数字论英雄。同时，全会公报在叙述“党的建设”一节更明确指出，各级领导干部要“树立正确政绩观，努力做出经得起实践、人民、历史检验的实绩。”这意味着，今后“官出数字，数字出官”已经没有市场了。

社会公平正义是基调，共享改革发展成果是指南

在提出“十二五”时期经济社会发展的主题和主线后，全会公报进一步阐述了科学发展的内涵，提出了“四个更加”：更加注重以人为本，更加注重全面协调可持续发展，更加注重统筹兼顾，更加注重保障和改善民生，促进社会公平正义。这是社会公平正义首次被列入科学发展之中，成为科学发展的核心内容。

公平正义是社会主义和谐社会的主要特征，直接关系到社会主义社会的本质。但目前我国城乡收入、贫富差距有不断拉大趋势，与此相关的还有土地征用、房屋拆迁等屡屡引发社会冲突事件，以及冤假错案等司法不公现象，社会公平正义还没有得到相应的维护。如果社会不能保证相对的公平正义，其后果就是出现社会动荡，人心不安，必将严重危及经济建设本身。早在2005年2月，胡锦涛总书记在中央党校省部级主要领导干部提高构建社会主义和谐社会能力专题研讨班上发表重要讲话不仅首次提出了构建社会主义和谐社会的重大战略思想，而且全面深刻地论证了社会主义和谐

四个五中全会提出的未来五年经济社会发展目标对比

十七届五中全会	经济平稳较快发展，经济结构战略性调整取得重大进展，城乡居民收入普遍较快增加，社会建设明显加强，改革开放不断深化，使我国转变经济发展方式取得实质性进展，综合国力、国际竞争力、抵御风险能力显著提高，人民物质文化生活明显改善，全面建成小康社会的基础更加牢固。
十六届五中全会	在优化结构、提高效益和降低消耗的基础上，实现2010年人均国内生产总值比2000年翻一番；单位国内生产总值能源消耗比“十五”期末降低20%左右；城镇就业岗位持续增加，社会保障体系比较健全，贫困人口继续减少；城乡居民收入水平和生活质量普遍提高，价格总水平基本稳定，居住、交通、教育、文化、卫生和环境等方面的条件有较大改善；构建和谐社会取得新进步。
十五届五中全会	国民经济保持较快发展速度，经济结构战略性调整取得明显成效，经济增长质量和效益显著提高，为到2010年国内生产总值比2000年翻一番奠定坚实基础；社会保障制度比较健全，完善社会主义市场经济体制迈出实质性步伐；就业渠道拓宽，城乡居民收入持续增加，物质文化生活有较大改善，生态建设和环境保护得到加强。
十四届五中全会	全面完成现代化建设的第二步战略部署，到2000年在我国人口将比1980年增长三亿左右的情况下，实现人均国民生产总值比1980年翻两番；基本消除贫困现象，人民生活达到小康水平；加快现代企业制度建设，初步建立社会主义市场经济体制。

社会的六个基本特征，排在第二位的就是公平正义。在2010年全国两会后的中外记者会上，温家宝总理表示，“公平正义比太阳还要有光辉”，并称这是社会主义国家制度的首要价值。2010年9月16日，胡锦涛主席在第五届亚太经合组织人力资源开发部长级会议中所作的《深化交流合作 实现包容性增长》的开幕式致辞中又提出了“包容性增长”新概念，指出“我们应该坚持社会公平正义，不断消除人民参与经济发展、分享经济发展成果方面的障碍。”“包容性增长”的核心要义在于全体人民共享改革发展成果。虽然五中全会及“十二五”规划建议暂时不会提“包容性增长”，但其精神将会在“十二五”规划中得到充分的体现。

实现社会公平正义，首要的任务是保障和改善民生，全会公报首次将其提到出发点和落脚点的高度。公报提到的四个“更加注重”，其中两个与民生直接相关，在谈及今后五年经济社会发展的主要目标时，公报突出强调“城乡居民收入普遍较快增加”、“人民物质文化生活明显改善”等内容，直面民生关切。“十一五”期间，无论是经历经济的“寒暑”，还是直面灾难的冲击，保障和改善民生始终是摆在党和政府面前的头等大事。特别是党的十七大报告进一步提出了学有所教、劳有所得、病有所医、老有所养、住有所居的民生“五有”目标，将党和政府工作的重点开始逐渐转移到民生领域。此次全会提出，要提高政府保障能力，推进基本公共服务均等化。这表明，推进公共服务均等化将是“十二五”的一项重点任务。

实现公平正义，当前最紧迫的是推进收入分配制度改革，这也是全社会持续热议的话题。全会公报提出要努力提高居民收入在国民收入分配中的比重、劳动报酬在初次分配中的比重，未来五年要使城乡居民收入普遍较快增加。从公报可以看出，在强调居民收入较快增长的同时增加“普遍”这一前置限定词，这就意味着，在继续致力于“国强”的同时，加快“民富”的步伐已经提上了今后五年党的工作重要日程。“国富”到“民富”的转变成为公众关注十七届五中全会的最大亮点，体现了大多数国人的强烈心愿，这也是中国政府的一个重要执政理念。

经过30多年的改革发展，我国综合国力大大提高，国际地位与日俱增。但相对于“国强”来说，“民富”的步伐还比较落后。虽然我国居民的奢侈品消费已跃居全球第二，但国人贫富差距已经越来越大的现实却不容忽视。5年来，人民群众的收入普遍上涨，但不同人群的收入差距、福利差距却有所扩大，特别是一些垄断行业、大型国企以及某些行业、部门的收入水平过高。收入分配差距问题早已引起中共高层的关注。2010年1月8日，胡锦涛总书记在中共中央政治局第十八次集体学习上指出，要加大国民收入分配调整力度。2010年2月至4月，温家宝总理在省部级主要领导干部专题研讨班、与新华网网民对话以及在两会做政府工作报告时，都提到了收入分配改革问题。与2010年政府工作报告及十七大报告提出要“逐步提高”不同，这次全会提出要“努力提高”，说明未来五年提高居民收入的任务更加紧迫，酝酿多年的收入分配改革政策将加快推出。

“五个坚持”是法宝，“四项改革”很紧迫

转变经济发展方式是主线，而对于如何“转”的问题，全会公报给出了比较具体的路径，即“五个坚持”：坚持把经济结构战略性调整作为加快转变经济发展方式的主攻方向，坚持把科技进步和创新作为加快转变经济发展方式的重要支撑，坚持把保障和改善民生作为加快转变经济发展方式的根本出发点和落脚点，坚持把建设资源节约型、环境友好型社会作为加快转变经济发展方式的重要着力点，坚持把改革开放作为加快转变经济发展方式的强大动力，提高发展的全面性、协调性、可持续性，实现经济社会又好又快发展。对此，国务院发展研究中心专家说：“五个坚持”就是五条脉络，如果我们把它抓好了，以发展方式转变为主线，也就能够得到比较好的贯彻。

把经济结构调整作为转方式的主攻方向，其实早在“九五”时期就已经提出了，但经过多年的调整，还是没有彻底调整过来，同时还出现了许多新问题。为此，全会公报在三个方面做出了新的调整。首先，公报提出“要加快形成消费、投资、出口协调拉动经济增长新局面”，这与以往强调的“投资、消费和出口”三驾马车有新的变化，更加强调了消费的重要性。国际金融危机以来，中央出台了包括四万亿刺激计划以及家电、汽车等领域的扩大内需政策。外界认为，扩大内需有望成为新的基本国策。

其次，全会公报还重点提出培育发展战略性新兴产业的任务，这是“十二五”时期我国经济发展的重要战略。同一天，国务院发布《关于加快培育和发展战略性新兴产业的决定》提出，到2020年，节能环保、新一代信息技术、生物、高端装备制造产业成为国民经济的支柱产业，新能源、新材料、新能源汽车产业成为国民经济先导产业。

此外，全会公报还提出“推动文化产业成为国民经济支柱性产业”，这是中央对文化产业定位的一个新的提法。文化产业的理念在“十一五”规划中已经被提及，但这次公报中有关文化的内容却被单独成段加以阐述，显示出中央对提升文化软实力的重视。2010年7月23日，中共中央政治局就深化我国文化体制改革问题进行第22次集体学习，提出了文化强国战略。文化产业首次纳入支柱产业，预示着我国文化经济结构将发生深远变化。

全面推进改革，更加注重改革的配套性，是这次全会的又一个亮点。这标志着，中国改革开放已从单一的经济改革向综合、纵深、全方位方向发展。2010年9月6日，胡锦涛在深圳经济特区建立30周年庆祝大会上表示，要全面推进经济体制、政治体制、文化体制、社会体制改革，努力在重要领域和关键环节改革上取得突破。温家宝总理亦在近期不同场合多次提到政治体制改革与经济体制改革的互动关系，并誓言“风雨无阻，至死方休。”在本次全会上，中央进一步提出了“十二五”改革攻坚的总体思路，即推进包括经济、政治、社会和文化在内的多位一体的全面改革。这“四项改革”是一个相互促进、共同推进的整体。

作为经济结构调整的重点战略之一，区域协调发展被全会公报放在重要位置。全会公报首提“构筑区域经济优势互补、主体功能定位清晰、国土空间高效利用、人与自然和谐相处的区域发展格局。”从“十五”到“十一五”，我国东、中、西和东北四大区域发展战略基本形成，同时，中央还根据地区不同特点制定了一批促进地方发展的区域规划和政策，几乎覆盖了东中西所有重要区域。而实施主体功能区战略则是实现区域经济协调发展的重要途径，这也是“十一五”规划的延续度。2010年6月，《全国主体功能区规划》已经在国务院常务会议上审议通过，这一规划将在今后五年大力推进。此外，对于全会公报提出的“国土空间高效利用”的要求，2010年9月全国国土规划前期研究和纲要编制工作正式启动，该纲要将涉及未来二十年的国土规划，这是我国首部国土规划纲要。另外，我国已于2009年2月启动环渤海、海峡西岸、北部湾、成渝和黄河中上游五大区域重点产业战略环评，共涉及13个省份、涵盖十几个产业。

与过去不同，这次全会公报最后特别拿出大篇幅强调要提高对自然灾害的综合防范和抵御能力，这是提高可持续发展的重要任务。5年来，我国几乎遭遇了各种类型的严重自然灾害。尤其汶川、玉树地震和舟曲特大山洪泥石流灾害，更是史所罕见。为此，有关专家建议，“十二五”时期我国要实现绿色发展战略，在建立资源节约型社会、环境友好型社会和发展循环经济“三大支柱”上，新增建设气候适应型社会和实行国家综合防灾减灾战略两大支柱。

境外媒体关于五中全会的评论

媒体	评论
香港《文汇报》	五中全会为中国未来五年发展厘清路向，包括调整经济结构战略，坚持扩大内需战略，着力保障和改善民生，加快调整国民收入分配格局，破除城乡二元体制，加强社会建设。
越南《劳动报》	“十二五”时期将是中国推进和谐社会建设、加快经济发展方式转变的关键期。
新加坡《联合早报》	五中全会以研究制定中国第十二个五年规划建议为主要议程，将为中国勾画出未来五年经济、社会和民生等方面的发展蓝图，受到了各界瞩目。
法国媒体	此次举行中共中央十七届五中全会的特别意义在于拟定下一个五年规划，这为调整经济结构与转变经济发展方式，以及解决“社会公正”问题提供了保证。
俄罗斯《专家》杂志	“五年计划”将成为中国实现全面建设小康社会目标的关键，坚持中国共产党的领导是今后五年中国经济社会发展的基本保证。
菲律宾《商报》	通过实施这些五年计划，中国经济增速惊人。尤其是改革开放以来，中国的高速发展惠及全球。
澳门《新华澳报》	五中全会提出以科学发展为主题，是建议的一个最为鲜明的特点，也是时代的要求，事关“十二五”乃至更长时期改革开放和现代化建设全局。

2010年8月26日是全国人大批准建立深圳等四个经济特区成立30周年。9月6日，深圳特区建立30周年庆祝大会隆重举行。胡锦涛总书记出席大会并发表重要讲话强调，面对错综复杂的国际形势，面对艰巨繁重的改革发展稳定任务，我们要胜利实现既定战略目标，必须坚定不移地坚持中国特色社会主义道路，坚定不移地坚持中国特色社会主义理论体系，勇于变革、勇于创新，永不僵化、永不停滞，不为任何风险所惧，不被任何干扰所惑，继续奋勇推进改革开放和社会主义现代化建设的伟大事业。而在半个月之前，温家宝总理在深圳考察时，也就全面深入推进改革开放发表了重要讲话。海内外舆论普遍认为，中国高层在深圳经济特区成立30周年之际发表的重要讲话，不仅发出了坚定不移地全面推进改革开放的明确信号，更是进一步深化改革开放的新宣言和政治动员。

面向下一个30年的 中国改革新宣言

特区30周年大庆，总书记讲话鼓舞人心

胡锦涛总书记2010年9月6日在庆祝深圳特区建立30周年大会上的重要讲话引发海内外各界强烈反响。舆论普遍认为，这不仅是为特区的未来发展指明了方向，也发出了坚定不移地推进改革开放的明确信号。当前，中国社会正处于复杂转型期，改革步入深水区和攻坚阶段，胡锦涛总书记在作为中国各项改革先锋和试验田的经济特区发表重要讲话，提出“勇于变革、勇于创新、永不僵化、永不停滞，不为任何风险所惧，不被任何干扰所惑”，这不仅是对深圳的殷切期许，更是为进一步改革凝聚人气、消除阻力杂音，旗帜鲜明地表达了坚定推进改革开放的明确信号。总书记讲话虽然是就深圳而言，但对全国发展都有指导意义，是关于中国未来改革的全面、系统的论述，吹响

了全面深化改革的号角。

海外媒体也就胡锦涛总书记的重要讲话纷纷发表社论社评，认为胡锦涛的讲话是坚定改革的信心宣示，指明了经济特区未来的发展方向。香港《文汇报》刊文说，胡锦涛总书记的讲话意义深远，不仅为深圳的未来发展指明方向，更是今后一段时期指引中国把握机遇、应对挑战、克服阻力、进一步改革开放的政治纲领和政治动员。香港《大公报》的社评指出，胡锦涛总书记讲话中提出的几大期许，既是为深圳消除迷惘确立信心开出的“药方”，更是对未来中国改革路向的一次郑重规划。

继2010年9月7日召开市委常委（扩大）会议专题传达学习贯彻胡锦涛总书记在深圳经济特区建立30周年庆祝大会上的重要讲话精神后，9月8日，深圳市委召开五届四次全体（扩大）会议，传达胡锦涛总书记在深圳经济特区建立30周年庆祝大会上的重要讲话精神，对推动深圳新一轮改革开放作出全面部署。全会表决通过了《中共深圳市委五届四次全会关于认真学习贯彻胡锦涛总书记在深圳经济特区建立30周年庆祝大会上重要讲话精神的决议》，提出从8方面推进改革发展：加快转变经济发展方式，努力当好科学发展排头兵；加快改革开放步伐，进一步形成推动科学发展的体制机制与国际竞争新优势；加快建设国家创新型城市，进一步增强科学发展的活力与动力；加快推进社会管理创新，进一步营造有利于科学发展的社会环境；加快推进特区一体化发展，努力建设符合科学发展观要求的现代化国际化先进城市；加快推进文化强市建设，努力为科学发展提供良好文化条件；牢固树立大局意识，继续为全国的协调发展作出新贡献；加快提高党的建设科学化水平，为当好推动科学发展、促进社会和谐的排头兵提供坚强保障。

不仅要推进经济体制改革，还要推进政治、文化、社会体制改革

在2010年9月6日胡锦涛总书记的讲话中，外界都非常关心在“政治体制改革”上有什么新的宣示。总书记指出，要坚定不移深化改革，提高改革决策的科学性，增强改革措施的协调性，全面推进经济体制、政治体制、文化体制、社会体制改革，努力在重要领域和关键环节改革上取得突破。有关人士注意到，以往强调“努力在重要领域和关键环节改革上取得突破”，通常都针对经济体制改革。现在总书记将这句话扩及到政治、文化和社会体制改革，意义非比寻常。

老领导寄语特区新改革

领导	寄语
原广东省委书记吴南生	如果说，我们过去办特区，是跟极“左”的思想斗，跟僵化的意识形态斗；现在随着改革的深入，各种利益博弈错综复杂，最大阻力就是利益集团，要敢跟既得利益集团切割。
原深圳市委书记李灏	对于哪些改革是成功的，是深入民心的，哪些是不对的、不好的，要不断进行总结和改进，否则便难以发挥经济特区的示范作用。
原深圳市委书记厉有为	今后要做好四个方面的工作：继续解放思想，深化改革和扩大开放；深入进行生产资料占有社会化方面的改革；深入进行行政体制改革和政治体制改革；关注民生。
原深圳市市长郑良玉	在深圳努力创造新优势的布局中，人才是重中之重。关键还在于为各地来到深圳的人才提供良好的成长空间和平台，营造较好的发展前景。
原深圳市市长李子彬	从目前来看，深圳可以尝试的改革还有很多。首先，探索科学发展的新路，加快转变经济发展方式；其次，深化改革，改革管理干部制度；第三，对外扩大开放的切入点，加强深港高级技术合作。

同样，温家宝总理在深圳考察时更是明确指出，不仅要推进经济体制改革，还要推进政治体制改革。没有政治体制改革的保障，经济体制改革的成果就会得而复失，现代化建设的目标就不可能实现。有媒体指出，这种“得而复失”的表述十分罕见。在2010年全国两会期间，温家宝就曾强调“政治体制不改革，中国现代化事业就不会成功”。有媒体认为，温家宝在改革开放的试验地深圳，高举邓小平大旗，重呼解放思想，再次呼吁政改，具有特殊历史及现实意义。

细心的人士注意到，胡锦涛和温家宝在深圳期间都向邓小平同志铜像敬献了花篮。而对于政治体制改革，邓小平早在20世纪80年代就多次阐述其重要性。1980年8月，邓小平在政治局扩大会议上发表了题为《党和国家领导制度的改革》讲话，后来被誉为中国政治体制改革的纲领性文件。在1986年6月有关政治体制改革问题的谈话中，邓小平强调政治体制改革同经济体制改革应该相互依赖，相互配合。只搞经济体制改革，不搞政治体制改革，经济体制改革也搞不通。

其实，高层日益认识到政改赋予中国政治乃至中国经济与发展的强大生命力。近年来，中共高层多次提及政改重要性。在中共十七大的政治报告中，中共第一次提出把民主视为“生命”。也正是在那时，中央编译局副局长俞可平在中共中央党校《学习时报》上发表《民主是个好东西》一文；国务院新闻办公室发表了《中国的政党制度》白皮书；2008年1月，也就是十七大闭幕后一个多月，《人民日报》又推出《民主政治》周刊，被视为是为政改营造舆论环境。在2010年的政府工作报告中，温家宝强调，“中国的改革是全面的改革，包括经济体制改革、政治体制改革以及其他各领域的改革，没有政治体制改革，经济体制改革和现代化建设就不可能成功。”在高层宣示的同时，中国亦在逐步踏出政改的节拍：从乡镇长直选或变相直选到党政领导干部的公推直选或公推公选；从以村委会、居委会直选为代表的基层群众自治到各种党内民主制度的推进；从改革和完善人民代表大会制度到发展政治协商制度；从司法改革到尝试领导干部财产申报制度……中国在政改的路上一直以稳健的步调前进。

但与此同时，如何推动发展的全面协调可持续，如何解决地区之间、经济与社会之间、社会各阶层之间、人与自然之间的各种矛盾，如何应对能源紧缺和环境压力，如何按科学发展观要求切实有效地转变发展方式，如何保障社会公平与正义……这些中国发展中面临的难题近年来也越发凸显，而解决经济社会发展中这些深层次矛盾，要害在于构建一个能充分保障公平和正义的法治环境，以充分保障公民的政治、经济、社会、文化权利，这必须推进政治体制改革。

对此，胡锦涛和温家宝的讲话已经指明了方向：要扩大社会主义民主，加快建设社会主义法治国家，依法实行民主选举、民主决策、民主管理、民主监督，保障人民的知情权、参与权、表达权、监督权。要保障人民的民主权利和合法权益；要最广泛地动员和组织人民依法管理国家事务和经济、社会、文化事务；要从制度上解决权力过分集中又得不到制约的问题，创造条件让人民批评和监督政府，坚决惩治贪污腐败；要建设一个公平正义的社会，特别是要保障司法公正，重视保护和帮助弱势群体，使人们在生活中有安全感，对国家的发展有信心。

2010年9月6日《南方日报》更是以一个专版发表题为《政治体制改革：未来特区新使命》的文章，邀请4位专家解读深圳未来如何深化改革。有专家提出，在经济体制改革课题谁都可能做和可以做好的当下，特区的使命和任务应作战略性调整，未来特区在政治体制改革方面应开始大胆试点，切实推进。应赋予特区新的历史使命：以政治体制改革为核心，带动其他各项改革——包括深化经济体制改革、社会体制改革等。同一天，该报发表社论指出，站在深圳特区建立30年的门槛上，我们更应当谋划未来。我们不仅在经济体制改革领域做出引领式贡献，也应在政治体制改革领域作出引领式贡献，这既是对总设计师等改革先贤的告慰，也是对下一个30年的期许。

四特区扩容，谋划大特区新定位

特区	扩容情况	新定位
深圳	从原来的罗湖、福田、南山、盐田四区扩大到全市，特区面积从327.5平方公里扩大至1991平方公里，面积增加5倍	建设科学发展的示范区、改革开放的先行区、自主创新的领先区、现代产业的集聚区、粤港澳合作的先导区、法治建设的模范区，强化全国经济中心城市和国家创新型城市地位，加快建设国际化城市和中国特色社会主义示范市
厦门	从岛内的131平方公里扩大到包括岛外在内的全市1573平方公里，面积扩大了11倍	既要成为我国改革开放和现代化建设的试验田、窗口和排头兵，又要成为中央对台政策和发展两岸关系的试验田、窗口和排头兵
珠海	扩大到全市，从227.46平方公里拓展到1701平方公里，扩大了近6.5倍	到2040年，把珠海建设成为有国际影响力的生态城市、旅游城市、创新城市和港口城市，成为宜居宜业宜游的幸福之城，成为活力实力魅力兼备的理想之城
汕头	正在申请扩大到全市	建设幸福汕头，加快经济发展方式转变，为建设幸福汕头奠定物质基础；深化综合配套改革，为建设幸福汕头提供体制机制保障；高度重视人才工作，为建设幸福汕头提供人才智力支撑

紧扣"五点要求"，明确未来改革主攻方向

对于经济特区的未来，胡锦涛指出，在全面建设小康社会、加快推进社会主义现代化的进程中，经济特区不仅应该继续办下去，而且应该办得更好。中央将一如既往地支持经济特区大胆探索、先行先试、发挥作用。经济特区要适应国内外形势新变化、按照国家发展新要求、顺应人民新期待，面向现代化、面向世界、面向未来，继续解放思想，坚持改革开放，努力当好推动科学发展、促进社会和谐的排头兵，在改革开放和社会主义现代化建设中取得新进展、实现新突破、迈上新台阶。对于其他省区来说，也要以深圳为榜样，紧紧抓住加快转变经济发展方式、深化改革开放、加强社会主义精神文明建设、促进社会和谐、推进党的建设5个关键环节，勇当改革排头兵。

一是继续加快转变经济发展方式，努力为推动科学发展探索新路。二是继续深化改革开放，努力为推动科学发展提供制度保障和动力源泉。三是继续加强社会主义精神文明建设，努力为推动科学发展提供良好文化条件。四是继续促进社会和谐，努力为推动科学发展营造良好社会环境。要按照推动经济社会协调发展的要求，加快以改善民生为重点的社会建设，调整国民收入分配结构，增加城乡居民收入，加强和改善公共服务，加快构建覆盖全体居民的终身教育体系、就业服务体系、社会保障体系、医疗保障体系、住房保障体系，努力满足人民群众在教育、劳动就业、社会保障、医药卫生、住房等方面的基本需求，促进社会公平正义。五是继续推进党的建设，努力为推动科学发展、促进社会和谐提供坚强保证。

"五点要求"的提出表明，中央对未来改革的期待，已从当初单一的经济改革向综合、纵深、全方位方向发展，是包括了动力源泉、文化条件、社会环境、坚强保证等在内的一个全方位的系统工程。从这个意义上说，"五点要求"是一个未来中国改革的主攻方向，对未来中国改革开放事业具有重要的指导意义。

目前，学习总书记讲话精神不仅成为几个特区的重要任务，其他地方也掀起了学习热潮。在2010年9月7日广东省委书记汪洋主持省委常委会议传达学习胡锦涛总书记在深圳经济特区建立30周年庆祝大会上的重要讲话精神、研究贯彻落实意见的同一天，湖南、天津也召开常委（扩大）会议，学习贯彻胡锦涛总书记的重要讲话精神。9月8日，海南省委召开专题座谈会，学习胡锦涛同志在深圳经济特区成立30周年庆祝大会上的重要讲话。与会人员一致认为胡锦涛总书记的讲话不仅为经济特区，而且为我国的改革开放、科学发展指明了方向。省委书记卫留成要求，要借鉴学习深圳经济特区30年改革开放的宝贵经验，认真落实总书记讲话中对特区今后发展的5点要求，开创海南经济特区的新局面。

2010年7月23日，中共中央政治局就深化我国文化体制改革问题进行第22次集体学习，胡锦涛总书记强调，一定要从战略高度深刻认识文化的重要地位和作用，以高度的责任感和紧迫感，顺应时代发展要求，深入推进文化体制改革，推动社会主义文化大发展大繁荣。与以往历次集体学习相比，这次集体学习产生了强烈的冲击波：7月27日，中宣部发出《关于认真学习宣传贯彻胡锦涛总书记在中央政治局第二十二次集体学习时重要讲话精神的通知》，要求进一步增强政治责任感和改革创新意识，以更加扎实、更加有力的措施，深入推进文化体制改革。紧接着，8月13日至14日，全国文化体制改革工作会议在青岛举行；8月19日，中宣部等四部门就文化体制改革举行专题新闻发布会；8月27日，李长春在重庆主持召开国家"十二五"时期文化体制改革和发展规划纲要编制工作调研座谈会，强调推动文化建设又好又快发展，使"十二五"时期成为我国文化建设的加速发展期，为推动我国从文化资源大国向文化强国迈进奠定坚实基础。2010年上半年，中国GDP总量已超过日本而成为世界第二大经济体，在国际上引起了强烈反响，从这一视角观察和审视文化体制改革特别是党的十七大明确提出的"提高国家文化软实力"，文化强国战略影响深远。

第22次集体学习
引爆文化强国战略冲击波

体制改革："三个加快，一个加强"推进线路图确定

自党的十六大对深化文化体制改革作出战略部署以来，我国文化体制改革主要经历了三个阶段：一是从2003年6月中宣部召开文化体制改革试点会议到2005年12月"开展试点、积极探索"阶段；二是从2005年12月中共中央、国务院下发《关于深化文化体制改革的若干意见》到2009年8月"扩大试点、由点到面"阶段；三是从2009年8月全国文化体制改革经验交流会在江苏召开至今"加快推进、全面展开"阶段。根据中央部署，2012年以前要基本完成文化体制改革各项任务。目前，我国的文化体制改革明显加速，改革已进入纵深发展、攻坚克难的新阶段。2010年是基本完成文化体制改革重点任务、推动改革取得决定性进展的关键一年，也是谋划"十二五"文化体制改革的关键之年。

人民日报五论推进文化体制改革

时间	标题	主要观点
2010年8月2日	开创中国特色社会主义文化建设新局面	在我国文化建设面临重大机遇，也面对严峻挑战的今天，深入推进文化体制改革，冲破观念的禁锢，打破体制的障碍，完善政策的支撑，才能不断兴起社会主义文化建设的新高潮，推动社会主义文化大发展、大繁荣
2010年8月3日	增强深化改革的责任感、使命感	在当前全球经济的背景下，只要充分利用文化发展反经济周期的特点，把握国际金融危机带来的"挑战性机遇"，通过改革充分释放文化生产力，就能够推动文化事业文化产业乘势而上
2010年8月4日	把握深化文化体制改革的正确方向	最大限度地满足人民群众日益增长的精神文化需求是文化建设的根本任务，在深入推进文化体制改革的进程中，紧紧抓住这个着力点，我们就会不断开拓各项工作的新局面
2010年8月5日	讲发展必须讲改革	在后金融危机时代，如何抓住机遇、乘势而上，促进文化事业文化产业又好又快发展？世界范围内各种思想文化交流交融交锋更加明显，如何增强国际舆论话语权和传播力，提升国家的文化软实力？要牢牢把握机遇、从容应对挑战，就要不断深化文化体制的改革
2010年8月6日	牢牢把握文化发展主动权	当前，动力不足、活力不足依然是制约文化发展的主要问题。这些问题的解决，离不开四个“加快”：加快文化体制的改革创新、加快构建公共文化服务体系、加快发展文化产业、加快对文化产品创作生产的引导

根据青岛会议的部署，当前文化体制改革的主要任务是：.积极推进出版发行、电影、演艺、广电网络等领域经营性文化单位转企改制；继续深化公益性文化单位人事、收入分配和社会保障制度改革；积极推进文化行政管理部门政企、政事分开和管办分离。2010年8月19日四部委专题发布会进一步明确，深化文化体制改革要做到“三个加快，一个加强”，即：加快文化体制机制改革创新；加快构建公共文化服务体系；加快发展文化产业；加强对文化产品创作生产的引导。

在改革任务具体推进上，文化部2010年初就提出了文化系统体制改革的几个重点，包括加快经营性文化单位转企改制步伐、深入推进公益性文化事业单位改革等。而新闻出版总署署长柳斌杰在8月20日总署党组中心组理论学习会议上提出，新闻出版体制改革已进入攻坚克难阶段，要充分做好“啃硬骨头”的准备，今后两年，要重点完成7项任务。

在中央密集部署文化体制改革任务后，各地也加快了文化体制改革步伐。2010年8月31日，山东省召开的文化体制改革工作会议披露，下一步，该省将积极推动影视制作、电影发行放映、广电网络、文艺院团等领域经营性文化单位的转企改制和继续深化公益性文化单位改革等；8月中旬，四川省召开全省文化体制改革工作会议，列出了全面深化文化体制改革的“时间表”；文化体制改革走在前面的江苏省2009年就列出了至2010年底要完成的三张“时间表”；而辽宁省在2010年上半年基本完成了中央提出的重点任务，一批重点项目经验在全国推广，如文化部、广电总局、财政部召开现场会推广“辽宁广电模式”；辽宁日报与中部7城市的战略合作机制受到关注等。

产业发展：多部门全方位扶持政策鱼贯而出

2009年，国务院出台了《文化产业振兴规划》，首次将文化体制改革和大力发展文化产业上升到国家战略，明确了八项重点任务，并提出了降低准入门槛、加大政府投入、落实税收政策、加大金融支持等一系列政策措施。

为推动文化产业《振兴规划》实施，2009

年以来，相关部门出台了一系列高“含金量”的扶持政策。2009年4月，文化部、中国进出口银行等五部门联合出台《关于金融支持文化出口的指导意见》；2010年2月1日，文化部、商务部等十部门制定了《关于进一步推进国家文化出口重点企业和项目目录》；3月，中国人民银行会同中宣部、财政部、文化部等九部委联合发布《关于金融支持文化产业振兴和发展繁荣的指导意见》，这是近年来金融支持文化产业发展繁荣的第一个宏观金融政策指导文件。目前，文化部、新闻出版总署等文化主管部门已分别与中国银行、农业银行、国家开发银行、中国进出口银行等签订了支持文化产业发展的合作协议。5月7日，国务院出台《关于鼓励和引导民间投资健康发展的若干意见》，提出鼓励民间资本从事文化创意、文化会展、网络文化等活动。8月19日，中宣部副部长孙志军在四部委举行的新闻发布会上透露，国家正在研究起草制定“十二五”文化产业发展规划，将进一步加大文化产业结构调整和资源整合力度，积极推进文化发展方式转变，推进文化与科技的融合，鼓励和引导文化企业面向资本市场融资。

国家层面扶持政策的不断出台有力地刺激了各省的积极性。2010年7月中旬，广东省发布《建设文化强省规划纲要（2011—2020年）》，提出未来5年内广东财政将投入250亿元人民币用于支持文化强省建设；7月26日，山东省召开文化体制改革和文化产业振兴大会，提出将重点发展文化创意、影视制作、数字内容、动漫和网络游戏等十大产业；8月9日，安徽省文化产权交易所正式挂牌，将服务文化产业发展；陕西省起草的《“十二五”文化发展规划》草案，提出将打造一批处于全国领先地位的特色文化企业；浙江省近年来积极鼓励和支持民间资本和社会力量进入文化产业，相继出台了《推动文化大发展大繁荣纲要（2008—2012）》、《文化产业振兴规划》、《关于支持文化体制改革和文化企业发展的意见》。

在文化产业大繁荣、大发展的同时，公益性文化事业也扎实推进，公共文化服务体系已趋于成形。2007年3月，我国开始实施“农家书屋”工程，到2010年初，全国已建成农家书屋24万个。全国文化信息资源共享工程自2002年实施以来，截至目前已建成县级支中心2814个，覆盖率达96%，乡镇基层服务点达到15221个，覆盖率达44%，而村基层服务点也达到79万个，资源总量为90TB（万亿字节）。目前，我国以大型公共文化设施为骨干、以社区和乡镇基层文化设施为基础的城乡公共文化服务网络初步建立，新型公共文化服务体系运行机制和投入保障机制正在形成。2010年4月，国家公共文化服务体系建设专家组在北京成立，北京大学、清华大学、中国社会科学院等学校和科研机构的专门人才承担了公共文化服务的课题研究，组成国家公共文化的智囊团；6月，国家公共文化服务体系制度设计研究工作会议在重庆召开，标志着我国公共文化服务体系建设进入了制度层面。胡锦涛总书记在2010年中共中央政治局第22次集体学习时强调，要加快构建公共文化服务体系，按照体现公益性、基本性、均等性、便利性的要求，促进基本公共文化服务均等化。可见，基本公共文化服务均等化将成为今后文化改革发展的攻坚任务。据悉，“十二五”国家将制定包括文化服务在内的公共服务均等化重大专项，将明确实现基本公共服务均等化的时间表和相关配套政策体系。

目前，不少地方已经开始在包括文化服务在内的公共服务均等化上破题。其中，广东省于2009年12月出台了《基本公共服务均等化规划纲要(2009—2020年)》；辽宁省委8月12日召开的常委会专题会提出，要推进“振兴之歌”、“红诗辽宁”等群众主题文化活动；陕西省实施了农村文化建设五大工程，即“两馆一院一站一室”建设工程（含送书下乡工程）、农村电影放映“2131”工程、农村舞台艺术繁荣工程、文化信息资源共享工程、农村文化人才培训工程；昆明市推行公共财政为群众文化消费埋单，2010年8月中旬出台《政府采购公共文化产品和服务的办法（试行）》规定。

部分省市金融支持文化产业发展政策举措一览

时间	省区	文件	要点
2009年	北京	《文化创意产业担保资金管理办法（试行）》	从全市文化建设扶持资金中拿出一部分，鼓励担保公司为中小文创企业提供贷款担保
2010年6月	吉林	与中信银行长春分行签署的《支持文化产业发展的战略合作协议》	中信银行长春分行将向企业提供30亿元人民币的授信及结算、风险管理、金融咨询等金融服务
2010年8月15日	山东	与中国出口信用保险公司签署的战略合作协议	对文化出口重点企业和重点项目提供灵活和优惠的政策支持，支持山东文化企业在出口信用保险项下与银行的合作
2010年7月	海南	与工行海南省分行签订的《支持文化产业发展战略合作框架协议》	从2010年起，海南省工行每年将提供60亿元以上意向性融资支持额度，为海南文化、广电、出版、体育企业提供金融服务
2010年8月	河北	与工行联合下发的《关于建立金融支持文化产业发展合作机制的通知》	对融资额度在1亿元(含)以内的文化产业贷款项目，向省工商银行推荐；融资额度超过1亿元的文化产业贷款项目，向中国工商银行总行推荐
2010年8月5日	山西	与中国工商银行签署《支持文化产业发展战略合作框架协议》	中国工商银行将为文化企业提供一揽子金融计划，未来五年内将为山西文化产业提供100亿元的意向融资服务

坚持思想性、知识性、艺术性、观赏性相统一，坚决抵制庸俗、低俗、媚俗之风，推出更多面向群众、面向基层、面向市场，无愧于时代、无愧于历史、无愧于人民的精品力作。

把握导向：抵制“三俗”提高主流文化影响力

继2010年上半年整治互联网和手机媒体淫秽色情及低俗信息专项行动后，中国又开始在文化领域掀起一轮打击“三俗（庸俗、低俗、媚俗）”活动，而且“低俗化”已经被视为文化体制改革中出现的新问题。胡锦涛在中共中央政治局第22次集体学习时指出，要坚决抵制庸俗、低俗、媚俗之风。这是近年来中央最高层首次明确强调抵制“三俗”之风。2010年8月27日，中央政治局常委李长春在重庆主持召开国家“十二五”时期文化体制改革和发展规划纲要编制工作调研座谈会时强调，坚持思想性、知识性、艺术性、观赏性相统一，坚决抵制庸俗、低俗、媚俗之风，推出更多面向群众、面向基层、面向市场，无愧于时代、无愧于历史、无愧于人民的精品力作。8月中旬，中宣部部长刘云山在山东青岛调研时强调，要坚持正确的文化立场和文化追求，靠喜闻乐见、雅俗共赏赢得受众，抵制庸俗、低俗、媚俗之风。

随后，中宣部副部长孙志军在文化部等四部门专题新闻发布会上强调，在推进文化体制改革过程当中，要把社会效益放在首位，努力实现社会效益和经济效益的有机统一，绝不能为了追求经济利益而放弃社会责任，有损社会效益。所有的文化单位，无论是事业还是企业，无论是国有还是民营，都应该成为先进文化宣传的阵地，自觉地、坚决地抵制“三俗”现象。国家广电总局先后两次下发管理通知规范婚恋交友类电视节目。

专家指出，要从根本上抑制“三俗”之风，需要以用社会主义核心价值体系为引领，重塑主流价值观的引导力和影响力，让主流文化重新占领文化的主阵地。这方面，重庆市掀起的“唱红歌”、“读经典”、“讲故事”和“传箴言”的“唱读讲传”活动堪称典型。2010年8月26日至29日，中央政治局常委李长春在重庆考察调研时对重庆“唱读讲传”活动给予高度评价，要进一步深入开展“唱读讲传”活动，把它引向深入，建立长效机制。中宣部要总结经验，在全国推广。但与此同时，我们也要看到，官风影响民风，官风正则民风清。因此，要抵制文化“三俗”，匡正民风，首先要从正官风做起。《半月谈》刊文指出，当前，道德滑坡现象已引起社会各界广泛关注。其中，少数领导干部失德问题尤为突出。要维护社会公平正义，夯实党的执政根基，必须直面官德缺失之痛，下猛药治沉疴！

监督政府 从"创造条件"到"依法保障"

温家宝总理在2010年政府工作报告中掷地有声地提出，要创造条件让人民批评、监督政府。2010年8月27日，他在全国依法行政工作会议上再次强调，要更加重视人民群众和社会舆论监督，依法保障人民群众直接监督政府的权利，支持新闻媒体对违法或者不当行政行为进行曝光。

频遭公权打压，舆论监督面临四"不"难题

2010年8月27日，温家宝总理在全国依法行政工作会议上强调，要更加重视人民群众和社会舆论监督，依法保障人民群众直接监督政府的权利，支持新闻媒体对违法或者不当行政行为进行曝光。而2010年全国两会上，温家宝总理在政府工作报告中则明确提出"创造条件让人民批评政府、监督政府，同时充分发挥新闻舆论的监督作用，让权力在阳光下运行"。在不到半年的时间里，温家宝总理在两个重要场合强调要重视和发挥人民群众监督和舆论监督政府的作用，显示出中央对建设阳光政府的坚定决心，也说明了高层对人民群众监督和舆论监督在阳光政府建设过程中重要作用的深刻认识。

但环顾当前的舆论监督环境，情况并不令人乐观。2010年以来，各地陆续曝光了多起舆论监督遭遇公权力打压的事件，引起了社会的

广泛关注。这些事件也暴露了长期以来我国舆论监督面临的深层次“四不”难题：

首先，舆论监督遇到的“阻力不小”。这种阻力主要来自被监督单位、部门及其上级机关领导的干预过多，导致媒体有时“不敢监督”。如2010年7月7日，江西省委机关报《江西日报》曝光景德镇邮局组织员工公费旅游，该邮局将写有此报道的C叠扣押不予投递；28日，《经济观察报》记者仇子明因报道凯恩关联交易内幕遭浙江遂昌县公安局通缉；千龙网记者因报道山东瀚霖生物有关问题遭警方调查等。

其次，舆论监督受到的“压力不轻”。现实生活中，媒体从业人员在进行舆论监督过程中合法权益受到不法侵害的事时有发生。2010年7月27日，《第一财经日报》报道紫金矿业污染事件的记者邵芳卿家属驾车时遭遇撞车，随后，与其并肩揭开紫金矿业公关记者灰幕的《中国青年报》记者陈强家属车辆也被撞，两起车祸发生在同一天，这种巧合令人倍觉蹊跷。30日，因报道霸王洗发水含致癌物，《每日经济新闻》华东新闻中心受到自称“霸王国际集团”四名员工的冲击，多名记者被打。以至于有评论开玩笑地说2010年是“记者挨打年”。

第三，舆论监督得到的“动力不足”。媒体监督的动力来自三方面：一是媒体的职责；二是媒体从业人员的良知；三是公众的参与及有关部门的支持，但现实中客观存在的“封口费”、“红包”等让这种支持日显乏力。

第四，舆论监督达到的“效力不强”。虽然舆论监督在领导干部的监督中发挥着越来越大的作用，但目前我国舆论监督的作用还十分有限。因为党务公开、政务公开制度不健全，相关的信息不透明，使得媒体有时“不能监督”，进而影响到舆论监督的效果。

顺应舆论监督是民主法治社会发展的必然趋势和要求

舆论监督是公民利用媒体就公共部门及其工作人员在管理国家事务和社会公共事务中的行为依法进行评论，表达意见、提出建议的一种监督方式。作为社会监督的重要组成部分，媒体执行公众监督，对保持社会正义和公权力的阳光运行至关重要。

舆论监督是民主政治发展到一定阶段的必然产物，而媒体、公众可以有效监督政府也是社会发展文明进步的重要标志之一。当年，美国的“扒粪运动”就成功促成了美国市场经济的转型，奠定了美国经济崛起的基础。19世纪下半叶，控制美国经济命脉的经济巨头为巩固地位，奉行所谓“只要我能发财，让公众利益见鬼去吧”的经营逻辑，引起了社会公众舆论的强烈不满，出现了2000多篇揭露实业界丑闻的文章，形成了美国史上著名的“扒粪运动”。“扒粪运动”促使社会猛醒，人们开始与各种丑恶现象作斗争。各种立法如雨后春笋般出现，涉及社会生活各方面的重大改革有力遏制了腐败的滋生，迅速缓解了社会矛盾。实践证明，舆论监督是现代社会人民保障自身的权利不受侵犯的利器，也是人民监督政府、行使民主权利的一种重要方式。

在社会转型发展的过程中，我国舆论监督也发挥了重要作用。近年来，对矿难、医药、食品安全等重大公共安全事件的报道，开辟了中国信息透明的新局面。人们也看到了政府顺应民意、宽容对待批评监督所产生的良好效果。“网友曝光、媒体跟进、政府查处”已成常见监督模式。各级政府官员必须进一步

2010年全国两会前夕，河南省委书记卢展工表示，“舆论监督不能叫负面报道，而应是正面报道。现在舆论监督不是多了的问题，而是还少。我们将创造条件努力支持舆论监督！”

认识到，加强舆论监督是满足人民知情权、参与权、表达权、监督权的必然要求，必须顺应时代和社会发展的新要求，转变以往“舆论监督就是给地方和官员添乱子、找麻烦，就是抹黑、丑化地方形象”的传统思维方式，要充分认识到通过舆论监督将工作中存在的一些矛盾、问题揭示出来，引起社会的广泛关注，找到解决的办法，才能在一定程度上化解社会矛盾，消弭不满情绪，促进社会和谐，最终维护党和政府的形象。

加强舆论监督既需要党委政府“撑腰壮胆”更需要法制保障

继2010年两会之后，温家宝总理再次强调“依法保障”和“直接”监督政府，重新燃起社会各界关于如何创造条件让人民批评、监督政府的讨论热情。实现这一目标，首先必须保障媒体及其从业者包括采访权在内的各种监督权利。具体应从两方面着手：

一是继续营造良好的舆论监督环境。不仅要正确对待舆论监督，虚心接受舆论监督，还要有宽容舆论监督，甚至容忍不正确舆论监督的雅量，同时，要敢于给舆论监督“撑腰壮胆、鼓劲打气”。2010年全国两会前夕，河南省委书记卢展工表示，“舆论监督不能叫负面报道，而应是正面报道。现在舆论监督不是多了的问题，而是还少。我们将创造条件努力支持舆论监督！”也是在2010年初，武汉市长阮成发在颁完2009年度“宣传武汉新闻奖”后表示：“我认为‘六连号’报道应得奖，要感谢这篇报道。”他认为，“负面新闻也是一种鞭策，让我们更清醒，不至于犯更大的错误。”广东省委书记汪洋不止一次强调给舆论监督撑腰壮胆、鼓劲打气。在2010年8月3日广东省第九期领导干部党纪政纪法纪教育培训班开班式上，他再次强调，领导干部尤其是“一把手”要做自觉接受监督的表率。要给舆论监督撑腰壮胆、鼓劲打气，使舆论监督更理直气壮些，分量再多一点，力度再大一点，从而更好地推动和改进工作。

二是加强舆论监督法制建设。要发挥好舆论监督的作用，就必须使其走上法制化、规范化的轨道。这方面，昆明是一个典型。2008年以来，昆明先后出台了包括《关于建立重大党务政务信息公开主动接受新闻舆论监督制度的意见》等五项制度，一步一步把舆论监督引向了“法制化”。在中央层面，新闻出版总署近年来也出台了多个保护新闻采访权、舆论监督权的文件、规定，但专家指出，这些规定都是行政法规和部门文件，在层级和力度上都不够，健全和完善舆论监督制度，还是要从立法层面着手。

“十二五”上项目要总结4万亿的经验和教训

“十二五”将至，自2008年启动的刺激经济发展4万亿投资计划也进入收官阶段。国家发改委有关负责人透露，投资计划中的1.18万亿中央资金目前绝大部分已下达完毕，全部被用于新开工项目。2010年10月，国家发改委配合中央纪委、监察部对2008年年底以来的所有中央投资项目进行一轮大规模清查。这也是两年来中央检查组第五次对4万亿投资计划实施情况进行检查。督察内容主要包括地方配套资金是否落实、项目进展等情况，中央借此机会对4万亿投资计划落实情况进行了一个全面的回头梳理排查，力争使一些带有普遍性的问题得到基本解决。

从中央检查组前四次清查的情况看，各地在落实4万亿投资计划过程中暴露出配套资金不到位、项目进展缓慢、中央投资资金被长时间滞留、一些项目开工未经招标等。根据审计署2009年12月发布的关于1981个扩大内需投资项目建设管理和资金使用情况的审计调查结果，地方配套资金近半未到位。农业部数据显示，截至2010年8月20日，第四批扩大内需中央农业投资项目开工率仅为68%，地方政府配套投资到位率为61%。从地方反映的情况看，很多投资项目没有到位、进度缓慢，除了缺乏资金外，由于物价上升导致地方配套资金发生变化，改变预算等花了更多的时间。

据《21世纪经济报道》透露，4万亿投资计划中有442个项目仍未开工，其中河北省占31个、江西省占80个、广东省占55个、四川省占82个、甘肃省占41个。2010年9月16日，国家发改委有关人士在回应这一消息时表示，上述数字是6月份的统计数据。后来，一些地区已陆续开工实施未及时开工的项目。事实上，国家发改委自2009年6月便开始多次敦促地方保证中央投资项目的落实。2010年8月26日，国家发改委副主任穆红在贵阳召开的2010年全国投资工作研讨班会议上明确要求，各地要以决战决胜的态度和信心，全力推进两年4万亿投资计划，并着手提前谋划“十二五”投资规划。他要求地方加快项目建设、切实落实好地方配套资金、确保政府债券资金主要用于中央投资的公益性项目，并进一步鼓励和促进民间投资健康发展，改善政府投资方向和结构，深化投资体制改革。

有关专家指出，此轮4万亿投资过程出现的各种问题，实际上是中国投资领域多年来一直存在的问题，只不过4万亿投资计划的实施使各种问题得以更加密集地爆发。这些问题很多都涉及中国的投资体制改革。此前，4万亿投资计划在为地方创造了上项目机会的同时，也催生了各类投融资平台大幅发债的局面。目前，各地正着手规划“十二五”重大项目，及时总结这次上项目的经验教训，有效防止“旧债未还又添新债”十分重要。此外，进一步加强对“十二五”期间宏观经济形势的研判，防止物价变动等因素对项目进度造成的不利影响，也是各级领导必须考虑的问题。

新型城镇化，特色才是硬道理

目前，我国城镇化已经进入加速发展阶段，但城镇化进程中还存在许多错综复杂的问题，其发展直接关系到今后20年我国工业化的深入发展和城乡经济的协调繁荣。进一步推进城镇化，需要克服已有的城市发展过程中的不足，探索新型城镇化道路。中国的城镇化道路，不能再走高消耗、高排放、城乡分割、缺乏特色的传统城镇化老路，更不能照搬其他国家的做法，而必须从中国国情出发，走符合中国实际、符合各地区实际的特色新型城镇化道路，特色才是硬道理。专家建议，未来一个时期，要以提升城镇化质量为战略方向，以促进农民工市民化为战略重点，以体制创新为战略保障，逐步形成有中国特色的城镇化模式。

坚持大中小城市和小城镇协调发展，走中国特色城镇化道路

2010年6月24日，国务院副总理李克强在上海会见市委书记市长“城市化与城市现代化”专题培训班全体学员时强调，积极稳妥地推进城镇化，既是当前一项紧迫工作，也是一项长期艰巨的历史任务。要认真贯彻落实党中央国务院决策部署，把城镇化作为促进经济长期平稳较快发展、加快转变经济发展方式的重要内容，以科学发展观为指导，积极稳妥推进城镇化，不断释放城镇化在扩大内需中的巨大潜力，惠及广大人民群众。

李克强提出，要深刻认识城镇化在现代化建设全局中的战略意义。我国是一个发展中大国，最大的内需在城镇化，促进发展最大的潜力也在城镇化。我国城镇化提升的空间还很大，推进城镇化必将有效拉动市场需求，显著提高人民生活水平。同时，城镇化是解决“三农”问题的重要途径，推进城镇化需要巩固和加强农业的基础地位。要顺势而为，以工促农、以城带乡，在推进城镇化过程中统筹城乡发展。

李克强要求，要牢固树立在科学发展中推动城镇化的理念。要从中国的基本国情出发，坚持大中小城市和小城镇协调发展，走中国特色城镇化道路。在优化东部地区城市发展的同时，加快在中西部地区培育和发展一批城市群，促进区域协调发展。要按照绿色低碳等先进理念，高起点规划、高水平建设城市。要大力推进城市文明建设，传承和弘扬中国优秀传统文化，汲取人类先进文化理念，不断提升城市的内涵和品位。

李克强强调，要让人民群众共享城市化和

未来中国城镇化将突出三方面转变

由速度型向质量型转变	由不完全的城市化向全面的城市化转变	由粗放型向可持续的城市化转变
坚持速度与质量并重，把城镇化快速推进与质量提升有机结合起来，促使城市化由单纯追求速度向着力提升质量转变，全面提高城市化的质量	加快全面城市化，核心就是着力解决农民的社会化问题。解决城市的民生跟城市的社会问题	过去中国城镇化发展存在高增长、高排放、高消耗粗放型的发展模式，未来城市发展向低消耗、低排放、高效率的方向转变，走具有中国特色新型的城市化道路

城市现代化的成果。在城市规划、建设、管理等各个方面，都要坚持以人为本、城建为民，着力保障和改善民生，努力为居民提供均等化的基本公共服务和便利化的设施，使城市和谐稳定、舒适宜居。当前和今后一个时期，要特别注意解决好农民工在城镇落户以及就业、子女教育、住房、社会保障等问题。

“十二五”期间城镇化将实现从规模扩张到整体转型

2010年7月29日，《2010年城市蓝皮书》发布会暨中国城市发展战略转型高层论坛在京举行，研讨探讨“十二五”城镇化发展的有关问题。与会专家认为，无论是自然演化还是宏观调控，我国必将进入一个从规模扩张到品质提升的整体转型时期，必将出现并加速城市社会经济发展的整体转型。

“十二五”期间，我国将进入城镇化与城市发展“双重转型”的新阶段，城市经济在国民经济中的主体地位更为强化。我国将有重点地推进城市管理，建立和普及先进城市管理技术平台，实现城市管理数字化、民主化、柔性化和精细化的工作目标。首先，完善和普及数字化城管。我国城市管理的信息化工作起步虽晚，但发展较快，“数字城市管理新模式”已在中国许多城市推行。在进一步完善技术平台的基础上，总结成功的经验并向全国推广是当务之急。其次，创新和发展多元化的城市管理手段。依托目前各城市人性化执法、柔性化管理的经验，总结提炼一套规范化、多元化的城市管理执法手段和执法方式，把人性化执法、柔性化管理上升到制度层面，是充分利用这些成功经验的关键。进一步把“以人为本”的管理理念同城市文化管理相结合，通过建立社会化的管理体系，以城市居民自我控制、自查自律为管理的主要手段，将理性管理和非理性管理相结合，形成一种具有人情味的管理、人性化的管理。最后，大力提高城市管理的精细化水平。以城市网格化、数字化管理为技术支撑，提高精细化水平；同时大力加强城市管理队伍的素质建设，提高政府城管部门的处置能力。

此外，将展开更大规模的城市建设，在建设中将更加关注改善外来劳动力的生活条件，更加关注绿色城市环境的营造。统筹大中小城市协调发展，形成东部地区和中西部地区城市群并立的格局，将成为推动城乡和区域结构优化调整、协调经济长期平稳较快发展的重要任务，届时，城市建设将在城镇化的进程中肩负更加重要的使命。

2010年9月3日，在中共北京国际城市发展研究院总支部委员会、中共北京市朝阳区发展研究中心总支部委员会举办的“北京建设世界城市——中国未来几年发展转型研究”专题讲座上，国家发改委宏观经济研究院常修泽教授认为，今后几年，城镇化将延续快速发展态势，估计将以每年0.8至1个百分点的速度增长，10年将有1亿多农民变为市民。未来几年，最大内需在城镇化，最大潜力也在城镇化。

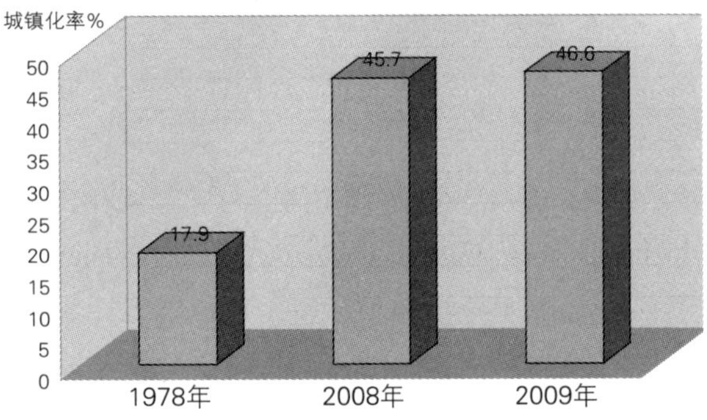

各具特色的地方新型城镇化道路

重庆：走"主城核心拓展辐射、远郊区县梯次衔接、中心镇村带动周边"的新型城镇化道路

在国务院批准重庆为全国统筹城乡综合改革试验区的第三年，重庆城镇化建设开始提速。2010年4月23日，重庆市2010年城镇化建设工作会议召开，会议主题是通过启动重庆市特色乡镇的建设来实现整个城镇化建设的高潮。而这，正是2010年重庆城乡统筹综合改革的重点内容。

2010年的重庆城镇化工作将围绕"种树、农户增收、公租房、城市改造"四件大事，以"五个重庆"建设为主轴线和突破口，以统筹城乡改革为着力点，进一步提高城镇综合承载能力，增强县域经济实力，按照主城、区县城和小城镇建设分类推进的原则，加快完善城乡要素互动和城镇化有序推进的体制机制，走出一条"主城核心拓展辐射、远郊区县梯次衔接、中心镇村带动周边"的新型城镇化道路。

按照部署，整个重庆市城镇化建设格局为四级城镇体系：一个主城，6个区域中心城市，25个区县，105个中心镇和小集镇。2010年要实现1/3的新增的转移人口都将住在小城镇。

在主城方面，重庆全面进入了外环时代，集中建设1000平方公里和1000万人口的核心城市，拓展建设北部新区、西部新城，东部片区和南部片区。考虑到核心城市的辐射作用，重庆的想法是在内环和外环之间，布局先进的制造业和大型的物流基地。

在6个区域中心城市上，连续5年，市级给予31个远郊区县300万的社会事业专项基金支撑，而对31个区县里面的特色工业园区继续实施全额返还税收增量的市级留成部分。

重庆市城镇化的总体目标

年份	城镇化率	城镇人口
2010	达到53%	引导30万农民到县城和小城镇安家落户
2015	达到60%	城镇人口达到1700万
2020	达到70%	城镇人口达到2160万

在城镇化难点的乡镇，重庆分为两条线：一个是以乡镇企业和民营企业集中的105个中心镇为主（资金支撑为每年500万）；一个是在边远地区，围绕着县城发展小城镇和特色专业镇（资金支撑为每年50万）。

作为指导未来城镇化发展的指导性文件，《重庆市城镇化发展"十二五"规划》已启动研究编制工作。

安徽：从城市同构、区域分割向错位发展、协调推进转变

2010年8月18日，在安徽省城镇化专题座谈会上，省委书记张宝顺强调，"十二五"是安徽省城镇化快速发展的黄金期，必须坚持工业化与城镇化双轮驱动，为加速安徽崛起注入强劲动力。加速城镇化发展必须深入贯彻落实科学发展观，以全面转型为主线，促进城镇化

从单纯追求速度向着力提升品质转变，从城市同构、区域分割向错位发展、协调推进转变，从不完全城镇化向深度城镇化转变，努力走经济高效、资源节约、环境友好、社会和谐，具有安徽特色的新型城镇化道路。

今后，安徽新型城镇化将以中心城市为核心，坚持大中小城市和小城镇协调发展，构建科学合理的城镇布局体系。一是做大做强中心城市和城市群。合肥将进一步提升标杆、做大体量、提高品质，加快建成为现代化滨湖大城市和现代产业基地，引领合肥经济圈乃至全省发展；皖江地区将积极推进跨江联动、同城化发展，加快形成城乡一体的现代城市群；皖北城市将根据资源环境容量，科学确定城市规模，促进适度集聚开发；皖南城市则围绕现代旅游城市定位，进一步完善功能、提升品位。二是支持县城提质扩容，搞好县城规划，明确功能定位，加快培育一批宜居宜业的中小城市。三是积极稳妥发展小城镇，选择基础条件好、发展潜力大的中心城镇集中力量加以重点培育，尽快打造一批特色鲜明、充满活力的经济强镇。四是把新农村建设放在城镇化加速发展的进程中谋划定位，全面开展综合整治，加快农村集中居住区和新型社区建设，逐步实现城乡共同繁荣、一体化发展。

同时，以农民市民化为重点，推进基本公共服务体系建设。一方面着眼城市扩大公共服务体系覆盖面，按照城乡一体的要求，坚持从实际出发，加快推进户籍制度改革，积极探索完善有利于农民进城的就业、住房和社会保障制度，推动城市教育、医疗卫生、廉租房等资源向进城农民开放，促进基本公共服务和社会保障均等化。另一方面立足农村盘活农民土地房屋等资产，积极借鉴各地好经验、好做法，在保障农民权益的前提下，鼓励支持有条件的地方采取以承包地换社保、以宅基地换城镇住房、“带地进城”等方式，有序引导更多农民进城安居乐业。

江西：以沪昆线和京九线为主轴线发展“大十字”城镇架构

2010年6月，江西省委省政府出台《关于加快推进新型城镇化的若干意见》，拉开江西省城镇化建设大幕。《意见》提出，到2012年，江西全省城镇化率达到46%以上，初步构建起结构合理、布局协调、功能互补、集约高效的城镇体系。同时，不断完善江西省城镇功能，逐步建成比较完备的交通、通信、供水、供电、供气、人防、消防、环境卫生等现代化城镇基础设施体系和防灾减灾体系，基本满足经济社会发展和人民生活水平提高的需要，城市主要设施水平在中部地区位于前列；教育、卫生、体育、劳动就业、社会保障、计划生育、社区文化等社会事业全面进步，城乡经济社会协调发展；南昌、新余等地区城乡一体化发展要取得较大突破。到2020年，江西全省城镇化率达到58%左右。

根据部署，鄱阳湖生态城市群建设被摆在江西全省推进新型城镇化的突出位置。同时，江西省还将以沪昆线和京九线为发展主轴线，加强中心城市和沿线城镇之间的联系与协作，组织协调区域产业分工与合作，形成“大十字”城镇空间架构。沪昆线西段将加快发展以新余、宜春、萍乡为复合中心的赣西城镇密集带；沪昆线东段积极培育和拓展以上饶、鹰潭为中心的赣东城镇密集带。京九线北段重点加快昌九工业走廊的建设发展和沿江开发，推进南昌和九江相向融合，一体化发展，使之成为江西省城镇化发展和鄱阳湖生态城市群的核心区；抓住向莆铁路、海西经济区建设的机遇，加快以抚州为中心的赣东南城镇带建设。京九线南段重则点发展以赣州、吉安为中心的都市区，构筑“一小时”经济圈，并带动和形成以京九沿线中小城市为骨干的点轴式城镇带。

在构建“大十字”城镇架构时，江西还将进一步强化县城的中心聚集能力，积极培育和发展新的区域次中心城市。加强工业园区、生活居住区、城乡交通枢纽和生态环境建设。发挥县城和重点镇、一般镇之间的有机互动作用，推进城乡社会经济一体化。到2012年，县城城区常住人口规模多数超过10万。

陕西：集中力量建设重点镇，用城镇化破解“三农”问题

2009年3月27日，陕西省出台《陕西省加快县域城镇化发展纲要》提出，在全省范围内选择重点镇，集中财力，创新投入机制，力争3~5年形成全省县域经济新的增长点，通过深化户籍改革、完善社会保障等系列举措加快重点镇建设步伐，使重点镇建设成为统筹城乡一体化发展的突破口。此次共有107个建制镇被确定为重点镇，重点镇具有特色鲜明的产业，涉及装备制造、能源化工、食品加工等产业，是县域经济发展的重要支柱。重点镇选择的范围是全省县城以外的建制镇，标准是镇域生产总值超过3亿元，地方财政收入超过500万元，生产总值增幅连续3年在15%以上的建制镇；镇域人口3万人以上、镇区居住人口5000人以上、建成区面积1平方公里以上的建制镇；铁路、公路、航空等交通便捷的建制镇；具有独特文化旅游、矿产资源，产业发展有潜力的建制镇。

同年7月，陕西省正式启动重点镇建设，根据《陕西省人民政府关于加快重点镇建设推进全省县域城镇化的意见》，重点镇建设不仅是推动县域城镇化的重要载体，也是解决三农问题，促进社会就业，拉动消费、扩大内需、转变增长方式，实现县域城乡协调发展的重要途径。

根据规划，到2012年，重点镇建成区扩大50平方公里，达到320平方公里，人口增加100万人，达到260万人。人均道路面积达到8平方米，自来水普及率达到85%，人均公园绿地面积达到5平方米，建成污水和生活垃圾处理设施，基本达到县城建设标准。产业聚集初步形成，经济实力明显增强，年生产总值增幅达到15%，地方财政收入达到1000万元左右，成为适宜中小企业创业和县域人口聚集的中心城镇。

陕西重点镇创新举措

户籍改革	率先实行户口一元化管理。取消城乡分割的“农业户口”和“非农业户口”的划分方式，按照常住地登记户口的原则，实行城乡统一的户口登记管理制度，统称“居民户口”。凡进入重点镇(街办)的外来人员，只要有稳定的居住地，有稳定的就业或者稳定的收入来源，均可办理本人及其直系亲属居民户口
社保统筹	重点镇(街办)试点城乡统筹社保。凡退出承包地和宅基地的当地农民及办理落户的外来人员，实行与城镇居民统一的养老、医疗、失业、工伤和生育保险待遇。加快重点镇居民社区化管理改革。比照下岗职工再就业、残疾人就业创业的政策，支持进镇农民创业

河南：把中小城市和县城作为城镇化重点，每个县要达标“三个一”

近年来，河南省现代城镇体系建设取得了明显进展，城镇化率已经达到37.7%。在此基础上，2010年河南省将进一步加快城镇化进程，城镇化率将达39.2%左右，转移农村人口150万人以上。

在推进新型城镇化进程中，河南将中小

城市和县城发展作为推进城镇化的重点，提升规划建设标准，促进农村人口就近转移，并提出每个县都要努力做到“三个一”：建设好一个产业集聚区，培育一个超百亿的特色主导产业，形成一个人口规模超20万的城市，有条件的县城要努力向大城市发展。此外，河南还将支持已经形成一定产业和人口规模、基础条件好的中心镇，通过加快专业园区建设，进一步提升发展质量，逐步发展成为10万人以上的小城市；在具备条件的农村积极稳妥推进新型农村社区建设，促进城镇化和新农村建设协调推进。

在2010年9月1日召开的河南全省推进城乡建设加快城镇化进程工作会上，省长郭庚茂提出，要从省情实际出发，建设“向心布局、集群发展、两规衔接、五个层次”的现代城镇体系。其中，“向心布局”是在全省形成以郑州为中心的“一极两圈三层”的空间布局。五个层次，就是尽快形成国家区域性中心城市、地区中心城市、中小城市、中心镇和新型农村社区协调发展、互促共进的现代城镇体系。

专家建议：中国城镇化发展要“抓大带小，以城带乡”

对于中国的城镇化发展道路，北京国际城市发展研究院院长连玉明主张坚持大城市优先发展的战略。“抓大带小，以城带乡”，优先发展大城市，以大城市的发展带动中小城市，然后以城市带动农村的发展。有关资料显示，大城市的发展战略有利于土地集约利用。每增加一个城镇人口比每增加一个农村人口少占用25%的耕地，如果按2050年净增5.51亿城镇人口，每个城镇人口将节约建设用地70平方米计算，这5.51亿城镇人口将节约近6000万亩建设用地。

连玉明院长表示，根据世界经验，大城市、特大城市的超前发展是世界城市化的一般规律。大城市、特大城市是现代化的主体，也是一个国家参与经济全球化竞争的支撑力量。所以，适当增加大城市的个数及其比重是必要的，但所谓大城市和特大城市，并不是指城市规模越大越好，要防止盲目进行规模扩张，这会带来许多负效应，如房价高昂、交通拥挤、环境污染、治安恶化等多种“城市病”。在协调好大中小城市结构的基础上，城市内部加强空间节约将给土地、交通和能源的集约利用奠定良好的基础。

此外，中央党校研究室副主任周天勇在2010年9月初接受《中国发展观察》采访时提出，符合中国国情的城市化道路应该解决三方面问题：首先，改革户籍和人口管理制度，实现人口的自由居住和迁移。其次，城市中工作和居住法定时间的所有人口，都有权享受同一城市均等和公平的公共服务，并且不得有原住民与新住民不同身份的制度性歧视。再次，改革土地、地方财税和住房制度，让农村转移入城市的人口有体面的家庭和能够团聚的安居住房。

2010年8月12日以来，四川省部分地区连续3次强降雨，局部地方出现大暴雨，导致多处多次发生特大山洪泥石流灾害。8月22日至23日，温家宝总理赶往四川，专程到受灾最重的绵竹清平乡、汶川映秀镇实地考察，反复强调“科学”这两个字。温家宝指出，灾后重建最重要的就是安全，在这个问题上，要有非常严谨的科学态度。在今后的恢复重建工作中，要把确保群众安全放在首位。本着“安全第一”的原则，恢复重建的进度要服从质量要求，不能为了赶施工进度忽视工程质量。特别要注意居住区、安置点、公共设施以及重要基础设施的安全。要科学选址，提高设防标准，使群众有一个永久安全居住的地方。

灾后重建反思：“科学”两字很重要

汶川地震重灾区的地质次生灾害集中暴发，部分灾区面临二次重建

汶川地震重灾区地质次生灾害集中暴发，致576万人受灾，直接经济损失约68.9亿元

在2010年汛期大暴雨诱发下，汶川地震重灾区的地质次生灾害集中暴发。2010年8月20日，四川省对外发布“8·13”特大山洪泥石流灾害受灾情况，截至8月19日，此次强降雨共引发较大规模地质灾害75处（其中滑坡30处、崩塌6处、泥石流39处），576万人受灾，全省因灾直接经济损失约68.9亿元。作为地震极重灾区的绵竹清平、汶川映秀以及都江堰的龙池三乡镇，成为此次受灾最严重的地方。

震后着力打造“国际山水旅游度假小镇”的都江堰龙池镇，以农家乐为主导的震后重建搞得风生水起。然而，“8·13”特大山洪泥石流的暴发阻断了重建进程。400万立方米的泥石淹没了龙溪河两岸无数新建的农家乐。这些农家乐，有村民贷款自建，也有和成都市民联建等形式建起来的，投资从几十万到两三百万不等。龙池镇南岳村最早开业的“明苑”农家乐店主唐维元坦言，此次泥石流给龙池造成的损害程度是汶川地震的5倍。不仅是都江堰龙池，连日暴雨使汶川映秀、绵竹清平

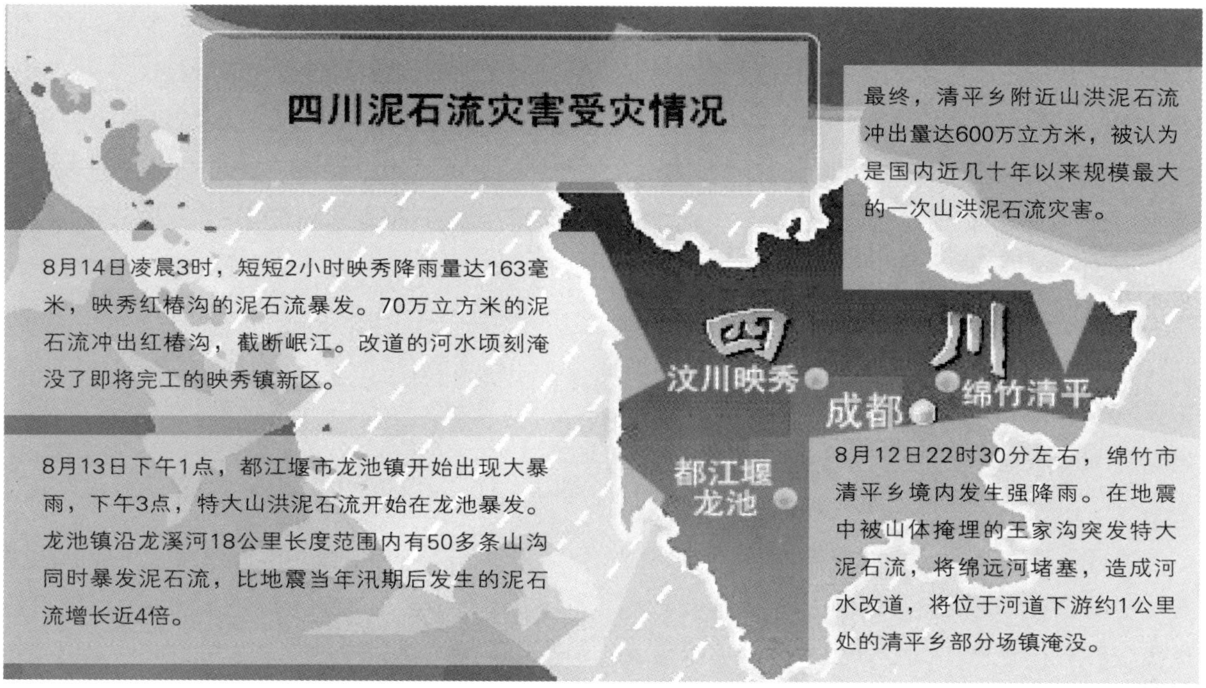

等地震重灾乡镇暴发的泥石流均超预料。震区许多几十年没有出现过泥石流的沟，此次都暴发了泥石流。

《汶川地震地质灾害专项防治规划》编制组组长，成都理工大学地质灾害防治与地质环境保护国家重点实验室副主任，国内权威的地质灾害专家许强表示，“汶川地震后，我们预测到泥石流等次生灾害会很严重，但没有想到这么严重。”专家指出，山区地震诱发的地质次生灾害将持续10年以上，其中5年内是高发期。由地震引发的崩塌，滑坡，泥石流和山洪形成灾害链，将在很长一段时间内考验四川。

泥石流截断岷江，即将交付的映秀新城一夜回到“解放”前

“5·12”汶川地震后，映秀原址重建。地质专家们为此进行周密论证和规划，映秀周边的山体上，筑起防护钢网和密密麻麻的防滑坡，力图保证映秀安全。但紧挨新城的岷江被忽略了。2010年8月14日，来自红椿沟的泥石流，轻而易举地截断岷江。波涛汹涌的江水迅速改道，淹没映秀新区。那时，距离新区交付只有10多天。由东莞援建，总投资1900多万元的映秀水厂，所有的设备都已安装到位，马上将投入使用，在这次泥石流中彻底报废。东莞援建的大片安居房，被洪水淹没，浸泡5日。目前是否安全，还待检测。映秀新区的绿化基础工程也已完成，此次也被泥石流毁掉。东莞还为映秀新城建设了全部的地下市政管网、线路。东莞援建者称，这次泥石流过后，很多下水道被石块堵满，无法冲洗。映秀面临二次重建，必须把铺好的沥青路面挖开，把管道挖开，然后重新铺设管道，再铺路面。“这付出的代价，付出的努力，将是之前的两三倍。”

辛辛苦苦已两年，一夜回到“解放”前。据映秀镇镇长徐红军初步估算，映秀镇在这次的泥石流灾害中，损失约6.3亿元。四川省国土资源厅地质环境处副处长蒋俊介绍，四川震后重建，全部重建点都进行了严格的地质灾害评估。但蒋俊坦承，确实有一些当初评估没有

问题的重建点，现在都被泥石流淹没。汶川常务副县长罗尔基木表示，映秀将在新区进行二次重建。目前可以确定的是，映秀新城边，将修建一条永久性的大坝，抵挡可能再犯的岷江洪水。

温家宝：重建科学选址，不能盲目赶进度

2010年气候极端异常，我国重特大地质灾害频发，损失惨重。2010年8月8日凌晨，甘肃省甘南藏族自治州舟曲县因强降雨引发滑坡泥石流，造成重大人员伤亡。截至2010年8月26日，舟曲“88”特大山洪地质灾害中遇难1452人，失踪313人。8月18日凌晨1时许，云南省怒江傈僳族自治州贡山独龙族怒族自治县普拉底乡力透底村委会东月各河河谷发生特大山洪泥石流灾害，截至8月24日18时死亡37人，失踪55人。

2010年8月22日至23日，国务院总理温家宝赶往四川，专程到受灾最重的绵竹清平乡、汶川映秀镇实地考察，指导救灾。考察期间，他反复强调科学规划、科学的轨道和科学态度的重要性。他指出，现在非常紧迫的任务就是要科学地研究河流整治和泥石流防治的方案，必须有一个科学的规划，所有的工作都得纳入科学的轨道。灾后重建最重要的就是安全，在这个问题上，要有非常严谨的科学态度。安全第一就得排除各种发生事故的隐患，要研究这个地方的地质、水文、气象、经济、社会各方面的情况，统筹规划，不能使今天所做的工作变成日后的隐患。前一阶段，汶川地震灾区恢复重建工作取得了很大成绩。在这次特大山洪泥石流灾害中，绝大多数地震灾区经受住了考验。在今后的恢复重建工作中，要把确保群众安全放在首位。本着“安全第一”的原则，恢复重建的进度要服从质量要求，不能为了赶施工进度忽视工程质量。特别要注意居住区、安置点、公共设施以及重要基础设施的安全。要科学选址，提高设防标准，使群众有一个永久安全居住的地方。这不仅是各级领导的责任，也是有关部门和专家的责任。

安全第一科学规划，是指导抗震救灾和灾后重建工作的新要求

四川：掀起自汶川地震以来又一次抗灾抢险大决战

2010年8月12日至20日短短八天时间，山洪泥石流灾害突袭四川14个市州的67个县区，导致16人死亡，66人失踪，8.6万间房屋倒塌和损毁，80多万亩农田受灾，3100公里道路受损。灾害发生后，党中央、国务院高度重视，对抢险救援工作多次作出重要指示，温家宝总理亲临绵阳指导抗洪抢险。四川省委书记刘奇葆、省长蒋巨峰日夜兼程，第一时间赶赴灾区，始终战斗在第一线，察看灾情，指导抢险，组织救灾。其中，刘奇葆在8月13日至18日短短六天时间里八次深入重灾区，五次到映秀，两次到清平，一次到龙池。

面对特大山洪泥石流灾害，四川迅速掀起了自汶川地震以来又一次抗灾抢险大决战，成就了抢险救灾的“四川行动”，形成了特定的“同心圆战略”。这就是，以确保人民群众生命财产安全为核心，以各级组织、机构和人员等为力量圈层，政府主导、全民参与，形成强大的抗灾向心力、凝聚力和战斗力。其中，专家系统是智慧层，工程队伍是实施层，人民军队是支撑层，人民群众是主体层，新闻媒体是凝聚层。此外，值得注意的是，四川还意识到地震次生地质灾害的严峻，从4个方面大力加强灾害处置。

四川加强地震次生地质灾害处置的四个方面

监测预警

目前四川省28000多个隐患点都落实了监测员，监测员由村干部或灾害点附近农民担任，监测员享有补助，每天要查看灾害点变化，在监测本上做日记。监测员背后有村干部担任的责任人，负责监督。在政府层面，地质部门和气象部门建立了联席预警制度，加强会商。预警信息以往发到县级，现在则发到村组，具体到监测员手机上。

应急除险

对于灾害点小，处置简单的一些隐患点，采用应急除险办法，比如爆破危岩。

工程治理

对于灾害规模大，威胁性很大的隐患点，采取工程治理办法。

搬迁避让

对于灾害点规模非常大，威胁性很急迫的隐患，没有办法进行工程治理的，组织搬迁避让。

作为“5・12”特大地震的震中，映秀备受世界关注。由于重建起点高，映秀镇灾后重建2009年8月才全面动工。按照原计划，援建工作已进入尾声，“交钥匙”仪式工作已在筹备,但8月13日的泥石流灾难使映秀镇几乎成为一座空城，居民基本全部迁移疏散。受灾次日起，映秀镇党委与东莞市领导一起，对二次重建展开分析、部署。泥石流发生后仅3天，镇党委已围绕民生工程、防灾减灾、产业发展三条主线，列出了亟待上马的灾后恢复及重建项目，四五十个项目覆盖了清淤、在建工程恢复、灾后重建、农业产业恢复、预警预报、防灾减灾等多个方面。目前，二次重建战役已全面打响。镇党委首先对全镇受灾房屋、设施损失情况进行评估和估算；其次，对全镇地质灾害隐患再度进行排查、评估和分析并提出治理方案，理出隐患点治理清单，力争在2011年汛期到来前完成全镇地质灾害治理任务。映秀镇党委书记廖军表示，“在保证安全和质量的前提下，我们将不改时间、不减目标地推进映秀灾后重建。”

关于映秀镇重建的科学建议

四川省副省长黄彦蓉

- 在加固、修复房屋中，要充分考虑如何防洪水、防泥石流灾害，地下填充物和一楼梁柱的硬度、抗冲刷能力都要有所提高，让映秀更加安全

东莞水利勘测设计院工程师李峙松

- 二次重建，主要以防范为主。建永久大坝可以在一定程度上给予映秀比较坚固的保障，但也不能完全抵御所有的地质灾害。他建议，比如考虑到位于地震断裂带边上这个大坝在材料和结构上可以尽量选择内部柔性连接体这样使大坝的土体能够连接在一起，有更强的防御能力

映秀新城设计总负责黄一如教授

- 建议在新城中加入一些避灾公园和绿地的设计，并强调在二次重建开始前，要慎重和整体性考虑。建议先建立好排泄洪水的规范要求，再让各地开展重建

舟曲灾后重建地质灾害防治规划即将实施，希望成为科学重建的新样板

甘肃舟曲县本身处在汶川地震活跃带上，地质结构很不稳定。此外，灾后大型工程的建设也引起了当地地质结构的松动，甚至是堵塞了泄洪河道，形成了堰塞湖，譬如兰州至成都铁路的修建，沿途随地倾倒了很多工程废渣，这些废渣在强降雨条件下，很容易垮塌并被冲进河道，堵塞泄洪河道。白龙江上游兴建了一些大型水利工程项目，这些工程的开挖施工导致当地地质结构松动，很容易诱发泥石流等次生灾害。

国务院总理温家宝2010年8月22日在甘肃

舟曲主持召开会议，研究灾后恢复重建工作。他强调，要从舟曲自然、地理、民族、经济和灾情实际出发，坚持以人为本、尊重自然、科学规划、合理布局、政策支持、合力推进。切实做到灾后重建与促进民族地区经济社会发展相结合，与扶贫开发和改善生产生活条件相结合，与提高防灾减灾能力和生态环境综合治理相结合，使灾区经济社会发展全面恢复并超过灾前水平。

接受映秀二次重建的教训，把科学重建放到第一位，真正打造一个科学重建的新样板，是摆在舟曲重建决策者面前至关重要的问题。2010年8月20日，甘肃省发改委首次公布舟曲泥石流灾后恢复重建时间表，灾情统计和灾害损失评估于8月下旬完成，资源环境承载力综合评价将于9月中旬完成，灾后重建规划将于10月上旬编制完成，并向社会公布。规划完成后将报上级政府审批，重建规划从批准之日开始正式实施，预计两年内完成重建任务。8月24日，甘肃省召开甘南舟曲灾区灾后重建工作发布会，据介绍，在舟曲的灾后重建工作中，甘肃将尽快启动实施《舟曲县灾后重建地质灾害防治规划》，《规划》包括了地质灾害详细调查勘察、地质灾害监测预警、地质灾害应急治理、地质灾害综合治理、地质灾害搬迁避让、地质灾害应急能力建设等6个方面的内容，项目总费用22.3亿元。为加快灾后重建工作步伐，依据《规划》还编制了舟曲县城及周边三眼峪沟、罗家峪沟、南峪沟等9个重点地质灾害隐患点治理的可行性研究报告，已通过国土资源部组织的专家评审。

广东省生态环境和土壤研究所一位研究员建议，舟曲当地应重点监控密集居民区附近的地质灾害点，政府应合理调配人力物力，以确保这些重点区域居民的生命财产安全。同时，应在滑坡隐患区附近提前选择几处安全的避难场地。这些避灾场地应选择在易滑坡两侧边界外围，在确保安全的情况下，离原居住处越近越好。

玉树科学重建启动，保护好生态环境关系重建成败

国务院2010年6月13日发布通知,印发《玉树地震灾后恢复重建总体规划》,《规划》提出的重建目标是,力争用三年时间基本完成恢复重建主要任务,使灾区基本生产生活条件和经济社会发展全面恢复并超过灾前水平,生态环境切实得到保护和改善。

国务院副总理、国务院抗震救灾总指挥部总指挥回良玉2010年5月14日主持召开国务院抗震救灾总指挥部会议时强调指出，玉树既是一个生态十分脆弱的地区,又是一个生态地位极端重要的地区。能否保护好生态环境,关系到灾后重建的成败。必须始终把生态保护摆在灾后重建的重要位置,充分考虑受灾地区的资源环境承载能力,充分考虑三江源生态保护的需要,确保灾后重建经得起历史检验。无论是废墟清理、重建选址、建筑施工,还是确定居民点人口规模,发展能源、交通、农牧业、旅游业等,都要坚持生态保护优先。要做好天然林保护、退牧还草等重点生态工程区的植被恢复，有计划地开展水源涵养区、自然保护区等恢复重建,努力构筑青藏高原生态安全屏障。

青海省省长、青海省玉树地震恢复重建领导小组组长骆惠宁在玉树地震百日之际接受新华社记者独家专访时表示，玉树重建工作伊始，青海省就把环境资源承载能力评价作为制定总体规划、研究政策措施的重要依据，着力加以推进。在恢复重建过程中，青海提出坚持保护与建设并举、环境整治和土地整理并重，走低碳重建之路，力争通过3年时间，使

灾区的生态环境建设上一个大台阶，为维护国家生态安全屏障和应对世界气候变化做出积极贡献。一是加快生态修复。结合三江源保护和建设工程的实施，推动建立和完善生态补偿机制，加大天然林保护、退牧还草、小流域综合治理等重点生态工程实施力度，全面开展绿化造林、封山育林等植树固碳工程。二是开展环境整治。推进废弃物的回收利用和无害化处理，全面提升监管能力和应急处置能力，确保灾区环境质量显著提高。三是注重防灾减灾。实施地质灾害防治、灾区地质灾害调查勘察、地质环境保障等工程，提升综合减灾能力。四是坚持环保施工。要求所有建设工程都制定切实可行的环保措施，注重推广使用清洁能源和环保建材。对遭到破坏的草地要进行绿化恢复，确保施工现场及周边生态环境安全。

科学重建，须以反思为前提，以民众意愿为指针

汶川震后，基于种种原因，各级政府追求重建速度，实施了“三年任务两年基本完成”的目标。该目标的完成期本在2010年9月底。然而，入汛以来的几场暴雨及山洪、泥石流等灾害，重创汶川等四川地震重灾区。高速完成的灾后重建成果毁于一旦。公众有理由提出疑问：当初在制定重建规划的时候，有关部门对大地震可能造成的地质隐患是否作了充分考量？如果经过周全考虑、审慎决策，是否可以避免这些重大损失？2010年8月30日最新一期《财经》发表评论指出，任何重建，必须以深刻的反思和检讨为前提。2010年所发生的各种灾难，不论是玉树地震、舟曲泥石流、东北水灾，固然有不可抗的天灾因素，但人祸仍应对灾难之严重承担主要责任。以舟曲为例，20世纪50年代初，该县尚有“陇上小江南”之称。但此后，舟曲生态环境遭受一轮又一轮破坏。近些年来，舟曲全县森林面积每年以10万立方米的速度减少，生态环境遭到毁灭，以致洪涝、滑坡、泥石流等灾害年甚一年。因此，舟曲重建，首先需要对泥石流等地质灾害发生的人为原因进行反思。反思经济增长模式，反思如何约束政府官员权力，并应考虑适当追究某些部门和个人的责任。在此基础上，再考虑制定短期、中期、长期的重建规划。更为重要的是，重建须以当地民众的意愿为指针——重建的要旨不是重建道路、建筑，而是灾区人民重建自己的正常生活。为此，重建之权在民众，城、镇、村落定址于何处、道路修到何处、房屋为何种风格、如何纪念死难者等，都应由民众参与决策。具体的实现渠道可由各级人大主导，吸纳民众参与，专家提供专业意见。

文章最后指出，综观年复一年发生的灾难及灾后重建过程，不能不说，中国的灾后重建机制存在重大缺陷。对灾难的人为因素，通常不予问责；对灾难的发生，政府没有全面调查起因，即匆忙投入重建；重建过程中，各级官员忽视民众诉求，盲目追求政绩。现在是改弦更张的时机，否则，一方面原有的灾祸肇因无法去除，另一方面仓促的重建或又成为新的灾难推手。

灾后重建规划三个时期的重点任务

短期

旨在帮助民众暂时恢复正常生活

中期

旨在建设地方基础设施，尤其是灾害防护设施，完成永久性房屋的建造

长期

旨在重建人与生态的关系，恢复生态

反渎职侵权呈现9大特点和趋势

2010年9月13日，“法治与责任——全国检察机关惩治和预防渎职侵权犯罪展览”在中国人民革命军事博物馆开幕。展览由最高人民检察院主办，展出历时两周，9月26日结束。

举办以惩治和预防渎职侵权犯罪为主要内容的全国性展览是新中国建立以来的第一次，目的在于宣传党和国家关于惩治和预防渎职侵权犯罪的方针、政策、法律法规，展示检察机关反渎职侵权工作的重要举措，揭示渎职侵权犯罪的严重社会危害性，进一步调动全社会参与和支持反渎职侵权工作的积极性，教育国家机关工作人员牢记全心全意为人民服务的宗旨，恪尽职守，勤政廉政。

展览以“法治与责任”为主题，选用案例62个，都是近年来检察机关查办的在全国有重大影响的渎职侵权案件。选用图片800余幅，视频影像资料20余部，制作展板229块，其中许多资料是第一次与观众见面。

历年来法律赋予检察机关反腐反渎职的重要职责

1949年9月	中国人民政治协商会议第一次会议通过的《中华人民共和国中央人民政府组织法》规定，中央人民政府委员会组织最高人民检察署以为国家的最高检察机关，对政府机关、公务人员和全国国民之严格遵守法律，负最高的检察责任
1954年9月	第一届全国人民代表大会第一次会议通过的《中华人民共和国宪法》和《人民检察院组织法》，将最高人民检察署改为最高人民检察院。《宪法》第八十一条规定：“中华人民共和国最高人民检察院对于国务院所属各部门、地方各级国家机关、国家机关工作人员和公民是否遵守法律，行使检察权”
1978年3月	五届全国人大一次会议通过《中华人民共和国宪法》，决定重新设立人民检察院。叶剑英同志在作修改宪法的报告中指出，鉴于同违法乱纪作斗争的极端重要性，决定恢复人民检察院，以为国家的法律监督机关
1982年12月	五届全国人大五次会议通过的现行《宪法》进一步明确，“中华人民共和国人民检察院是国家的法律监督机关”
2009年10月	十一届全国人大常委会第十一次会议专项听取并审议《最高人民检察院关于加强渎职侵权检察工作促进依法行政与公正司法情况的报告》，要求全国检察机关要坚决遏制一些领域腐败现象易发多发势头，确保犯罪行为受到追究，维护社会公平正义

最高人民检察院主办的三次反腐展

第一次:1990年

1990年5月25日至7月20日，最高人民检察院在北京举办全国检察机关惩治贪污贿赂展览。展览显示了党和国家惩治腐败的坚定决心，剖析了贪污贿赂犯罪的严重危害性，鼓舞了人民群众的斗争积极性。

展览在北京展出之后又巡回到山西、宁夏、湖南、贵州等省、自治区展出，观众达100多万人次。这次展览推动了全国检察机关打击贪污贿赂犯罪工作，促进了党风廉政建设的健康发展

第二次:2007年

2007年8月29日至9月13日，由最高人民检察院主办、中央国家机关13个部委协办的全国检察机关惩治与预防职务犯罪展览在中国人民革命军事博物馆举行。展览共汇集图片700余幅，实物120余件，文字5万余字，重大典型职务犯罪案例72个，预防实例14个，以及13个部委与检察机关联手预防、加强内控机制建设的措施和做法，展览还配有警示教育短片两部，全面、生动展示了党和国家反腐倡廉以及查办和预防职务犯罪的坚强决心、有力举措和显著成效

第三次:2010年

2010年4月27日至5月14日，检察机关自身反腐倡廉教育展在最高人民检察机关举办。这次展览反映了检察机关开展自身反腐倡廉建设的经验和成果，折射出检察机关开展自身反腐倡廉建设的思路和理念，彰显了检察机关对这项工作的高度重视。5月14日展览在高检院机关结束之后，所有展板内容被搬至国家检察官学院，在那里建起长期教育基地，成为在国家检察官学院参加培训的所有学员的必修内容。同时，该展览还在全国各地巡展

专项工作期间查办渎职侵权案件情况

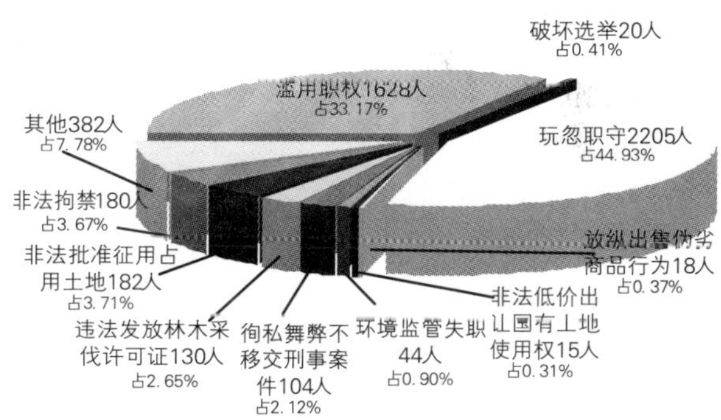

《检察日报》评论员称，此次全国检察机关惩治和预防渎职侵权犯罪展，既是一场成果展示，也是一次思想发动。特别是对揭露渎职侵权犯罪的严重社会危害，充分调动全社会都来关注和参与反渎职侵权工作的积极性，具有重要的意义。

查办五类重点案件取得显著成效

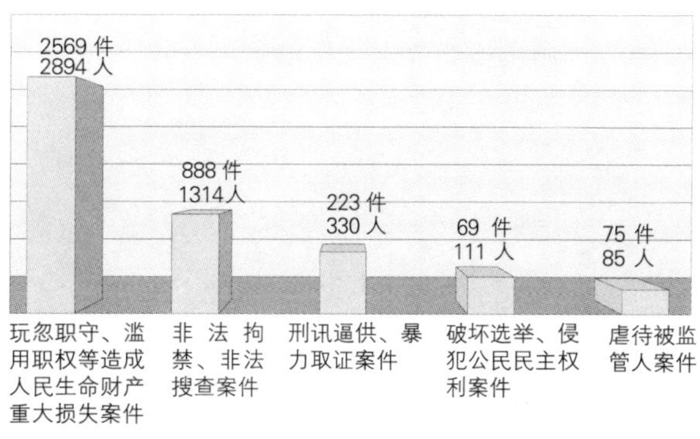

十六大以来反渎职侵权专项行动

十六大以来，全国检察机关围绕服务党中央、国务院的各项重大部署，组织开展了多项渎职犯罪专项工作，并取得丰硕成果。

7 项反渎职侵权专项行动

● 集中查办破坏市场经济秩序渎职犯罪

2005年8月至2006年12月，共立案查办国家机关工作人员渎职犯罪5800多件6600多人，其中重特大案件2250多件2500多人

● 集中查办危害能源资源和生态环境渎职犯罪

2008年4月至2009年11月，查办各类渎职侵权犯罪案件5600多件6500多人

● 严查国家机关工作人员利用职权侵犯人权犯罪

2004年5月至2005年5月，重点查办造成人民生命财产重大损失的非法拘禁、非法搜查、刑讯逼供、暴力取证、破坏选举、虐待被监管人员等5类案件3770多件4600多人

● 深入查办涉农职务犯罪

2008年至2009年，立案查办侵犯农民合法权益的渎职侵权犯罪案件4100多件4900多人

● 依法查办工程建设领域渎职犯罪

2009年8月，中共中央办公厅下发《关于开展工程建设领域突出问题专项治理工作的意见》以后，严肃查办领导干部和国家机关工作人员违规干预规划审批、招标投标、土地出让、矿产资源开发、违规强制拆迁和由于工程质量低劣导致安全事故发生、破坏生态环境、严重侵害群众利益的渎职犯罪1170多件，通过办案为国家挽回直接经济损失近3亿元

● 依法查办安全生产事故背后的渎职犯罪

2006年以来，同步介入重大生产安全事故调查9300多件，发现负有行政管理、行政许可、安全监管职责的国家机关工作人员渎职犯罪3800多人

● 依法查办黑恶势力“保护伞”渎职犯罪

2006年以来，共立案查办国家机关工作人员徇私枉法，包庇、纵容违法犯罪，帮助犯罪分子逃避刑事处罚等充当黑恶势力“保护伞”的渎职犯罪216件

不容轻忽的九个特点

这次展览特意对近年来查办案件情况进行了量化分析，从中梳理出带有规律性的九个特点和趋势。

渎职侵权犯罪逐年增加

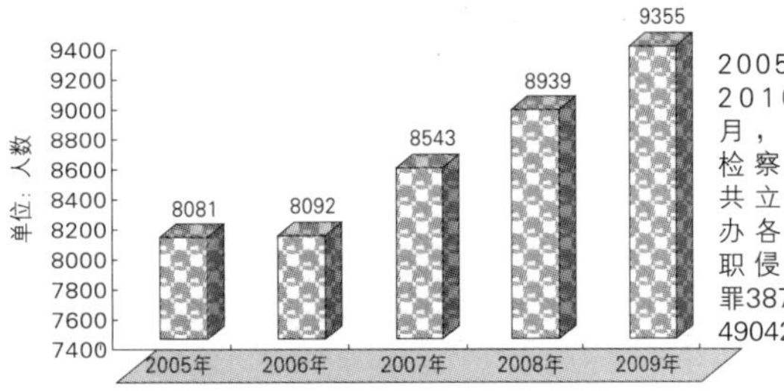

2005年至2010年6月，全国检察机关共立案查办各类渎职侵权犯罪38769件49042人

重特大犯罪案件比例逐年上升

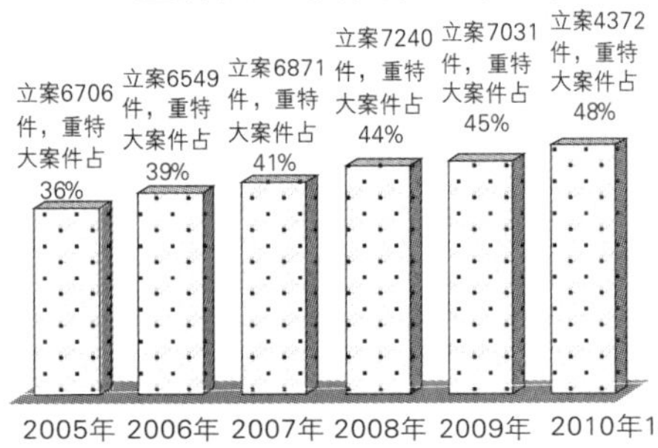

2005年以来，全国检察机关立案查办重大渎职侵权犯罪案件10671件，特大案件5617件

渎职侵权犯罪九个特点和趋势

● 渎职侵权犯罪逐年增加，重特大案件所占比例逐年上升，反渎职侵权工作任务艰巨

● 行政执法、行政管理和司法人员渎职侵权犯罪占发案数的绝对多数，滥用行政许可权、行政处罚权和司法裁判权以及行政不作为问题突出

● 行政管理和行政执法人员渎职侵权犯罪逐年上升，依法行政任重道远

● 司法人员渎职侵权犯罪有逐年下降趋势，对司法机关和司法人员的监督制约机制日益健全

● 国家机关工作人员利用职权实施的侵犯公民人身权利、民主权利渎职侵权犯罪逐年下降，尊重和保障人权的宪法原则深入人心

● 基层科级及科级以下国家机关工作人员渎职侵权犯罪占发案数的96%，法律法规、制度执行环节渎职侵权犯罪问题严重

● 玩忽职守、滥用职权类渎职犯罪逐年上升，国家机关工作人员在公务活动中不作为、乱作为仍然是渎职犯罪的主要特征

● 渎职侵权犯罪发案领域广泛，涉及能源资源、土地征用、房屋拆迁、生态环境、文化卫生、食品药品、社会治安、公共事业等多个领域，行业管理、行政管理、行政执法、司法多个部门，需要对渎职侵权犯罪实行综合治理

● 渎职侵权犯罪与贪污贿赂犯罪相互交织、相互助长、互为因果，使解决腐败问题更加复杂、更加困难，给社会造成的危害更加严重

海南国际旅游岛先行试验区全面启动

胡锦涛总书记2010年9月6日在深圳特区建立30周年庆祝大会上的讲话，引起各地的热烈反响。作为中国最大的经济特区，海南省的反应特别快。9月8日，海南省委召开座谈会专题学习总书记的重要讲话。省委书记卫留成强调，一定要践行解放思想、敢闯敢试的特区精神。海南国际旅游岛建设的一个重要定位，就是推进体制机制创新，为全国旅游业的发展提供经验。2010年以来，海南国际旅游岛建设的重大活动、重大项目一个接一个展开，但海南现行的行政架构中，缺少一个直接操作、落实优惠政策的平台，缺少一块让优惠政策直接落地开花的空间；与此同时，一些优惠政策一下子全面铺开实施可能会带来不确定性的风险，也需要先进行试点。因此，先行试验区的设立，可以让中央赋予海南的优惠政策先行实施、先行试验。正如海南省设立国际旅游岛开发建设总公司，赋予公司特许经营权、海上游航线的独家经营权和土地一级开发权等，将建立起一个国际旅游岛建设的新型投融资平台，不仅解决了旅游产业开发的融资难题，对其他产业发展也是一个借鉴。

海南旅游岛先行试验区的五大试验

随着2009年底国务院《关于推进海南国际旅游岛建设发展的若干意见》的发布，海南国际旅游岛建设全面启动。为了扎实推进海南国际旅游岛建设，2010年海南省集中力量实施了一批带有标志性、代表性的大事实事，包括召开首届博鳌国际旅游论坛；借助上海世博会平台举办旅游推介和项目招商活动，推介“国际旅游岛”品牌；引进大型免税集团或大型商业公司，建设经营免税店；推出海上旅游等一批新的特色旅游产品；启动建设航天主题公园、热带海洋公园等一批大型旅游项目；对主要旅游基础设施、旅游路线的标识系统甚至包括旅游厕所进行全面改造；建设海口、三亚游客到访中心和多语种的省旅游官方网站；组建旅游开发投融资平台；策划组织开展高质量的旅游宣传促销活动；策划组织一批有影响力的文化娱乐、节庆、体育赛事活动；加快旅游管理体制改革；深入开展城乡卫生环境、治安环境和旅游市场环境专项整治活动等。特别引人注目的是，按照2010年6月8日国家发改委批复的《海南国际旅游岛建设发展规划纲要（2010—2020）》的要求，海南省将着力加快旅游产业体制机制创新，打破体制障碍，破解发展难题，有效整合资源，在管理体制、运行机制和建设开发模式等方面积极探索。

2010年8月29日，海南国际旅游岛建设领导小组召开会议，研究审议了《海南国际旅游岛建设领导小组章程》、《海南省旅游规划委员会章程》及国际旅游岛先行试验区设立方案。这标志着海南国际旅游岛先行试验区正式启动。试验区拟选址琼海龙湾，规划用地38平方公里，一期19.2平方公里，将实行集中管理，统一规划，统筹开发，计划用3年时间初步建成，5年内做到全部完工。

为保证先行试验区的顺利推进，海南省探索以政府为主导、以市场为手段、以企业为主体、以对外开放和加强国际化合作为途径的开发模式，成立了试验区党工委和管委会，行使相关的省级行政审批权。试验区将重点发展旅游文化娱乐产业以及相关基础性、功能性产业，重要试验内容包括特殊政策试验、开发模式试验、体制机制创新试验、产品创新试验、投融资模式创新试验五大试验。试验区建设的目标是打造国家级旅游文化产业聚集区，并争取将其列入国家“十二五”文化产业发展规划。

旅游规划委统筹旅游资源开发

2010年7月下旬，海南省旅游规划委员会正式开始运作。海南省旅游规划委员会是国际旅游岛建设领导小组的工作机构，主任由省长罗保铭担任，负责对全省重要旅游资源开发、重点旅游景区和旅游度假区、重大旅游建设项目的规划进行审核把关，加强全省旅游资源开发的统筹规划，更好地推进旅游产业转型升级，进而避免旅游资源低水平重复开发。旅游规划委下设办公室，办公室内设项目审查组、规划审查组和专家咨询组，其中，专家咨询组由省内外的有关专家组成，办公室将建立省旅规委咨询专家数据库，对规划、项目审查，按照咨询专家遴选的有关规则，随机从数据库抽

海南旅游岛先行试验区五大试验

类别	内容
特殊政策试验	包括免税购物、体育彩票、西南沙旅游、航权、游艇邮轮水域开放、游客签证开放等
开发模式试验	以政府为主导、以市场为手段、以企业为主体、以对外开放和加强国际合作为途径的试验
体制机制创新试验	在试验区内成立试验区党工委和管理委员会，代行省委省政府授予的行政职能，享受省级政府的相关行政审批权
产品创新试验	主要是特殊政策的产品、满足不同需求的产品、建筑风格独特的产品、发挥独特作用的产品以及服务管理标准国际化的产品创新
投融资模式创新试验	设立服务于国际旅游岛建设的新型投融资平台，探索多元的融资渠道，探索适合园区发展的离岸金融业务等

取有关专家名单。根据规定，旅游规划委主任会议，每月召开一次，特殊情况可临时决定召开。

海南省旅游规划委员会职责

◆审查各市县和有关单位上报的旅游相关规划
◆审查重点旅游景区和度假区发展规划，及其他重点旅游开发区的发展规划
◆审查全省与旅游直接相关的专项规划
◆审查重大旅游项目规划（含规划选址和规划设计方案），包括主题公园和高尔夫球场建设规划等
◆组织各项旅游区域规划、专项规划、项目规划和旅游资源开发规划的实施

开发建设总公司，打造旅游岛建设融资平台

为加快打造国际旅游岛建设的省级国有控股投融资平台，海南省还决定正式组建海南省国际旅游岛开发建设总公司。公司是省政府的直属企业，将建立新型的公司治理结构，试验区管理委员会作为省政府的特设机构，代表省政府对海南省国际旅游岛开发建设总公司履行出资人职责。下一步，公司在融资方面将逐步建立多层次、多元化、多渠道的融资体系，通过直接银行信贷融资、发行公司债券、引进战略投资者合作经营、项目转让、设立旅游产业基金、整合优质资源上市等各种资本运作手段，满足项目开发、运营的资金需求。海南省政府将从政策方面给予支持，将赋予公司特许经营权、海上游航线的独家经营权、人事管理权、土地一级开发权等。

相关链接

云南旅游要实现“三个转变”

2010年9月11日，云南省召开旅游发展大会，提出到2020年，云南省旅游业占全省生产总值的比重要达10%以上，使云南成为国际区域性的重要旅游目的地、我国面向西南开放的重要旅游集散地和重要通道以及沿边开放开发和旅游综合改革的先行试验区。省委书记白恩培在会上提出，云南旅游业要实现“三个转变”，即由规模扩张向质量提升转变、由低端建设向高端建设转变、由粗放经营向集约发展转变。具体措施包括：依托丰富的民族文化资源和深厚的历史文化底蕴，创作一批体现当地旅游特色、吸引国内外游客的名歌、节目、电视剧或电影，不断丰富旅游的文化内涵；完善旅游产品体系，重点开拓体育健身、商务会展、生态旅游、自驾游等休闲度假产品，大力发展野外拓展训练、户外露营等新型业态，规范发展高尔夫旅游、大型主题公园，努力形成多元化、系列化、适应不同层次需求的旅游项目群和产品体系。

四川所有财政资金实现统一管理

"金财工程"是财政部推行的12个"金"字工程之一，目的是在财政资金运行各个环节上实现财政管理权限的相互制约、公开透明，推动实现财政管理的科学化、规范化，从而催生新的财政管理模式。四川省形象地把财政信息管理系统称为"大平台"，"大"就是要将所有财政资金纳入"金财工程"应用支付平台，实现资金管理上的全覆盖，避免以往管理上的各种漏洞；尤其是这种"基于平台生长"模式，还包含了决策支持系统和行政管理系统，充分发挥了"大平台"的作用，实现了从一定程度存在相互间相对独立脱节、信息流动单向封闭，逐步向相互紧密衔接、通畅制衡、信息对称透明转变。据监测，有的地方的"金财工程"应用支撑平台建设进展缓慢，现在，完成财政部要求的2010年底在市级推广应用的任务已进入倒计时。各地要尽快推进工作进度，争取如期完成任务。特别值得注意的是，各地要借鉴四川的模式，将财政资金尽可能纳入平台实行统管，延伸平台的管理功能、创新平台管理机制。

四川财政管理信息系统全国领先

为了加强财政管理信息化建设，财政部于2002年开始实施"金财工程"。"金财工程"是利用先进的信息网络技术，支撑预算管理、国库集中收付和财政经济景气预测等核心业务的政府财政综合管理信息系统，以所有财政收支全部进入国库单一账户为基本模式，详细记录每个用款单位每一笔财政资金收支的来龙去脉，可监控任一时间点的财政资金收支状况，大大减少预算执行的随意性，从根本上防止财政资金的体外运行和沉淀。从2007年1月开始，财政部在山西、四川和宁波三地对"金财工程"应用支撑平台进行试点，为全国推广实施平台提供良好的参考范例。在试点工作中，山西采用"接入"模式，实现上下级财政之间、同级财政内部各业务系统之间、财政与同级预算单位之间的"三通"。四川则采用了"基于平台生长"模式，构建基于平台的包括预算编制系统、预算执行系统、决策支持系统和行政管理系统在内的全省政府财政管理信息系统的"大平台"。目前，两省省级平台建设已经完成，并在市级普遍推广。根据财政部的安排，2009年底以前全国"金财工程"应用支撑平台基本完成在省级财政部门的推广实施，2010年底前基本完成在地市级财政部门的推广实施。

2010年9月上旬，随着外事外债处管理的外币专户全部移交国库处并纳入政府财政信息管理系统“大平台”管理，四川省在全国率先统一了财政境内外币支付业务票据，这标志着该省省级财政专户已全部实现由国库部门统管，涵盖了包括预算内外资金、预算单位自有资金、代管资金和专户资金在内的所有资金。截至2010年7月31日，四川省省级财政专户通过“大平台”已实现支付1196笔，支付金额共计211.9亿元人民币，并有一定数额的外币，管理系统运行良好。

以六大规范为指导构筑“大平台”

四川省在财政“大平台”试点之前，针对各项财政业务改革，自主开发了以部门预算管理和国库集中收付管理为主要内容的“四川金财综合业务管理系统”，并在市（州）和县级财政逐步推广应用，为财政改革的顺利推进提供了技术支撑。但随着财政改革的不断深入和业务管理要求的提升，这些系统在实际应用中也暴露出一些问题。为此，四川省提出坚持三个原则推进试点工作：一是“上通”，充分体现财政部的统一部署和要求，与部平台和系统保持互连互通；二是“中顺”，因地制宜，在本级财政内部做到系统衔接顺畅；三是“下达”，兼顾下级财政部门业务需求，保证与下级财政部门的信息畅通。

试点开始后，四川省确定以平台为核心，基于平台生长出不同业务应用系统，对各业务应用系统进行整合改造，制定了《四川省财政“金财工程”应用支撑平台试点——业务系统生长工作方案书》、《四川省“金财工程”应用支撑平台试点工作方法》、《“金财工程”应用支撑平台四川省财政试点业务需求分析》和《“金财工程”应用支撑平台四川省财政试点岗位设置》等，形成了完善的试点实施规划方案。在此基础上，四川省以六大规范为指导推进平台试点工作。

四川省财政“大平台”建设六大规范

■平台生长规范：针对基于平台生长业务系统的行为进行规范，防止无序开发。

■数据规范：以财政部《财政业务基础数据规范》为基础，结合四川省实际情况，按照财政部《财政业务基础数据规范维护管理办法》规定，建立省级财政管理数据标准。

■业务规范：在理顺业务管理流程和各业务环节衔接关系的基础上，研究制定业务管理规范，建立规范、高效的管理模式。

■界面规范：以平台标准为依据，对各系统的用户界面功能和布局进行统一，规范操作流程，简化操作程序。

■实施规范：按照平台和基于平台生长的新系统的推广实施目标，制定系统初始化规程和实施工作规程。

■运维规范：针对平台和基于平台的新系统的后续运行维护工作，合理配置维护岗位、细化岗位职责和维护流程，形成可靠的、高效的、可持久的运维服务体系。

所有财政资金纳入"大平台"实行统一管理

在2007年构建“大平台”之初，四川省就提出了将财政专户再支出纳入“大平台”管理的思路，并在资中县开展试点并取得初步经验。从2010年1月1日起，四川省将省级财政社保、扶贫、粮食风险基金等财政专户纳入“大平台”管理，但同时省级财政外币专户的管理成为改革的难点。因按原来规定，办理世行、亚行等政府贷款项目财政境内外币业务，只能使用商业银行各自提供的业务票据，种类繁多、格式多样，使得财政境内外币业务无法纳入“大平台”统一管理。

为解决这一难题，四川省财政厅与金融机构反复研究协商后完成了“大平台”管理业务流程设计，还联合下发《关于财政境内外币业务启用新版票证有关问题的通知》，决定省财政办理不涉及国际收支申报及核销项下的境内外币支付业务时，启用新版财政直接支付票证。2010年7月1日，四川省级财政外币专户全部移交国库管理，财政境内外币业务程序和新版票证正式启用。至此，四川省所有省级财政资金全部纳入“大平台”进行统管。

相关链接

山西“金财工程”平台要覆盖到市级

山西省自2007年初启动“金财工程”应用支撑平台试点工作后，采用了“接入”模式，即以平台作为表层业务系统的技术基础和标准载体，将财政业务数据规范及其他相关规范和标准，同步运用到财政业务管理和信息系统建设中，实现标准和规范的统一；以平台作为财政核心业务数据管理的中心，将表层业务系统的公共数据和公共控制规则，纳入平台统一管理，建立省级财政统一的、标准化的核心业务数据库；按照平台的业务流程标准和技术标准，基于平台的公共组件和控制规则，改造与整合现有的业务应用系统，实现表层业务系统与平台的对接。2009年初，山西选取了5个市为市级推广应用试点市，实现市级（含县级）在数据处理小集中模式下的平台部署和应用推广。2010年，力争在所有市级推广应用“金财工程”支撑平台。截至2009年5月底，该省平台已准确处理预算及指标、用款计划及支付等51万多笔业务，累计已清算支付资金790亿元。

江苏发布首个科技创新评价指标体系

科技创新评价指标体系是科技管理体制的重要组成部分，对推进创新体系的建立具有重要的意义。目前，科技部已制定出创新型城市建设监测评价指标，创新型企业的评价指标也有了初步框架，2009年9月份科技部已运用该评价指标在北京评价了100多个高新技术企业。从科技部的创新型城市指标体系看，主要特点是更加注重社会和生态效益，一级指标设置了科技惠民，二级指标中则包含了城市信息化利用和城市空气质量指标。另外，尤其注重科技创新环境建设，设置了科技进步法和自主创新政策落实指标，对政府依法行政和政策落实提出新的要求。与科技部制定的指标体系相比较，江苏省的科技创新评价指标体系特别注重科技创新质量，设置了城市和企业创新绩效指标。更为可喜的是，江苏的指标体系不仅包含了创新型企业和创新型城市建设指标，而且制定了创新型乡镇和创新型园区建设指标，总共包含四个科技创新主体，是一个多层次、广覆盖的指标体系。

发布全国首个省级科技创新评价指标体系

2006年，江苏省确立建设创新型省份战略目标。正是这一决策，使江苏赢得了建设产业高地、创新高地、人才高地的先发优势。2009年，江苏区域创新能力首次跃居全国第一。当年全社会科技研发投入占GDP的比重达2%，基本达到创新型国家投入水平；科技进步贡献率已达52.3%；发明专利申请量、授权量全国第一。也正是取得这样的突出成绩，江苏省科技创新工作得到科技部的充分肯定。2009年11月，江苏省被科技部等六部委确定为全国首批国家科技创新工程试点省份。2010年2月25日，江苏省召开国家技术创新工程试点动员大会，正式启动国家技术创新工程试点。根据《国家技术创新工程江苏省试点工作方案》，该省将着力完善科技创新体制机制，大力推动创新要素向企业集聚，不断深化产学研紧密合作，加快形成具有江苏特色的区域技术创新体系，促进经济结构调整和发展方式转变。为推进国家科技创新工程试点工作，2009年11月，江苏省科技厅等部门共同启动创新型企业试点工作，制定了江苏省创新型企业评价指标体系，确定了112家企业为首批“江苏省创新型企业”。为在不同层次上探索科技创新机制，从2010年开始，江苏省又决定开展创新型城市、创新型乡镇和创新型园区建设，打造一批创新型经济新载体。

2010年8月6日，江苏省正式发布《创新型城市创新型乡镇创新型园区建设评价考核指标体系（试行）》，这是全国首个省级科技创新评价指标体系。按照《指标体系》的要求，该省将定期对各创新型城市、创新型乡镇、创新型园区进行评价考核，适用期限为2011~2015年。

创新型城市：国家级和省级试点主阵地

按照《指标体系》，创新型城市建设面向地级市并根据江苏省县域经济发达的特点延伸到县级市，省辖市的评价设置创新投入、企业创新、知识产出、创新绩效、创新环境5个一级指标和19个二级指标；县级市

江苏省创新型城市建设评价考核指标（省辖市）

一级指标	二级指标	考核目标
创新投入	全社会研发投入占GDP比重（%）	2.5%以上
	财政科技支出占一般预算支出的比例（%）	4%以上
企业创新	大中型企业研发投入占销售收入的比重（%）	1.8%以上
	大中型企业中拥有研发机构的企业所占比重（%）	70%以上
	高新技术企业占企业总数的比例（%）	8%以上
知识产出	每亿元GDP专利授权数和发明专利申请数（件）	6件以上、2件以上
	每万人口专利授权数和发明专利申请数（件）	70件以上、20件以上
	工业企业自主知识产权产品产值占比（%）	60%以上
	新产品产值占规模以上工业产值的比重（%）	20%以上
创新绩效	科技进步贡献率（%）	60%以上
	高新技术产业产值占规模以上工业产值的比重（%）	45%以上
	万元GDP综合能耗（吨标煤）	完成省下达的年度节能约束性指标
	空气质量	空气质量优良天数占全年天数85%以上，主要污染物年均值满足国家二级标准
	城市污水处理率（%）	90%以上
	全员劳动生产率（元/人）	全国平均水平1.5倍以上
创新环境	各类科技创业园孵化面积及在孵企业数（平方米、家）	300万平方米以上、4000家以上
	省级以上科技平台数（家）	100家以上
	每万人口中研发人员数量（人）	50人以上
	万名就业人口中受过高等教育人数（人）	1450人以上

的评价设置9个指标。目前，南京、苏州、无锡、常州四市已成为国家创新型城市试点，该省还将选择一批产业基础好、创新能力强的市、县开展省级创新型城市试点。

创新型乡镇：特色产业创新基地

按照《指标体系》，创新型乡镇评价设置产业特色、创新企业、科技公共平台、产学研合作4个指标。5月上旬，江苏省出台《创新型乡镇认定管理办法（试行）》，确定了23个省首批创新型乡镇。这些乡镇将以强化特色产业技术创新为主线，注重产业创新规划与布局，积极加强科技公共服务平台建设，加快推进科技成果转化和产业化。

江苏省创新型乡镇建设评价考核指标

主要指标	考核目标
形成专业特色鲜明的主导产业	特色产业主导产品国内市场占有率达20%以上或居全国前列
拥有一批创新能力强的企业	拥有在国内处于同行业前10位的龙头企业和一批创新能力较强的骨干企业
建有科技公共服务平台	建有省级以上科技公共服务平台，能够为特色产业发展提供完善的专业化服务
建立长期稳定合作的产学研联盟	围绕产业特色，不少于20家企业与省内外主要高校院所建立紧密合作关系，并取得明显实效

创新型园区：创新型经济发展先导区和示范区

根据《指标体系》，创新型园区建设目标为创新型经济的先导区和示范区，设置创新投入、企业创新、知识产出、创新绩效、创新环境5个一级指标和16个二级指标。3月中旬，江苏省出台《创新型园区管理办法（试行）》，确定了首批包括苏州科技城、无锡太湖国际科技园、泰州中国医药城在内的10个创新型园区。

江苏省创新型园区考评指标

一级指标	二级指标	考核目标
创新投入	园区财政科技支出占一般预算支出的比例（%）	6%以上
	规模以上企业研发投入占企业销售收入比重（%）	2%以上
企业创新	规模以上企业中拥有研发机构的企业所占比重（%）	50%以上
	高新技术企业营业总收入占园区营业总收入的比例（%）	60%以上
	上市企业数量（家）	10家以上
知识产出	每万名从业人员发明专利申请数（件）	100件以上
	工业企业自主知识产权产品产值占比（%）	60%以上
	新产品产值占工业产值的比重（%）	20%以上
创新绩效	每平方公里营业总收入（亿元）	50亿元以上
	园区净利润占营业总收入的比例（%）	8%以上
	高新技术产业产值占工业产值比重（%）	60%以上
	生产性服务业销售收入占园区营业总收入的比例（%）	30%以上
	新兴产业产值占工业产值比重（%）	50%以上
创新环境	园区万元增加值能耗（吨标煤）	0.25吨标准煤以下
	每万名从业人员中专业技术人员数（人）	3000人以上
	各类科技创业园孵化面积及在孵企业数（平方米、家）	100万平方米以上、1500家以上

“健康山东”

当前，我国正处在全面建设小康社会的历史阶段，但人们的健康状况不尽如人意，诸如城乡环境污染、传染病流行以及城乡医疗保障滞后、群众健身设施落后等问题比较突出。早在2007年9月，卫生部部长陈竺公布了我国“健康护小康，小康看健康”的三步走战略，提出到2020年，中国将建立起比较完善、覆盖城乡居民的基本医疗卫生制度，全民健康水平接近中等发达国家。2008年1月，陈竺公开披露，中国将研究实施“健康中国2020”战略；2009年12月，卫生部召开卫生事业发展“十二五”规划及“健康中国2020”战略规划研究高层次研讨会，着手制定“健康中国2020”战略规划，主要包括大流感控制计划、“母婴安全”计划、心理健康行动计划、青少年健康行动计划等10项计划。目前，各省区根据卫生部的部署正在开展全民健康生活方式行动，“健康山东”行动是一个促进全民健康的全方位推进方案，特别是制定了比较科学的指标体系，为今后我国开展地方健康行动提供了重要的标准体系。从目前全国的情况看，即将在“十二五”启动的“健康中国2020”和省区健康行动，以及正在开展的“健康城市”建设，再加上省市健康行动中的县乡村健康行动，我国将展开一个多层次、全覆盖的健康大行动。

精心打造“健康山东”品牌

继2008年12月重庆启动“5个重庆”中的“健康重庆”后，2010年5月8日，山东省正式启动以“我行动，我健康”为主题的“健康山东”行动。开展“健康山东”行动是为不断改善全省人民的生产、生活环境，倡导科学健康的生活方式，提高群众的防病能力和健康水平而作出的一项重大决策。为了扎实推进“健康山东”行动，山东省卫生厅成立了以厅长为组长的“健康山东”行动领导小组，发出了“健康山东”行动——《我行动 我健康倡议书》，并免费发放《健康山东行动——山东省居民健康知识读本》，广泛开展健康知识宣传。

2010年8月10～11日，山东省召开疾病预防控制项目暨“健康山东”推进会议，总结2010年上半年全省疾控工作及“健康山东”行动开展情况，研究部署当前和今后一个时期的重点工作。会议提出，下一步要做好四个方面的工作：一是抓好深化医药卫生体制改革公共卫生项目落实，切实让群众得实惠；二是做好消除麻疹和消除疟疾各项工作，确保如期实现“两个消除”的目标；三是紧密结合“健康山东”行动和全国城乡环境卫生整洁行动开展，扎实开展爱国卫生运动；四是认真做好手足口病、霍乱、甲肝等夏秋季传染病防控工作，确保不发生重点传染病的暴发流行。

8大健康行动全面推进

根据《健康山东行动方案》，“健康山东”行动要规范公共卫生行为，倡导健康生活方式，并形成一系列长效管理机制。“健康山东”行动分成具体8个分项行动，包括宣传教育行动、卫生创建行动、城市环境清洁行动、农村环境卫生整治行动、病媒生物防制行动、全民控制吸烟行动、疾病控制行动和全民健身行动，每个行动都要求有具体的分工负责单位，并建立定期通报、协商制度，强化信息沟通。

15个具体目标全部量化

为了保障“健康山东”行动顺利推进，《方案》明确提出按照“一年全面展开，两年巩固提高，三年大见成效”的总体要求，抓好行动部署和落实，把开展“健康山东”行动列入重要议事日程，实行目标管理责任制，科学制定评价考核指标体系和评估方案。同时，按照15个工作目标，制定出了量化指标。

“健康山东”行动8大行动要点

行动	措施
宣传教育行动	深入开展“健康知识五进”活动，组织专家及城市社区和乡村卫生服务人员，进农村、进社区、进学校、进企业、进家庭，宣传讲解卫生知识和疾病防治知识；积极推进全国“亿万农民健康促进行动”，充分利用农村党员远程教育系统等信息传播平台，做好农村健康知识普及工作
卫生创建行动	深入开展省级卫生城市、卫生镇(县城)、卫生单位和卫生户创建活动，加大管理力度，每两年复审一次，提高创建工作质量
城市环境清洁行动	积极组织开展群众性卫生清洁活动，通过城市卫生清洁日、专项治理周、市容整治月等活动，清理楼道杂物，清扫街坊通道，清除暴露的垃圾
农村环境卫生整治行动	加强农村环境卫生基础设施建设，结合新农村建设，加大农村沼气项目和中央补助地方农村改厕项目推进力度，大力实施“一池三改”，积极推广适合各地实际的改厕模式；推进城乡环境卫生管理一体化进程，实行农村垃圾村收集、镇(乡)运输、县(市、区)处理
病媒生物防制行动	采取专业队伍与群防群控相结合的措施，广泛发动群众，对居民家庭、社区、单位内部和重点公共场所进行集中清理和整治，将病媒生物密度控制在国家规定的范围之内
全民控制吸烟行动	制定控烟政策措施，出台适合本地、本单位实际的公共场所禁止吸烟的政策措施；组织开展控烟示范创建活动，积极开展无烟草广告城市、无烟单位、“100%无烟公共场所”的创建工作
疾病控制行动	规范建立城乡居民健康档案，积极引导城乡居民主动建立和利用健康档案，探索电子档案信息系统与其他信息系统整合和有效使用；完善医疗保障体系，扩大城镇基本医疗保险覆盖面，提高新农合参合率，逐步提高补偿水平，减轻居民就医经济负担
全民健身行动	健全全民健身设施网络体系，建设一批与现代化城乡发展相适应的全民健身设施，逐步提高体育设施覆盖率、设施面积人均拥有量和设施设备档次；广泛开展全民健身活动，以“全民健身月”、“全民健身日”为重要活动时间节点，推动不同人群广泛参与体育健身活动

“健康山东”行动15个具体目标

◎宣传健康山东：城乡居民健康知识知晓率达到80%。
◎卫生创建：3年全省创建国家卫生城市、卫生镇(县城)2个以上。
◎城乡环境卫生整治：城市生活污水集中处理率达到85%以上，城市生活垃圾无害化处理率达到90%以上，村镇生活污水处理率逐步提高。
◎农村改水：3年内解决800万农村人口饮水不安全问题，农村自来水普及率达到92%。
◎农村改厕：全省农村无害化卫生厕所普及率每年提高2个百分点。
◎村镇卫生清洁活动：规模化畜禽养殖场、养殖小区外排污染物达标率达到85%。
◎病媒生物防制：鼠、蚊、蝇、蟑螂等“四害”得到有效控制。
◎无烟单位创建活动：无烟单位所占比例3年间分别达到10%、20%、30%。
◎传染病疫情监测：疫情报告及时率、准确率均达到90%以上。
◎预防接种：预防接种一类疫苗接种率保持在90%以上。
◎慢性非传染性疾病防治：高血压、糖尿病知晓率达到50%。
◎居民健康档案：2010年城市社区人群健康档案建档率达到85%以上，农村居民健康档案建档率不低于30%。
◎医疗保障体系：城镇基本医疗保险覆盖率达到90%以上，农村居民新型农村合作医疗参合率稳定在95%以上。
◎群众健康素质：到2012年，全省人均期望寿命继续高于国家平均水平。
◎全民健身活动：到2012年，全省基层健身站点超过10万个。

相关链接

健康城市覆盖全国近20个城市

2010年9月19日，第三届中国健康教育与健康促进大会在河北唐山召开。据介绍，2007年底，全国爱卫办批准上海、杭州、大连、张家港、北京市东城区和西城区等开展建设健康城市、区试点工作，探索适合中国国情的健康城市建设的标准体系和评估体系。2008年，北京、上海、重庆、唐山、广州、长春等城市也开展了健康城市建设的实践。目前，全国已有近20个城市开展了健康城市建设工作。据大会透露，世界卫生组织在20世纪80年代倡导开展了建设健康城市活动，并以此作为一项全球性战略行动，1994年我国与WHO西太区开展健康城市项目合作开始尝试与探索，北京市东城区、上海市嘉定区等被列为合作城市。下一步，世界卫生组织将与中国爱卫会共同设立健康城市奖励机制，这是世卫组织首次与一个国家联手建立这样的机制。

河南发力“中原经济区”

“中原经济区”是以河南为主体，延及周边，支撑中部，东承长三角，西连大关中，北依京津冀，南临长江中游经济带，具有自身特点、独特优势、经济相连、使命相近、客观存在的经济区域。区域范围主要包括河南全部和晋东南、冀南、皖西北、鲁西南等周边地区。“中原经济区”的意义不仅仅对河南重要，对整个中国经济布局的调整非常必要。有专家认为，“未来中国经济的重心应该在中原地区”。相比鄱阳湖生态经济区、皖江城市带以及武汉、长株潭两型试点来说，河南省在中部崛起战略中还没有叫得响的牌。因此，对于河南来说，这也许是扭转目前塌陷局面，在中部实现率先突破的最重要的一次机遇，成败在此一举。

六大城市群先行先试，中部崛起进入最好政策机遇期

2010年8月25日，国家发改委连续下发《促进中部地区崛起规划实施方案意见》和《促进中部地区城市群发展的指导意见》，国家支持中部发展的政策春风已起，中部崛起进入最好政策机遇期。意见要求加快中部地区“三个基地，一个枢纽”建设，有效解决制约中部地区发展的突出矛盾和问题，推动经济发展方式转变迈出实质性步伐，实现中部地区经济社会又快又好发展。同时，《意见》要求中部各省在2010年12月底之前完成《促进中部地区崛起规划》实施的具体方案，开展重点领域专项规划的编制工作，上报国家发改委和国务院备案。

《意见》明确提出了中部地区武汉城市圈、中原城市群、长株潭城市群、皖江城市带、环鄱阳湖城市群和太原城市圈六大城市群一体化的任务目标和实施纲领。中部地区六大城市群被赋予先行先试的权利。《意见》指出，围绕推动生产要素跨区域合理流动和实

现基本公共服务均等化，允许城市群在政府行政管理体制、国有企业改革、非公有制经济发展、就业、职业培训和社会保障体制等方面先行先试。按照经济发展要求，适当调整城市群内行政区划，完善城市设置，优化空间布局，增强城市功能和发展潜力。有关部门的专项改革符合城市群发展实际的，要优先放到城市群进行试点。

《促进中部地区崛起规划实施意见》、《促进中部地区城市群发展的指导意见》连续出台，表明中部地区发展的“政策机遇期”已然来到。在中部六省中，河南位居中枢，人口过亿，GDP总量领先于其余五省，2009年全省GDP达19367亿元，居全国第五，仅次于广东、江苏、山东、浙江四大沿海经济强省。在加快中部崛起大格局下，河南必须推进“中原经济区”战略，并力争将其上升为国家战略。

“中原经济区”架构

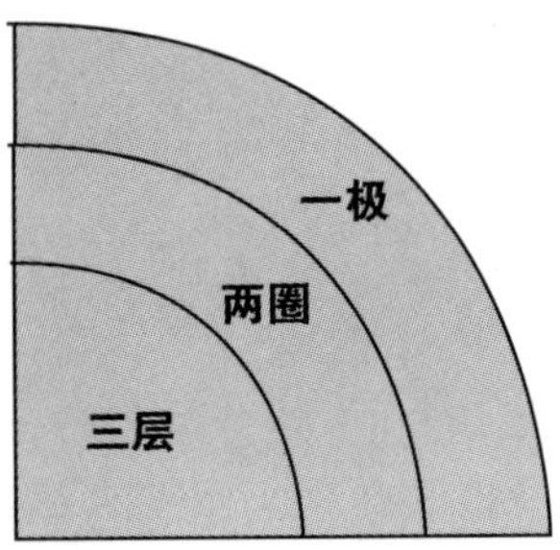

“一极”：指郑汴新区，也即核心层，将成为带动全省经济社会发展的核心增长极

“两圈”：即通过加快城市群轨道交通体系和高速铁路建设，在河南省内形成以郑州综合交通枢纽为中心的“半小时交通圈”和“一小时交通圈”

“三层”：即中原城市群核心层、紧密层、辐射层。除郑州和开封以外的7个中原城市群城市组成紧密层，辐射层包括南阳、鹤壁、濮阳、三门峡、安阳、商丘、信阳、周口、驻马店等周边9个省辖市

“中原经济区”：跳出郑汴一体化的尴尬

2010年以来，国务院相继批复了武汉和郑州两城市2010~2020年城市总体规划。武汉被确认为“中部地区中心城市”，郑州被定位于“中部地区重要的中心城市”。纵观中部六省，并未有其他城市被定位于“中部地区中心城市”或者“中部地区重要的中心城市”，因此中部地区两大中心城市格局初步形成。此前，武汉与郑州为中心城市龙头地位长期争执不下，如今有了定论，武汉成为中部龙头城市，而郑州也坐上“第二把交椅”。相比较而言，武汉的城市实力要强于郑州，而且已经是国家综改试验区（两型社会）。2009年，郑州城市GDP为3300亿元，首次跨入“3000亿俱乐部”；而武汉2009年GDP总额达到4500亿元，要远远高于郑州。当然，就湖北、河南两省实力作比较，湖北要稍逊于河南。河南2009年GDP为19367亿元，而湖北仅有12961亿元。

此前，河南高调提出“郑汴一体化”，旨在将郑州与开封两大城市经济和社会活动融为一体，它是河南全力打造的“中原城市群”的起点与核心，也是中部崛起大战略中最为引人注目的焦点之一。相邻城市之间谋求协调融合，打破行政壁垒和地域隔阂，是产业板块整合、区域经济振兴的根本，但“一体化”往往不是靠一纸协议或几份文件就能决定的。“郑汴一体化”推进过程中，并没有取得预期效果。满怀期待的开封所遭遇的失落和尴尬，值得深思。作为“郑汴一体化”战略的一部分，开封市招商局与郑州市招商局曾签订共同招商协议，约定在开封新区和郑东新区实行资源共享、协调发展，双方将根据区域功能定位，该放在郑州的项目就归郑东新区，该放在开封的项目就归开封新区。但说起来容易做起来难，富士康的“中途变卦”就成了最好的试金石。有开封官员私下表示，毕竟两市分属两个独立的财税系统，大家都尽量往自己篮子里拣好东西，正面竞争开封自然不是坐拥天时地利的郑州的对手。处于强势的郑州对各种资源的虹吸效应，让开封人忧心忡忡，不少人担心，开封有可能沦为郑州的“郊区”。

为“中原经济区”造势，河南不遗余力

目前，在中部各省，湖北、湖南有武汉城市圈、长株潭城市群“两型”社会综合配套改革实验区；江西有鄱阳湖生态经济区规划；安徽有皖江城市带承接转移示范区；唯独河南还没有国家级示范区。早在20世纪90年代河南学界就提出了“中原城市群”的概念，但遗憾的是一直未有机会上升到国家战略。河南省地理研究所所长冯德显认为，河南乃至中原地区经济的发展需要一个国家战略级别的认可。在这一背景下，河南开始加紧制定“中原经济区”规划，当地政府以及学界冀望将其上升为国家级战略，为本省经济更好发展赢得更多筹码。2010年8月底，河南先后召开第六届中国河南国际投资贸易洽谈会、第五届豫商大会、第十六届全国省区市党报总编辑新闻出版工作研讨会等一系列会议，为“中原经济区”造势。尤其是9月18日，该省还专门在北京与中国国际经济交流中心、北京大学联合举办“建设‘中原经济区’高层研讨会”，并在《人民日报》连发两个整版，把“中原经济区”概念推上了一个顶点。

目前，河南正在制定的“中原经济区”规划以中原城市群为基础，融合了河北、山东、山西等省份的部分地区。参与“中原经济区”规划的人士透露，这一次规划更加突出“全国经济发展的战略意义”。

河南省省委书记卢展工在2010年4月一次由河南省主要领导干部参加的贯彻科学发展观、加快经济发展方式转变的研讨会上称，一定要从全局的角度厘清河南自身的定位问题，厘清中原的概念，要弄清楚什么是中原，为什么要中原崛起，以及中原崛起对全国来讲有什么意义。目前看来，河南似乎已经找到了自己的定位。而互利互惠、抱团发展也已成为中部地区甚至附近省份的共识。

“中原经济区”面临产业布局及增长极培育两大难题

“中原经济区”虽然已呈呼之欲出之势，现在的关键是在产业布局及增长极培育方面找到一个突破口。目前，新能源、新材料等新兴战略产业已经划入“中原经济区”的规划之中。但河南不能完全照搬东部地区。河南应把承接转移过程分成不同的层级和不同时间段来逐步延伸。“中原经济区”要在产业承接过程中选择与资源禀赋优势相协调，适合资源要素特点的产业，而不是平面式的承接；选择的产业应是资源环境能长期容纳的，是可持续发展的。河南总体上传统产业比重过高，亟须拓展新兴产业，在产业定位上切忌低水平的产业重复，要充分发挥新区的产业引导和升级功能。要改粗放式发展为效益型发展，改非均衡发展为“均衡发展”，实施“两条腿走路”的发展模式。或许，“产业规划”是个突破口，河南正面临着二次转型。对此，河南财经政法大学经济管理学教授史璞提出，要以“市场导向”牵引轻工业、重工业和服务业，带动农业现代化、县域经济发展；以“资源优势”支持农业现代化并延伸产业链，发展关联产业，统筹城乡协同发展。

省委书记亲自点题：“实实在在干出来”才是硬道理

河南提出“中原经济区”概念后，并没有坐等国家支持。卢展工2010年9月2日下午在接受香港媒体采访团采访时表示，“我们应该告诉全省人民，“中原经济区”不是坐着等出来的，而是要靠自己实实在在干出来的。”

立足12大优势，软硬实力“全覆盖”

放眼全国，长三角、珠三角双峰并峙；环渤海地区、海西经济区优势异禀，在中国经济版图中虎踞龙盘。在既不靠海又不沿边的中原地区，以河南为主体构建“中原经济区”，优势何在？在2010年8月24日召开的港澳深地区闽籍企业家访豫活动见面会现场，卢展工细数河南12大优势，即“中之势、根之势、正之势、和之势、人之势、物之势、文之势、农之势、城之势、工之势、力之势、为之势”。这12个“势”是对河南具有的硬实力和软实力优势的“全覆盖”。

河南是“中国之中”，承东启西，连南贯北。北煤南运、西气东输、南水北调都要经过河南。中之势，即区位优势不可替代。现在河南的物流，到全国许多重要的城市，最慢也不会超过一天，这样的优势在全国都是罕见的。硬实力，还体现在资源优势上。煤、石油、天然气储量都在全国前列。作为全国第一农业大省、第一粮食生产大省，河南“农之势”的影响力已超越国界，在保障国家粮食安全中发挥了不可替代的作用。2010年7月，河南人口突破1亿，同时拥有3000多万富余劳动力，这样一个庞大的数字曾经被经济学家公认为中国劳动力市场的“蓄水池”。另外一个不争的事实是，河南工业总产值连续几年位居全国第五，规模、位次均跃升工业大省行列。事实上，在北京、武汉、济南、西安之间，半径500公里范围内，中原城市群已成为城市群体规模最大、人口最密集、经济实力最强的都市圈，省会郑州已成为中部地区重要的中心城市。

在软实力方面，河南诞生了人文始祖轩辕黄帝，是民族之根；孕育了举世闻名的“四大发明”，是科技之根；占据了中国八大古都的半壁江山，是城市之根；繁衍了最早的商业文化，是商之根……独一无二的“根之势”，将中原文化浇铸得无比厚重而丰盈。

在卢展工看来，这12种河南之势，其势能就如“吊在空中的重物”，一旦落下，就会形成巨大的动能，在“中原经济区”的构建中强力迸发，有力推动整个大中原地区的崛起。

路线图：五年彰显优势，十年实现崛起

在2010年9月5日召开的“中原经济区发展战略座谈会”上，河南省发改委主任张维宁介绍了建设“中原经济区”的总体构想，并提出“中原经济区”发展要五年彰显优势，十年实现崛起。张维宁提出，要以探索走出一条不以牺牲农业和粮食为代价的“三化”协调科学发展路子为主线，建设“三化”协调、科学发展、社会和谐、全面崛起的区域。初步考虑，“中原经济区”定位主要是：全国经济发展的重要增长极、全国粮食安全的重要保障区、全国新型城镇化发展试验区、华夏文明传承核心区、全国重要的先进制造业和现代服务业基地、全国综合交通枢纽和物流中心。

河南构建“中原经济区”计划路线图

五年彰显优势 → **十年实现崛起**

2015年：主要人均经济指标超过中部地区人均水平，与全国平均水平的差距大幅缩小，成为支撑中部崛起的核心区域

2020年：河南省主要人均经济指标全面超过全国平均水平，成为全国经济发展的重要增长极

构建“中原经济区”，应该从何入手？有专家认为，大力推进城镇化进程应该是一个重要切入点，在城镇化的过程中，要根据城市特点，分清层次，建立合理的城镇体系。对省

辖市，可适当拉大城市框架、扩大市区面积、调整产业结构、发展现代服务业，提高城镇化水平和质量；对经济实力较强的县级城市，应以产业集聚区建设为契机，加快产业和人口集聚；一部分仍以农业生产为主，经济发展较慢的县城和小城镇，应让那些有经济实力的农民进入城镇，扩大城市人口规模。

在2010年9月1日召开的河南省推进城乡建设加快城镇化进程工作会议上，省长郭庚茂要求，把推进城乡建设、加快城镇化进程，作为加快中原崛起的全局性举措来实施、紧迫性工作来推动、历史性任务来完成，为加快“中原经济区”建设、实现中原崛起和河南振兴提供强力支撑。下一步，要着力做好六项重点工作。

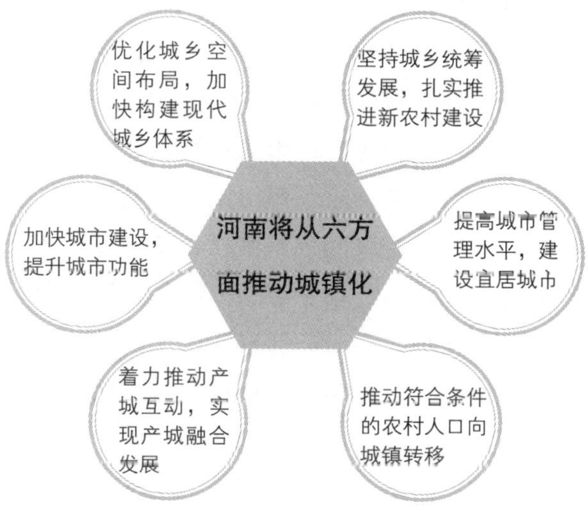

建设大郑州都市区，引领中部地区崛起

2010年8月23日，在国家发改委《促进中部地区崛起规划实施方案意见》和《促进中部地区城市群发展的指导意见》发布前两天，《郑州市城市总体规划（2010–2020年）》获国务院批复，规划明确郑州“中部地区重要的中心城市”的定位。一份由中国社科院课题组编制的《大郑州都市区发展战略研究报告》明确提出：建设大郑州都市区，使其成为引领中部地区崛起的国家区域性中心城市，承担起“中原经济区”发展的龙头作用。

河南省是全国第五经济大省，而且这把交椅已坐了好几年了。然而，在国人的认知中，谁会视河南省为经济大省？更遑论经济强省或经济发达地区。这与前四名的粤、苏、鲁、浙沿海四省相比形成极大反差。即便是在中部省份中，河南也很不“得宠”。2008年，河南以“中原城市群”为主打牌，与大武汉城市群、长株潭城市群竞争国家级“综合配套改革试验区”的帽子，后二者均获颁发，独河南名落孙山。这几年国务院批了十几个区域发展规划，大有“每省一个、雨露均沾”的架势，但河南一直未获垂青。现在河南省提出“中原经济区”的发展战略规划，并寄望获国务院批复和批准“上升为国家战略”，这在河南省内自然被赋予了很多情感因素。2010年10月11日的《21世纪经济报道》题为《“中原经济区”还缺少什么？》署名评论文章认为，郑州不强，是“中原城市群”在全国得不到足够重视的重要原因之一。2009年郑州市的经济总量为3300亿元，在全国大中城市中居第23位，落后于武汉、长沙，也只占全省的1/6左右，它对全省的贡献实在有限——既不拥有全国性的经济或产业地位，在科技或高等教育方面也比较弱势，不能带动全省赢得尊严。抛却情感的因素来审视“中原经济区”上升为“国家战略”的诉求，河南和“中原经济区”规划的设计者们，需要做的工作还有很多。

专家学者建言献策，支持构建“中原经济区”

在2010年9月举行的“中原经济区发展战

略座谈会"上，来自国务院发展研究中心、国务院研究室、国家发改委、中国社科院等单位的领导和专家建言献策，纵论"中原经济区"。专家一致认为，应该支持河南构建"中原经济区"，并积极促使其上升为国家战略。

"中原经济区"规划编制要以市场为基础

经济学家吴敬琏认为，要在市场经济基础上来规划"中原经济区"。要做这样的规划，首先要研究本省的资源禀赋和优势劣势，扬长避短。这样形成的经济区，不是用行政权力捏合起来的，而是由类似的资源禀赋，类似的产业结构，有比较详细的历史文化传统，比较紧密的经济联系区域结合而成。经济区是靠中心城市的辐射作用组织起来的，一般说来大城市是服务业的集中地，中小城市是制造业的集聚地。要使城市起到带动作用，就要发展这些产业。是这些产业，而不是城市的大小决定这个城市能否辐射多大地区，能不能成为经济区的中心。

国务院研究室副主任宁吉建议，"中原经济区"的规划和战略，在制定和实施时，要以市场为导向，跟需求相衔接。要对河南自身的市场条件做深入的分析和研究，可以向北发展环渤海市场，可以向东南发展长三角市场，更可以向南发展珠三角市场，同时国家扩内需的战略、中部崛起的战略、西部大开发的战略、自身的工业化和城镇化，又使河南内部的市场在成长，把内外市场结合起来。

强壮中国"腹肌"，港媒热议"中原经济区"

"中原经济区"受到来自香港商报、大公报、文汇报、凤凰网、香港中国通讯社、香港经济日报、凤凰卫视等多家媒体的高度关注，这一战略构想俨然如一颗闪亮的星星吸引了港媒的视线。自2010年9月1日起，以香港商报为首的33人香港媒体"中原经济区"采访团进入河南，进行为期三天的"聚焦'中原经济区'"采访报道活动。香港文汇报副总编辑徐可称，"中原经济区"是推动中原崛起的新思维。香港大公报助理总编辑郭震称，随着中国国家政策逐步向中西部转移，中原承东启西的优势更加凸现，构建"中原经济区"可谓"顺风顺水，正当其时"。"位于中国中部的河南，相当于人的腹部，构建'中原经济区'，就是要让河南做中国强壮的'腹肌'，只有中部强大了，中国这个'人'才能真正挺直腰杆。"

香港中国通讯社总编辑李孝谆表示，河南提出构建"中原经济区"，走一条不以牺牲农业和粮食为代价的"三化"协调发展道路的构想非常伟大。香港星岛日报李念庭预测，如果"中原经济区"能发展成功的话，将对整个中原经济产生非常大的影响，会带来"划时代的变化"。

中国政务景气监测报告

2010中央巡视组

2010中国领先城市考察报告

从《人民日报》三大周刊看民主、民生、党建

2010各地公推公选大扫描

产粮大省　煤炭大省　钢铁大省的“大革命”

2010中央巡视组

2009年以来，中央先后颁发《中国共产党巡视工作条例（试行）》及相关法规文件，作出成立中央巡视工作领导小组和巡视机构更名等重要决策部署，中央巡视组由部门派出机构上升为中央派出机构，巡视工作进入规范化、制度化的新阶段。目前共有12个中央巡视组，其中2个负责巡视中央各部委，6个负责巡视各省区市，4个负责巡视国有金融机构和大型重点国企。2010年两会后，被誉为“反腐钦差”的中央巡视组进行了调整，一批新的巡视高官上任。根据中央部署，从4月中旬开始的针对各省党政高官进行的新一轮巡视已告结束，中央巡视组巡视发现当前各地存在包括发展方式转变、廉政勤政、干部选拔任用等诸多问题待解。

中央巡视工作进入科学化、制度化、规范化新阶段

“中央纪委、中央组织部巡视组”升格为“中央巡视组”

2009年，中央颁布实施《中国共产党巡视工作条例（试行）》，成立中央巡视工作领导小组，并将中央纪委、中央组织部巡视组和巡视办分别更名为中央巡视组和中央巡视工作领导小组办公室。由中纪委书记贺国强任中央巡视工作领导小组组长。随后不久，已运作6年多的“中央纪委、中央组织部巡视组”正式更名为“中央巡视组”，由部门派出机构上升为中央派出机构。2009年12月18日，中央巡视工作领导小组第一次会议召开，《中央巡视工作领导小组工作规则》、《中央巡视工作领导小组办公室工作规则》、《中央巡视组工作规则（试行）》、《关于被巡视地区、单位配合中央巡视组开展巡视工作的暂行规定》等4个法规文件的出台，初步形成了巡视工作制度的核心体系和基本框架，巡视工作进入了科学化、制度化、规范化的新阶段。据中纪委副书记干以胜透露，中央对巡视工作极为重视，胡锦涛多次亲自过问，并要求不断加强和改进巡视工作。而中央政治局常委则认真审阅了巡视组的每一份情况报告，并及时对有关问题作出重要批示。

对于巡视组更名后第一年的工作，贺国强在2010年1月8日召开的派驻机构年度工作总结会上强调，要重点加强对中央关于进一步扩大内需、转变经济发展方式、保持经济平稳较快发展政策措施落实情况的监督检查，加强对保障和改善民生、汶川地震灾后恢复重建、维护民族团结和社会稳定、筹办上海世博会和广州亚运会等重大决策部署贯彻落实情况的监督检查，加强对驻在部门领导班子和领导干部、权力运行重要部位和关键环节以及领导干部工作行为和日常生活的监督；抓办案，严肃查办领导干部滥用职权、贪污受贿、腐化堕落、失职渎职的案件，严肃查办商业贿赂案件和严重侵害群众利益案件，严肃查办群体性事件和重大责任事故背后的腐败案件等。

多位卸任的省部级高官“转业”，成为巡视战线新兵

在此次中央巡视机构调整中，多位卸任的省部级高官“转业”，成为巡视战线的新兵。包括，原辽宁省委书记张文岳出任中央第四巡视组组长，原河南省委书记徐光春出任中央第五地方巡视组组长，原湖北省委常委兼秘书长李明波出任第五巡视组副组长。

本轮中央地方巡视组巡视一览

2010年4月16日	2010年4月25日	2010年4月18日	2010年4月16日	2010年4月16日	2010年4月12日
中央第一地方巡视组	**中央第二地方巡视组**	**中央第三地方巡视组**	**中央第四地方巡视组**	**中央第五地方巡视组**	**中央第六地方巡视组**
山西 周声涛	广西 房凤友	贵州 孙晓群	江苏 张文岳	北京 徐光春	河南 金炳华

本轮巡视主要对省级领导班子及其成员五个方面进行监督检查

根据中央部署，从2010年4月中旬开始，针对各省党政高官的新一轮巡视拉开帷幕。本轮巡视的主要任务是对省级领导班子及其成员在五个方面进行监督检查。包括贯彻执行中央政策的情况、执行民主集中制的情况、廉政勤政情况、作风建设情况、选拔任用干部的情况。中央此次特别强调，各中央巡视组要严肃查办领导干部滥用职权、贪污受贿、腐化堕落、失职渎职的案件，严肃查办商业贿赂案件和严重侵害群众利益案件，严肃查办群体性事件和重大责任事故背后的腐败案件等。

中央巡视组的主要工作方式

一、听取被巡视地区、单位党委（党组）的工作汇报和有关部门的专题汇报
二、根据工作需要列席被巡视地区、单位的有关会议，列席被巡视党组织领导班子的民主生活会和述职述廉会
三、受理反映被巡视党组织领导班子及其成员问题的来信、来电、来访等
四、召开听取意见座谈会
五、与被巡视党组织领导班子成员和其他干部群众个别谈话
六、调阅、复制有关文件、档案、会议记录等资料
七、对被巡视党组织领导班子及其成员进行民主测评、问卷调查
八、以适当方式对被巡视地区、单位的下属单位或者部门进行走访调研
九、对专业性较强或者特别重要问题的了解，可以商请有关职能部门或者专业机构予以协助

深入推进对县和中央企业巡视工作

2010年9月1日，中央巡视工作领导小组召开第九次会议，审议通过《关于进一步加强和规范省、自治区、直辖市党委对县（市、区、旗）巡视工作的意见》。贺国强强调，要深入推进对县和中央企业巡视工作，不断开创巡视工作新局面。各省（区、市）党委要切实加强对县巡视工作的组织领导，统筹安排好对市、县巡视工作，及时研究解决对县巡视工作的重大问题，抓紧建立健全省（区、市）、市、县三级巡视工作联动机制和巡视组，配齐配强巡视工作人员；市（地、州、盟）党委要切实发挥承上启下的作用，认真做好对县巡视的综合协调、通报情况、配合协助、督促整改等工作。此外，扎实推进对中央企业巡视工作。以国资委为主有计划地开展，有重点、有选择地对部分国有重要骨干企业进行巡视，力争每5年对中央企业巡视一遍。把企业贯彻执行中央重大决策部署、促进国有资产保值增值情况作为巡视监督的重点任务。

中央巡视组巡视发现地方存在问题的"同"与"异"

同：各地经济结构不合理、发展方式粗放问题仍突出

十七大以来，胡锦涛总书记多次部署推动经济发展方式转变。在2010年省部级主要领导干部专题研讨班上，胡锦涛提出了转变经济发展方式的“八个加快”。近一段时期，中共中央政治局九位常委分别赴国内多个地区开展调查研究，加快转变经济发展方式成为共同关心的问题。

在中央部署下，2010年各地加快转变步伐，取得显著成效。但各地推进力度还是不够大、速度不够快，仍存在一些问题。中央巡视组在此次巡视中，最为关注的就是各地经济发展方式转变中的问题。通过巡视发现，一些地方经济结构仍不合理，发展过度依赖资源开发、城乡和区域发展不平衡、环境污染严重。在基础条件、体制机制上，以及一些干部的思想观念和能力水平上还面临困难。

在贵州省，中央巡视组指出，贵州省经济结构不合理、发展方式粗放问题仍较为突出。在加快经济发展方式转变方面，各级干部对加

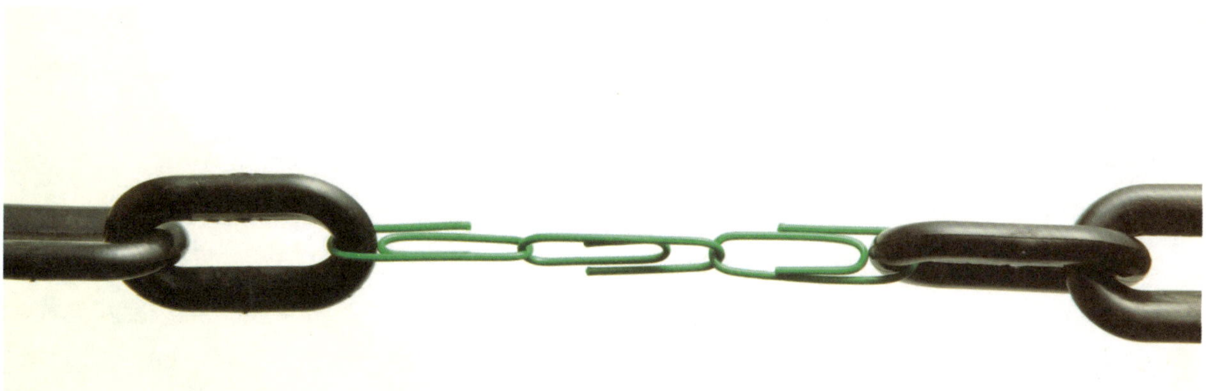

快经济发展方式转变的认识还需要进一步深化和统一、在工作上进一步形成合力。巡视组建议，贵州省要进一步明确科学发展思路，在转变经济发展方式上迈出新步伐。进一步提高认识，形成思想上的共识和工作上的合力。进一步加快经济和产业结构调整，努力形成一批能够发挥本省资源优势、产业链长、附加值高的特色主导产业。进一步发展循环经济，提高资源利用效率和经济效益。按照巡视组的意见，贵州省将抢抓国家深入实施西部大开发的战略机遇，进一步明确全省发展思路，认真制定和实施“十二五”经济社会发展规划，努力在解决影响发展速度慢、发展方式粗放等重点领域、关键环节谋求突破，在加速发展中加快转型，在加快转型中加速发展。

在北京，巡视组也重点检查了当地经济发展方式转变情况。并针对当前存在的问题提出，要找准着力点，推动首都经济社会科学发展。要毫不动摇地执行国务院对《北京城市总体规划》的批复精神，加快经济发展方式转变，促进经济社会协调发展。加强中关村国家自主创新示范区建设，利用北京的科技资源优势，发挥科技支撑和引领作用。北京市委书记刘淇强调，今后将根据首都的城市功能、发展定位、产业基础，统筹谋划加快转变经济发展方式的各项措施。按照建设中国特色世界城市的目标，深入推动人文北京、科技北京、绿色北京建设，着力把北京打造成国际活动聚集之都、世界高端企业总部聚集之都、世界高端人才聚集之都、中国特色社会主义先进文化之都、和谐宜居之都。

在江苏、山西、广西等地，各地也积极贯彻落实中央巡视组对当地加快经济发展方式转变提出的整改建议。

反腐倡廉力度仍需加大

反腐败一直是中央工作的重点之一。当前，反腐形势依然严峻。土地审批出让、矿产

各地积极落实巡视组关于加快转变的整改建议

山西	江苏	广西
加快壮大装备制造、现代煤化工、新型材料、文化旅游、物流会展等新兴产业，优化产业结构。强化绿色发展、清洁发展、可持续发展理念，加强节能减排工作，加大生态保护力度	更加注重提高经济增长的质量和效益，更加注重统筹区域发展，更加注重社会建设和管理创新，更加注重生态文明建设，推动江苏经济社会更加全面、更加协调、更可持续发展	进一步明确调整经济结构和发展优势产业的重点，加快发展特色农业，着力发展高新技术产业，大力发展现代服务业，切实抓好生态保护工作，努力把资源优势真正转化为产业优势和经济优势

资源开发、公共工程建设、企业重组改制、金融等领域腐败现象仍易发多发，教育、医疗、社保、环保等社会事业和民生领域腐败案件呈增多趋势，执法不公、行政不作为乱作为等问题比较突出。

在重庆，中央巡视组发现重庆官员存在三种不正之风，即公务人员收送“红包”、领导干部超标准使用公务车、领导干部违规经商办企业等。此外，有极少数政法机关领导干部知法犯法，贪赃枉法，有的还充当黑恶势力“保护伞”，造成严重的社会危害。巡视组建议重庆进一步加强反腐倡廉建设，认真做到“两手抓、两手都要硬”。根据巡视组的整改建议，重庆市迅速开展“三项治理”工作，加强反腐倡廉建设，建设“廉洁重庆”。

重庆开展“三项治理”治理不正之风

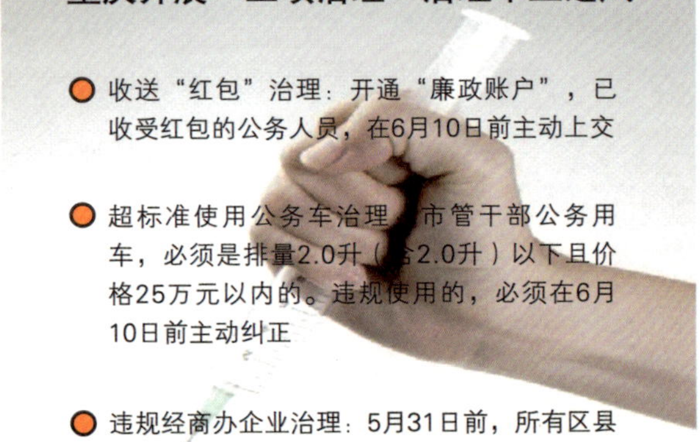

- 收送“红包”治理：开通“廉政账户”，已收受红包的公务人员，在6月10日前主动上交
- 超标准使用公务车治理：市管干部公务用车，必须是排量2.0升（含2.0升）以下且价格25万元以内的。违规使用的，必须在6月10日前主动纠正
- 违规经商办企业治理：5月31日前，所有区县（自治县）、市级部门和单位的市管干部，须如实填报配偶、子女及其配偶的从业情况，并在9月30日前主动整改

在贵州，反腐倡廉也是中央巡视组巡视重点。近年来，贵州大力开展矿产资源等领域突出问题专项治理，着力解决党风廉政建设方面的突出问题。但巡视组发现，贵州省在党风廉政、民生专项资金管理等方面仍存在一些问题，如有的领导干部与不法矿主勾结，一些基层农村社会救助资金使用监管不到位。维护社会稳定方面，矿群矛盾依然比较突出。巡视组建议贵州要认真解决影响科学发展和党风廉政等方面存在的问题。加大反腐倡廉工作力度，加强对民生专项资金的监管。

贵州省委书记栗战书在2010年9月13日召开的中央第三地方巡视组巡视回访贵州省情况反馈会上提出，下一步要深入推进反腐倡廉建设，为经济社会发展创造更加良好的环境。切实巩固和扩大深入学习实践科学发展观活动的成果，深入开展创先争优活动，加强对民生专项资金的监管，着力营造风清气正的良好环境。把中央巡视组反馈意见的整改落实纳入省委、省政府的总体部署，明确责任单位和责任人，逐项落实。

在山西，煤焦领域一直是腐败“重灾区”。从2008年7月起，山西在全省集中开展了为期两年的煤焦领域反腐败专项斗争。时下，山西省一系列反腐败行动正在紧张有序地进行。此次中央巡视组在山西巡视时，给予煤焦领域反腐工作高度关注，并建议山西进一步加强反腐倡廉制度建设，继续深入开展煤焦领域反腐败工作。山西省委书记袁纯清表态，今后，山西将针对煤焦领域的突出问题，结合中央巡视组的建议，以煤焦领域反腐败专项斗争为重点，继续加大对违法违纪案件和问题的查处力度，加快构建符合山西实际的惩治和预防腐败体系。

干部选拔任用公信度有待提高

改革开放以来，我国干部选拔任用制度不断完善，一大批德才兼备、奋发有为的干部走上领导岗位。但各地的干部选拔任用工作中仍然存在一些不正之风。少数地方和单位选拔任用干部程序不规范、存在拉票贿选、“带病提拔”等问题，严重损害了干部选拔任用的公信度。在北京、山西等地，中央巡视组多次强调要整治用人上的不正之风，进一步提高选人用人公信度，努力形成有利于科学发展的用人导向。

江苏着重从四方面推进干部选拔任用

推进公推公选

大力推进公推公选的制度化、常态化，完善公开选拔、竞争上岗制度，提高竞争性选拔干部工作的质量

扩大公推直选

有序扩大基层党组织领导班子成员公推直选，在已有试点经验基础上，2010年下半年每个省辖市选择一个县(市)进行试点，在乡镇、村、城市社区党组织换届时有序推行

探索差额选拔

积极探索重要岗位领导干部差额选拔制度

加大干部交流

进一步加大干部交流力度，积极推进领导机关与基层干部交流、党政机关部门关键岗位的中层干部交流

江苏在干部人事制度改革中一直走在全国前列。从2000年至2010年，江苏共举行了5次省级层面的大规模公开选拔，公选制度日趋成熟。巡视中，中央巡视组肯定了江苏干部人事制度改革经验。但一些深层次矛盾和问题还没有根本解决，还有大量工作要做。其中，提名考察对象、讨论决定干部任用方案，是干部选拔任用实践中最易出现漏洞的环节，更是近年江苏干部人事制度改革探索的重点。针对当前问题，巡视组要求江苏要进一步提高干部选拔任用工作的公信度和满意率，严格执行干部选拔任用工作制度和规定。今后，江苏将按照巡视组的要求，进一步完善促进科学发展的领导班子和领导干部考核评价机制，引导各级领导干部以正确政绩观落实科学发展观，深入推进干部人事制度改革，提高选人用人公信度和群众满意度。

为落实中央巡视组提出的进一步提高选人用人公信度，山西省将端正用人导向，深化干部人事制度改革，提高选人用人公信力。制定专门加强领导干部尤其是主要领导干部管理的意见，对各级领导干部从严要求、从严管理。河南省则坚持“五重五不简单”，建立选人用人公正机制，提高选人用人的科学化、民主化、制度化水平。

异：西部地区贫困问题依然严重

中央巡视组通过巡视发现，西部地区除在经济发展方式转变、廉政勤政等方面问题突出外，贫困问题依然严重。目前，西部地区总体经济增长速度仍低于全国平均水平，甚至有进一步拉大的趋势。

贵州省作为全国贫困程度最深、贫困面最大的省，自西部大开发10年来，采取“资源大整合、项目大集中、社会大参与、群众大发动”方式开展扶贫开发，成绩显著。尤其是毕节试验区的改革试验，更是对贵州欠发达地区、欠开发省份如何走科学发展之路的重大探索。但目前贵州欠发达、欠开发的基本省情没有变，扶贫开发任务仍很艰巨，截至2009年底，全省还有555.3万贫困人口，占全国贫困人口的15.4%。中央巡视组认为，贵州带动群众脱贫致富的难度较大。据贵州相关负责人介绍，下一步，贵州省将充分挖掘山区气候、生物、土地等资源多样性的特点和条件，以集中连片贫困山区为重点，进一步探索集约化种草养畜管理机制、产学研合作机制、社会化服务机制、利益联结机制和资金投入机制，提升种草养畜产业化扶贫工作成效。

广西是集“老、少、边、山、穷”为一体的贫困区域，近年来，广西大力推进整村推进和连片推进相结合的扶贫模式，取得显著成就，成为全国新亮点。但由于广西是后发展地区，加快转变经济发展方式、推动经济社会又好又快发展还面临一些困难。在对广西的多项

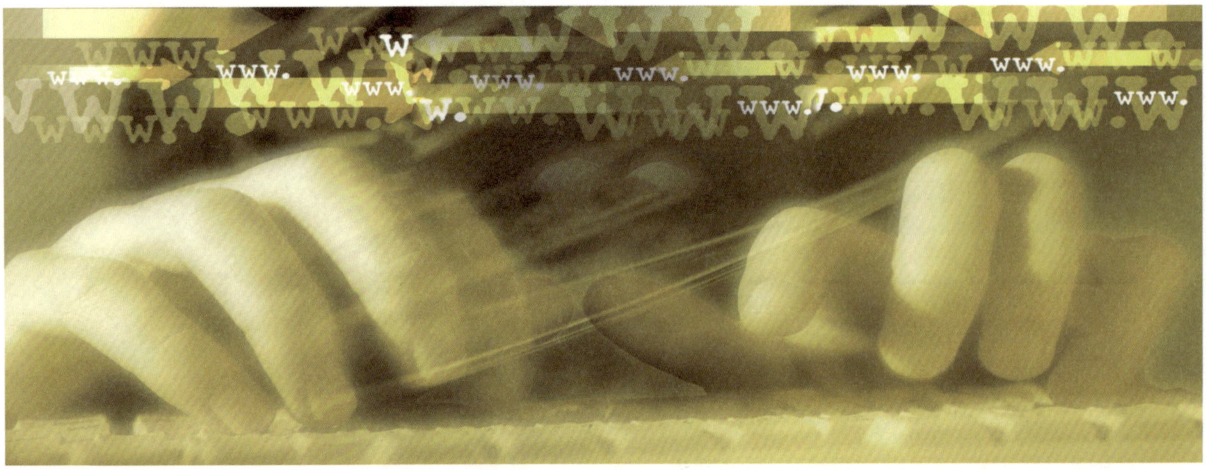

建议中，巡视组特别提出，广西要把扶贫开发和改善民生摆在更加突出的位置，集中力量解决贫困地区基础设施和公共设施落后的问题，进一步促进城乡经济社会协调发展。这为广西今后的扶贫开发工作进一步明确了方向。今后，广西将围绕到2020年绝对贫困现象基本消除的总体目标，加大对大石山区、边境地区、革命老区、少数民族地区发展扶持力度，重点提高贫困人口的自我发展能力，继续改善贫困地区的基础设施和社会服务，确保国家扶贫开发工作重点县农民人均纯收入年均增长幅度高于全区农民人均纯收入增长的平均水平，逐步缩小城乡及农村内部收入发展差距。

聘请有关专家参与巡视工作，提高巡视工作水平

中央巡视组巡视专员在2010年7月1日的《中国监察》撰文提出，当前进一步做好巡视工作应注意以下几点：

要有一个好的运作机制。首先是人员选配机制。保证巡视组是一支“政治坚强、公正清廉、纪律严明、业务精通、作风优良”的高素质干部队伍。其次是交流机制，中央巡视组不能有固定的巡视区域，巡视干部也要定期交流。最后是回避制度，即公务回避、任职回避和地域回避。

省委巡视组实行跨省交叉巡视。巡视组长常年在一地工作，其成员很难做到与被巡视对象没有人情往来乃至产生利害关系。为避免这种情况的发生，可以考虑省委巡视组实行跨省交叉巡视，即A省省委巡视组到B省巡视，B省省委巡视组到C省巡视，C省省委巡视组到A省巡视。

掌握好监督权与行政权之间的界限分寸。巡视工作行使的是监督职能，要把握好工作中的“度”，不能干扰被巡视地区、单位的工作。监督权如果与行政权沾边，就有可能使马儿扮演马夫的角色，并与其他马夫站在同一立场，违背巡视工作的初衷。

聘请有关专家参加巡视工作。为提高巡视工作水平，保证巡视报告质量，应从国家发展和改革委员会、国土资源部、环境保护部和审计署等职能部门聘请一些退下来的局级干部为特邀专家，人员相对固定，但不占巡视组编制。平时给巡视组授课，巡视时随同出巡，既可利用他们的专业优势，发现深层次问题，又可增强巡视组人员的力量。聘请的专家符合体外监督条件，可以在巡视工作的平台上发挥积极作用。

中国领先城市考察报告 2010

2010年是继续应对国际金融危机、保持经济平稳较快发展、加快转变经济发展方式的关键一年，虽然发展环境好于2009年，但是面临的形势极为复杂。他山之石，可以攻玉。为加快转变经济发展方式，各省在加快发展的同时，更加注重借鉴外省的先进经验和做法，破解自身难题，实现可持续发展。发达城市在产业发展、城乡统筹、城市规划等方面的先进实践经验，一直以来都是各地方政府考察学习的重点。历年来全国各省（区）、市党政代表团的考察，主要集中在珠三角、长三角、环渤海经济圈等地区，2010年也不例外，诸如北京、上海、天津、广州、南京、杭州、深圳、苏州等综合发展速度快、能力强的发达城市又一次成为各地市考察学习首选城市。

环渤海地区领先城市

北京

以京津冀都市圈为龙头形成的环渤海经济发展区域，正在成为继“长三角”、“珠三角”之后迅速崛起的第三个经济增长极。近年来，北京市在建设资源节约型、环境友好型城市，发展循环经济方面取得了较大的进展。在高科技研发方面，北京经济技术开发区汇集了国内外众多知名企业，是北京市经济发展的亮点和前沿阵地。在城区建设方面，北京各个城区这几年经济发展很快，正在向现代化、国际化城区迈进，他们所取得的成就为其他地区提供了非常好的借鉴意义。

重点推荐考察项目

1.北京经济技术开发区（亦庄）

该开发区2010年先后吸引青海省省委书记、省人大常委会主任强卫，青海省省长骆惠宁，河北省委常委、唐山市委书记赵勇，武汉市委书记杨松，市委副书记、市长阮成发、时任深圳市代市长王荣到此参观。

2.北京市规划展览馆

该展馆2010年吸引青海省省委书记、省人大常委会主任强卫，青海省省长骆惠宁，时任深圳市代市长王荣到此参观。

3.中关村科技园区

该园区2010年吸引青海省省委书记、省人大常委会主任强卫，青海省省长骆惠宁，河北省委常委、唐山市委书记赵勇，武汉市委书记杨松，市委副书记、市长阮成发，淄博市市长助理庄鸣到此参观。

北京市被考察领域

【园区建设】北京经济技术开发区（亦庄）、清华科技园、中关村科技园区

【高新科技】中关村国家自主创新示范区神州数码控股有限公司、海兰信数据科技股份有限公司、北京创毅视讯科技有限公司、北京立思辰科技股份有限公司、北京神舟软件科技有限公司、清华大学机械工程学院和北京航空材料研究院

【金融商贸】北京朝阳区CBD、西城区金融街控股公司

【科教文卫】朝阳区高安屯垃圾处理中心、奥林匹克公园、前门大栅栏步行街、国家大剧院、北京乐成国际学校、老年健康生活中心

【轨道交通】北京市轨道交通指挥中心

【城建规划】北京市规划展览馆、建国门外街道综合管理指挥中心、北京市市政市容管理委员会和海淀区政府、城管执法科技装备展、海淀区城市管理监督指挥中心、西城区政府

来访省市参观考察点

参观考察点	来访省市	时间及来访者
北京市规划展览馆、北京经济技术开发区（亦庄）、中关村科技园区	青海	8月26日 省委书记、省人大常委会主任强卫，省长骆惠宁
北京市规划展览馆、中关村科技园区	唐山	1月7日 河北省委常委、唐山市委书记赵勇
北京市轨道交通指挥中心、朝阳区高安屯垃圾处理中心、建国门外街道综合管理指挥中心、北京规划展览馆、西城区金融街控股公司、中关村国家自主创新示范区神州数码控股有限公司、清华科技园、海兰信数据科技股份有限公司、北京创毅视讯科技有限公司	武汉	2月3日至5日 市委书记杨松，市委副书记、市长阮成发
北京市规划展览馆、奥林匹克公园、前门大栅栏步行街、国家大剧院、北京经济技术开发区（亦庄）、北京立思辰科技股份有限公司	深圳	2月26日 时任深圳市代市长王荣（现任深圳市委书记）
北京朝阳区CBD及北京乐成国际学校、老年健康生活中心	义乌	3月31日 市长何美华
北京市市政市容管理委员会和海淀区政府、城管执法科技装备展、海淀区城市管理监督指挥中心	呼和浩特	7月4日至6日 市委书记李春城
北京神舟软件科技有限公司、清华大学机械工程学院和北京航空材料研究院	淄博	7月21日至23日 市长助理庄鸣
西城区政府	南宁	9月12日至15日 南宁市委书记车荣福、南宁市长黄方方

石家庄

石家庄市近年来经济社会发展迅速，特别是实施“三年大变样”以来，城市面貌日新月异，带动了经济发展和市民精神面貌的极大提升，创造了“石家庄速度”。石家庄市在推进城市改造建设、改善人居条件方面也取得了丰硕的成绩。石家庄市大力提升城市建设管理水平、推动社会主义新农村建设、统筹城乡发展的做法同样值得推广，曲寨村着力改善群众生产生活条件，大力实施旧村改造，不断加大教育、卫生事业等投入，经济发展、社会和谐，先后被评为市级、省级乃至全国文明村。石家庄市近年来积累的这些成功经验值得各地市学习借鉴。

重点推荐考察项目

1.曲寨村

该村2010年吸引北京市委书记刘淇和北京市委副书记、市长郭金龙到此参观。

2.石家庄市规划馆

该规划馆2010年先后吸引北京市委书记刘淇和北京市委副书记、市长郭金龙，山西省长王君到此参观。

3.南水北调滹沱河倒虹吸工程现场

该工程2010年先后吸引北京市委书记刘淇和北京市委副书记、市长郭金龙，呼和浩特市委副书记、代市长王波到此参观。

石家庄市被考察领域

【园区建设】
石家庄循环经济化工示范基地
【重点工程】
南水北调滹沱河倒虹吸工程现场
【高新科技】
石家庄安瑞科气体机械公司
【金融商贸】
裕华区大连万达广场
【产业集群】
晋煤金石化工、石焦化工、长城汽车集团
【交通航运】
石家庄内陆港
【新农村建设】
曲寨村
【城建规划】
石家庄市规划馆、大马村城中村改造、市数字化城市管理指挥中心

来访省市参观考察点

来访省市	时间及来访人员	参观考察点
北京	7月15日至16日 北京市委书记刘淇和北京市委副书记、市长郭金龙	石家庄市规划馆、曲寨村、南水北调滹沱河倒虹吸工程现场
山西	8月11日至13日 山西省长王君	石家庄市规划馆、石家庄循环经济化工示范基地、石家庄内陆港、晋煤金石化工、石焦化工、石家庄安瑞科气体机械公司、长城汽车集团、英利集团、西柏坡
呼和浩特	7月3日 市委副书记、代市长王波	南水北调滹沱河倒虹吸工程现场、市规划馆、裕华区大连万达广场、大马村城中村改造、市数字化城市管理指挥中心

+ 天津

滨海新区纳入国家发展战略，天津城市变化很大，到处呈现出加快发展的勃勃生机。天津大手笔规划城市，大踏步建设城市，大格局发展以现代服务业为龙头的第三产业的先进经验，统筹兼顾保护城市历史文化与开发建设的关系，实现产业结构转型升级。在经济社会发展上天津站位高，手笔大，发展势头强劲。在产业发展、自主创新、改革开放等方面创造了许多经验。这些都值得其他地区认真借鉴学习。

重点推荐考察项目

1.天津市规划展览馆

该展览馆2010年先后吸引北京市委书记刘淇、市长郭金龙，吉林省省委书记孙政才、省长王儒林，福建省省委书记孙春兰、省长黄小晶等11位省市党政一把手到此参观。

2.空客A320系列飞机总装车间

该总装车间2010年先后吸引北京市委书记刘淇、市长郭金龙，吉林省省委书记孙政才、省长王儒林，福建省省委书记孙春兰、省长黄小晶等11位省市党政一把手到此参观。

3.津湾广场

该广场2010年先后吸引北京市委书记刘淇、市长郭金龙，吉林省省委书记孙政才、省长王儒林，福建省省委书记孙春兰、省长黄小晶等11位省市党政一把手到此参观。

天津市被考察领域

【园区建设】

东疆保税港区、临港工业区、中新天津生态城

【高新科技】

国际生物医药联合研究院、空客A320总装生产线

【产业集群】

天津一汽丰田有限公司第三工厂、加拿大铝业公司、天士力集团、丰田汽车二厂

【社区建设】

华明镇、意式风情区

【金融商贸】

天津国际贸易与航运服务中心、响螺湾中心商务区、于家堡金融区、小白楼商业区

【交通航运】

天津站轨道换乘中心、天津国际贸易与航运服务中心

【城建规划】

天津市规划展览馆滨海新区城市建设、天津站前广场、津湾广场小白楼商业区

来访省市参观考察点

省市	时间及来访者	参观考察点
北京	3月27日 市委书记刘淇、市长郭金龙	天津市规划展览馆、海河意式风情区和津湾广场、东丽区华明示范镇、空客A320总装公司、中新天津生态城、东疆保税港区、临港工业区、于家堡金融区、天津西站交通枢纽工程、水上公园、南翠屏公园、梅江会展中心工程和天津市文化中心工程
吉林	5月6日至7日 省委书记孙政才、省长王儒林	津湾广场、天津市规划展览馆、海河意式风情区、铁路天津西站交通枢纽工程、水上公园、南翠屏公园、梅江会展中心、天津市文化中心、中新天津生态城、东疆保税港区、临港工业区、于家堡金融区、空客A320总装公司、华明示范镇
福建	7月17日 省委书记孙春兰、省长黄小晶	天津市规划展览馆、海河意式风情区和津湾广场、东丽区华明示范镇、空客A320总装公司、中新天津生态城、东疆保税港区、临港工业区、于家堡金融区、天津西站交通枢纽工程、水上公园、南翠屏公园、梅江会展中心工程和天津市文化中心工程
山西	8月4日至6日 省委书记袁纯清	天津市规划展览馆、津湾广场、滨海新区、中新天津生态城、于家堡金融区、临港工业区、东疆保税港区、海天保税物流园、空客A320总装公司、新一代运载火箭产业化基地、中沙（天津）石化有限公司、曙光计算机产业公司、天津力神电池股份有限公司、软件与服务外包产业基地、西门子电气传动有限公司生产线、国际生物医药联合研究院、东丽区华明镇
江西	8月21日至23日 省委书记苏荣、省长吴新雄	津湾广场、天津市规划展览馆、海河意式风情区、铁路天津西站交通枢纽工程、五大道历史风貌建筑区、水上公园、南翠屏公园、梅江会展中心、文化中心工程、空客A320总装公司、华明示范镇、中新生态城、东疆保税港区、临港工业区、于家堡金融区、曙光计算机产业有限公司
青海	8月30日 省委书记强卫，省委副书记、省长骆惠宁	津湾广场、天津市规划展览馆、海河意式风情区、铁路天津西站交通枢纽工程、五大道历史风貌建筑区、水上公园、南翠屏公园、梅江会展中心、空客A320总装公司、华明示范镇、曙光计算机产业有限公司、滨海高新区软件与服务外包产业基地、天津市文化中心工程

长三角地区领先城市

杭州

浙江是长江三角洲经济带的重要省份。近年来，浙江全面实施“创业富民、创新强省”总战略，积极推进“全面小康六大行动计划”，经济社会发展取得巨大成就。作为浙江省省会，杭州把城市建设作为龙头来抓，按照“世界眼光、国际水准、区域特色、以人为本”的原则，编制城市规划；引入城市管理的市场化机制，全面推进精细化管理，通过市场机制选择绿化养护、道路保洁等城市管理公司，提高了管理效率，又减少了财政支出。在多年改革开放和现代化建设的实践中，杭州干部、群众创造了许多成功经验和做法，都值得其他地区很好地学习和借鉴。

重点推荐考察项目

1.杭州钱江新城

该城区2010年先后吸引吉林省省委副书记、省长王儒林，广西壮族自治区主席马飚，天津市委书记张高丽、市长黄兴国，青海省省委书记强卫，省委副书记、省长骆惠宁到此参观。

2.阿里巴巴集团

该集团2010年先后吸引广西壮族自治区主席马飚，天津市委书记张高丽、市长黄兴国，青海省省委书记强卫，省委副书记、省长骆惠宁到此参观。

3.正泰太阳能科技有限公司

该公司2010年先后吸引吉林省省委副书记、省长王儒林，天津市委书记张高丽、市长黄兴国，青海省省委书记强卫，省委副书记、省长骆惠宁到此参观。

杭州市被考察领域

【园区建设】

杭州高新区（滨江）

【创意产业】

中南集团卡通影视有限公司

【高新科技】

正泰太阳能科技有限公司、诺贝尔集团公司

【产业集群】

正泰太阳能科技有限公司、西子奥的斯电梯有限公司、阿里巴巴集团、中控科技集团、万向集团

【科教文卫】

西溪国家湿地公园

【城建规划】

杭州城市规划馆、钱江新城

来访省市参观考察点

参观考察点	省市	时间及来访人员
钱江新城、杭州（滨江）高新技术开发区、浙江正泰太阳能科技有限公司、中控科技集团等企业	吉林	6月6日 吉林省省委副书记、省长王儒林
钱江新城、阿里巴巴集团	广西	8月8日至10日 自治区主席马飚
杭州（滨江）高新技术开发区、中南集团卡通影视有限公司、正泰太阳能科技有限公司、阿里巴巴网络有限公司、钱江新城、杭州市规划展览馆、西溪国家湿地公园	天津	8月18日至20日 市委书记张高丽、市长黄兴国
正泰太阳能科技有限公司、阿里巴巴集团公司、钱江新城、西溪国家湿地公园、诺贝尔集团公司	青海	9月16日至18日 省委书记强卫，青海省省委副书记、省长骆惠宁

上海

举世瞩目的世博会2010年在上海召开，上海是长三角和长江经济带的龙头，一直是全国发展的先导和学习的榜样。张江高科技园区拥有30多个国家级、市级和区级科技公共服务平台，集聚了5000多家高科技企业，成为上海自主创新的重要基地。近年来，上海在产业转型升级、大项目推进、城市建设等方面积累的好经验、好做法值得其他地区好好学习。

重点推荐考察项目

1.浦东新区张江高科技园区

该园区2009年先后吸引江苏省省委书记梁保华、省长罗志军，北京市委书记刘淇到此参观。

2.中国商用飞机有限公司上海飞机制造厂

该厂区2009年先后吸引江苏省省委书记梁保华、省长罗志军，北京市委书记刘淇到此参观。

3.世博园区

该园区将在2010年世博会期间迎来全国各地省（市、自治区）主要领导参观，并启动各地世博宣传活动。

上海市被考察领域

【园区建设】

浦东新区张江高科技园区

【科教文化】

世博园

【产业集群】

上海浦东机场东方航空集团、中国商用飞机有限公司上海飞机制造厂

【交通航运】

上海虹桥国际机场2号航站楼、虹桥综合交通枢纽工程

来访省市参观考察点

世博会整体规划展示、浦东新区张江高科技园区、中国商用飞机上海制造有限公司和虹桥综合交通枢纽工程

浦东新区张江高科技园区、世博园区

世博园区、上海浦东机场东方航空集团、上海虹桥国际机场2号航站楼

世博园区

浙江：2月26日 浙江省省委书记赵洪祝

安徽：3月22日 省委书记王金山（时任）、省长王三运

河南：4月17日至18日 省长郭庚茂

山西：5月18日至23日 山西省省委书记张宝顺（时任）

山东：7月8日 山东省省长姜大明

杭州：4月12日 黄坤明

成都：6月7日 李春城

南京

江苏的经验非常丰富，他们思想解放、观念新；居安思危、迎难而上；调整结构、转变发展方式；见事早、行动快、效果好。作为江苏省省会，南京在高科技研发创新上狠下工夫，在市政府各种优惠政策的引导下南京市徐庄软件园正朝着研发和产能全国先进、国际一流的软件产业基地目标迈进。近年来，南京在产业转型升级、大项目推进、高科技研发等方面积累的好经验、好做法值得其他地区好好学习。

重点推荐考察项目

南京徐庄软件园

该园区2010年先后吸引吉林省省委书记孙政才，省委副书记、省长王儒林，广西壮族自治区政府主席马飚，重庆市委书记薄熙来、市长黄奇帆，青海省副省长高云龙到此参观。

南京市被考察领域

【园区建设】

南京徐庄软件园、南京经济开发区、江宁高新开发区

【交通航运】

沪宁城际高速铁路、南京火车站、玄武湖隧道

【科教文卫】

南京奥体中心、南京大屠杀遇难同胞纪念馆和中国近代史遗址博物馆

来访省市参观考察点

参观考察点	省市	时间及来访人员
南京徐庄软件园、南京经济开发区、江宁高新开发区	青海	2月5日 副省长高云龙
南京徐庄软件园、沪宁城际高速铁路、南京火车站	吉林	6月4日至5日 省委书记孙政才，省委副书记、省长王儒林
南京徐庄软件园、江宁高新开发区	广西	8月4日至6日 自治区政府主席马飚
南京徐庄软件园、沪宁城际高速铁路、南京火车站、南京奥体中心、玄武湖隧道、南京大屠杀遇难同胞纪念馆和中国近代史遗址博物馆	重庆	8月13日至14日 市委书记薄熙来、市长黄奇帆

苏州

经过十多年开发建设，在苏州市崛起了一个花园式国际合作开发区——苏州工业园区。作为中国和新加坡两国政府间的重要合作项目，苏州工业园区以占苏州市4%左右的土地和人口，创造了全市15%左右的GDP、地方一般预算收入和固定资产投资，25%左右的注册外资、到账外资和进出口总额。苏州既没有空港也没有海港，但是通过苏州工业园综合保税区的辐射带动，已成为华东地区重要的精密机械制造基地和电子产品集散地。其成功做法和发展经验，对于正在着力构建保税物流体系的地区很有借鉴意义。

重点推荐考察项目

苏州市工业园区

该园区2010年先后吸引吉林省省委书记孙政才，省长王儒林，重庆市委书记薄熙来、市长黄奇帆到此参观。

苏州被考察领域

【园区建设】

苏州工业园区、苏州国际科技园

【高新科技】

苏州国际科技园、凯捷咨询（中国）有限公司、龙腾光电有限公司、阿特斯阳光电力科技有限公司、中科院苏州纳米技术与纳米仿生研究所

【产业集群】

仁宝科技集团、东海粮油公司、道康宁-有机硅生产基地、沙钢集团、苏宁电器集团公司

【科教文化】

山塘历史文化保护区、苏州博物馆、苏州科技文化艺术中心

来访省市参观考察点

吉林：6月4日至5日 省委书记孙政才，省委副书记、省长王儒林

苏州工业园区、苏州国际科技园、昆山花桥国际商务区、张家港保税区、金阊区山塘街道、凯捷咨询（中国）有限公司、龙腾光电有限公司、仁宝集团、国际商务城昆山人才培训中心、东海粮油公司、道康宁-有机硅生产基地、沙钢集团、阿特斯阳光电力科技有限公司等企业

重庆：8月13日至14日 市委书记薄熙来、市长黄奇帆

昆山仁宝集团、龙腾光电有限公司、苏州工业园区、中科院苏州纳米技术与纳米仿生研究所、苏宁电器集团公司、苏州科技文化艺术中心

珠三角、海西地区领先城市

广州

2010年是广州亚运会举办之年。近几年，广州市借举办亚运会的东风，结合新的发展形势，修订了新时期城市规划战略规划，确立了建设国家中心城市——综合性门户城市、南方经济中心、世界文化名城的发展目标。广州市加快推进“南拓、北优、东进、西联”战略，同步实施“中调”，构建层级分明、职能明确的城镇体系，贯彻生态优先战略，实现城市发展总体战略从外延拓展向内涵提升的战略转移。广州市城市建设的新思路、新变化，值得每一个到此考察的地方领导学习借鉴。

重点推荐考察项目

1.广州科学城园区

该园区2010年度先后吸引四川省省委书记刘奇葆、省长蒋巨峰，湖北省省长李鸿忠等带团到此参观。

2.广州新中轴线核心区

该核心区2010年先后吸引湖南省省委书记周强，湖北省省长李鸿忠等到此参观。

广州市被考察领域

【园区建设】

广州亚运城、广州科学城、广州新中轴线核心区、广州经济技术开发区、广州高新技术产业开发区、广州保税区、广州出口加工区、广州T.I.T国际服装创意园、瀚天科技城

【创意产业】

广州珍奇味食品有限公司

【高新科技】

广州科学城、视睿电子、广电运通金融电子、广东昭信光电、瀚天科技城、瑞洲科技、广州阳普医疗科技公司

【产业集群】

广州本田汽车有限公司、广州禾田实业、天马摩托车集团、广州抽水蓄能电厂、广汽日野公司、广州精益集团、豹王集团、广州东界机械有限公司

【交通航运】

南沙港

【城建规划】

东濠涌整治示范点、珠江新城、广州新中轴线核心区、广州亚运场馆建设、南沙港区

【金融商贸】

从都国际会议中心建设工地、广东金融高新技术服务区

来访省市参观考察点

参观考察点	来访省市	时间及来访领导
广东省电力设计研究院、广州科学城、广州经济技术开发区、广州高新技术产业开发区、广州保税区、广州出口加工区、广州阳普医疗科技公司	四川	4月29日至30日 省委书记刘奇葆、省长蒋巨峰
东濠涌整治示范点、广州新中轴线核心区、广州大剧院、广州T.I.T国际服装创意园、广州禾田实业、视睿电子、广电运通金融电子、广汽本田、广东昭信光电、瀚天科技城、瑞洲科技、广东金融高新技术服务区	湖南	8月27日至28日 省委书记周强
广州新中轴线核心区、广州亚运城、广州科学城	湖北	9月12日 省长李鸿忠
珠江新城、南沙港	泉州	3月1日至6日 市委书记徐钢
广州亚运城、珠江新城中央商务区、BRT（快速公共交通）系统	银川	4月7日至9日 市委书记崔波
广州珍奇味食品有限公司、天马摩托车集团、从都国际会议中心建设工地、广州马术运动场、广州抽水蓄能电厂、明珠工业园、广汽日野公司、万花园、田心社农家乐	简阳	7月2日至4日 市委书记赵涌涛
广州精益集团、豹王集团、广州东界机械有限公司	内江	10月11日 市长刘成鸣

深圳

改革开放30多年来，深圳市金融业、电子信息、文化产业、网络通信、城建开发等新经济业态迅速发展壮大。深圳的发展历程，就是科学发展的最好印证和成功典范。深圳着力构筑以高新技术、现代服务、文化创意等为支柱的现代产业体系，统筹经济社会发展，特别是为克服国际金融危机冲击采取了一系列有效措施，其做法值得其他地区学习借鉴。

重点推荐考察项目

1.华为集团

该集团2010年吸引银川市委书记崔波，随州市市长刘晓鸣到此参观。

2.深圳莲花山公园

该园区2010年先后吸引泉州市委书记徐钢，银川市委书记崔波，随州市市长刘晓鸣到此参观。

深圳市被考察领域

【园区建设】
东部华侨城
【产业集群】
深圳华强、华为集团
【金融商贸】
深交所
【科教文卫】
莲花山公园
【城建规划】
深圳城市规划展

来访省市参观考察点

参观考察点	来访省市	时间及来访人
东部华侨城、莲花山公园、深圳城市规划展	泉州	3月1日至6日 市委书记徐钢
深交所、莲花山公园、华为科技有限公司	银川	4月7日至9日 市委书记崔波
华为集团、华强文化科技集团、莲花山公园	随州	9月14日至15日 市长刘晓鸣

东莞

2010年东莞经济规模国内排名第九，全球500强城市，排名195位。而且是跻身前200强的中国城市中，唯一的地级市。近年来，连续五次被评为全国科教兴市先进市（全国科技进步先进市），连续五次被评为全国双拥模范城，还被评为全国创建文明村镇工作先进市、中国优秀旅游城市、国家卫生城市、全国创建文明城市工作先进市等称号。东莞市的建设发展，成为全国中小城市发展建设的一个标杆。

重点推荐考察项目

1.松山湖科技产业园区

该园区2010年先后吸引泉州市委书记徐钢，龙岩市市长黄晓炎，黄山市副市长黄林沐到此参观。

2.长安镇

该乡镇2010年吸引泉州市委书记徐钢，龙岩市市长黄晓炎等到此参观。

东莞市被考察领域

【园区建设】

松山湖科技产业园区

【高新科技】

雪莱特光电、广东平板显示产业技术研究院

【产业升级】

东莞新科磁电制品厂、东莞爱铭数码有限公司

【社区建设】

大朗镇、长安镇、上沙新村、塘厦镇

【产业集群】

岳丰电子科技（东莞）有限公司、台升家具（东莞）有限公司、东莞鸿发集团

【城建规划】

东莞展览馆、东莞市行政文化广场、村镇建设、三旧改造工程、新体育公园

来访省市参观考察点

来访省市	时间及人员	参观考察点
泉州	3月3日至4日 市委书记徐钢	东莞展览馆、松山湖科技产业园区、东莞市行政文化广场、东莞长安镇展览馆、村镇建设、三旧改造工程、新体育公园、雪莱特光电、广东平板显示产业技术研究院、东莞新科磁电制品厂、东莞爱铭数码有限公司
龙岩	4月17日至21日 市长黄晓炎	东莞展览馆、松山湖科技产业园区、大朗镇、长安镇、上沙新村、塘厦镇
黄山	7月29日至31日 副市长黄林沐	松山湖科技产业园区、岳丰电子科技（东莞）有限公司、台升家具（东莞）有限公司、东莞鸿发集团

福州

福州作为我国首批对外开放的沿海港口城市，市场化程度和对外开放度较高。到目前为止，在榕投资或设立机构的世界500强企业已达80家。全市现拥有2个国家级经济技术开发区、6个国家级开发区以及福州高新技术产业园区等9个省级开发区，形成了电子信息、汽车及配件、纺织化纤服装、塑胶等优势产业集群和福清百亿电子城、马尾百亿电子城、闽侯百亿汽车城等一批特色产业带，并成为全球最大的显示器生产基地之一。作为我国东南沿海重要的港口商贸城市，福州大力发展对外经济，现已被列为中国沿海20个主枢纽港之一。

重点推荐考察项目

1.新大陆科技集团

该集团2010年吸引江西省省委书记苏荣、省长吴新雄，杭州（时任）市市长蔡奇到此参观。

2.三坊七巷

该文化街区2010年吸引广东省省委书记汪洋、省长黄华华，江西省省委书记苏荣、省长吴新雄，杭州（时任）市市长蔡奇到此参观。

福州市被考察领域

【园区建设】

福安赛岐象环村葡萄园

【科教文卫】

福州马尾中国船政文化博物馆、福州三坊七巷古街、林则徐纪念馆和严复故居

【高新科技】

华映显示科技有限公司、福建农林大学菌草研究所、新大陆集团公司

【产业集群】

新大陆科技集团、泰格电机、鼎信实业、鑫茂冷轧硅钢有限公司

来访省市参观考察点

参观考察点	来访省市	时间及来访人员
福州马尾中国船政文化博物馆、福州三坊七巷古街、林则徐纪念馆和严复故居	广东	4月21日至22日 省委书记汪洋、省长黄华华
福建农林大学菌草研究所、福安赛岐象环村葡萄园、泰格电机、鼎信实业、鑫茂冷轧硅钢有限公司	宁夏	8月4日至5日 自治区副书记于革胜
新大陆科技集团、三坊七巷	江西	8月17日至19日 省委书记苏荣、省长吴新雄
华映显示科技有限公司、新大陆科技集团和“三坊七巷”历史文化街区保护工程	杭州	1月7日 （时任）市长蔡奇

厦门

厦门经济特区与台湾隔海相望，近年来，厦门发挥独特的区位优势，抓住海西经济区建设的历史性机遇，对外开放和现代化建设取得了令人瞩目的成就。尤其是2007年以来，厦门找准城市定位，实施岛内外一体化发展战略，做到提升岛内，拓展岛外，形成了岛内岛外各具特色、相互协调的城市发展格局，进一步扩大了城市规模，提升了城市功能，有力地促进了经济社会发展。经过几年大规模建设，厦门正朝着现代化国际性港口风景旅游城和海峡西岸重要中心城市的目标迈进。

重点推荐考察项目

1.太古飞机工程有限公司

该公司2010年吸引广东省省委书记汪洋、省长黄华华，宁夏回族自治区副书记于革胜，江西省省委书记苏荣、省长吴新雄到此参观。

2.银鹭集团

该集团2010年吸引宁夏回族自治区副书记于革胜，江西省省委书记苏荣、省长吴新雄到此参观。

厦门市被考察领域

【园区建设】

厦门火炬高新技术开发区、厦门软件园产业基地

【科教文卫】

"国家级园林式村庄"马塘村、厦门五缘湾片区

【高新科技】

宸鸿科技有限公司

【产业集群】

银鹭集团、如意集团、太古飞机工程有限公司、厦门迈士通集团

【交通航运】

厦门东渡国际邮轮中心暨厦金客运码头

【城建规划】

厦门城市规划展示馆

来访省市参观考察点

考察点	省市	时间及来访者
太古飞机工程有限公司、宸鸿科技有限公司、厦门软件园产业基地	广东	4月21日至22日 省委书记汪洋、省长黄华华
"国家级园林式村庄"马塘村、银鹭集团、如意集团、厦门城市规划展示馆、太古飞机工程有限公司	宁夏	8月4日至5日 自治区副书记于革胜
厦门东渡国际邮轮中心暨厦金客运码头、厦门市规划展示馆、太古飞机工程有限公司、银鹭集团、厦门五缘湾片区	江西	8月18日 省委书记苏荣、省长吴新雄
厦门火炬高新技术开发区、厦门迈士通集团、厦门五缘湾片区	内江	7月18日 市委书记唐利民

成渝、皖江、北部湾地区领先城市

重庆

近年来，重庆市全面落实“314”总体部署，加快建设“五个重庆”，致力于打造内陆最开放的城市，经济社会发展取得了显著成就。重庆在加快实施“一圈两翼”战略，着力推动区域协调发展；在加快推进统筹城乡综合配套改革，着力解决“三农”问题；在加快推进结构调整和自主创新，着力促进产业优化升级；在加快推进对内对外开放，着力发展内陆开放型经济；在加快推进社会事业发展，着力做好库区移民和扶贫开发工作；在加快推进改革创新，着力形成有利于科学发展与社会和谐的体制机制等各个方面，都创造和形成了许多值得其他地方学习的好思路、好经验、好做法。

重点推荐考察项目

1.两路寸滩保税港区

该港区2010年吸引山东省省委书记姜异康、省长姜大明，天津市委书记张高丽、市长黄兴国，江西省省委书记苏荣、省长吴新雄等省市一把手到此参观。

2.农畜产品、药品、农村土地、联合产权、股份转让五大交易所

该交易所区2010年吸引山东省省委书记姜异康、省长姜大明，江西省省委书记苏荣、省长吴新雄等省市一把手到此参观。

重庆市被考察领域

【园区建设】
西永微电子产业园区、海尔工业园

【高新科技】
西永微电子产业园区、重庆科技馆

【产业集群】
海尔工业园、惠普、富士康、广达、英业达等企业

【金融商贸】
两路寸滩保税港区

【城建规划】
重庆市规划展览馆

来访省市参观考察点

省市	时间及来访者	参观考察点
山东	4月8日 省委书记姜异康、省长姜大明	西永微电子产业园区、惠普、富士康、广达、英业达等企业、海尔工业园、两路寸滩保税港区、重庆科技馆
天津	8月16日至17日 市委书记张高丽、市长黄兴国	重庆市规划展览馆，农畜产品、药品、农村土地、联合产权、股份转让五大交易所，两路寸滩保税港区，鸿恩寺森林公园，重庆谈判旧址，八路军重庆办事处旧址，解放碑中央商务区，城市灯光夜景，重庆西永综合保税区，惠普全球软件服务中心（中国）重庆分中心，惠普笔记本电脑装配厂，重庆大学城，金山科技（集团）有限公司，北部新区“民心佳园”工租房项目，广大奶牛梦工场，江北区鱼嘴镇双溪村
江西	8月19日 省委书记苏荣、省长吴新雄	重庆市规划展览馆，农畜产品、药品、农村土地、联合产权、股份转让五大交易所，两路寸滩保税港区，鸿恩寺森林公园
嘉兴	3月14日至15日 市委书记陈德荣	重庆市江津区李市镇孔目村集体建设用地复垦置换现场、重庆市农村土地交易所
巴中	7月8日至9日 市委书记李仲彬	重庆市规划展览馆、中共中央西南局旧址、八路军驻重庆办事处旧址

成都

作为国务院确定的统筹城乡综合配套改革实验区之一，成都市深入实施城乡统筹“四位一体”科学发展总体战略，大力推进以“六个一体化”、“三个集中”等为主要内容的统筹城乡一体化发展，努力实现新型工业化、新型城镇化和农业现代化“三化联动”，在解决“三农”问题、推进城乡一体化方面进行了成功实践，走在了全国的前列。作为西南地区的“三中心两枢纽”城市，成都以统筹城乡发展为抓手，经济社会快速发展，各项事业全面进步。成都城乡统筹、城市管理等方面的好经验好做法，对其他地区经济社会发展很有借鉴意义。

重点推荐考察项目

1.成都农村产权交易所

该产交所2010年吸引河北省省长陈全国，山东省省委书记姜异康、省长姜大明到此参观。

2.京韩四季公司

该公司2010年先后吸引河北省省长陈全国，山东省省委书记姜异康、省长姜大明，广西壮族自治区党委书记郭声琨，自治区主席马飚到此参观。

成都市被考察领域

【园区建设】

锦江区“五朵金花”、龙泉驿区龙华社区、万春镇春江路社区大同上郡、安德镇便民服务中心、唐昌镇战旗村新型社区、新津县袁山社区

【金融商贸】

成都农村产权交易所、温江花木电子商务中心、锦江区农业产权交易所、锦江区锦城逸景生态商务区

【高新科技】

郫县安德川菜产业园、京韩四季公司、成都经济技术开发区、成都高新区

【科教文卫】

金沙遗址博物馆、宽窄巷子、娇子会议中心、一品天下美食商业街、武侯区森林公园

【城建规划】

绵竹灾后恢复重建工程、成都市城乡规划建设展览馆、琴台路

来访省市参观考察点

来访省市	时间及来访人	参观考察点
河北	3月1日 省长陈全国	成都农村产权交易所、京韩四季公司、安德镇便民服务中心、唐昌镇战旗村新型社区、榕珍菌业公司、万春镇春江路社区大同上郡、温江花木电子商务中心、金沙遗址博物馆
山东	4月9日 省委书记姜异康、省长姜大明	锦江区“五朵金花”、成都农村产权交易所、金沙遗址博物馆和宽窄巷子历史文化街区
广西	4月19日至21日 自治区党委书记郭声琨，自治区主席马飚	都江堰市天马镇金陵村震后重建工程、郫县安德镇、京韩四季公司
江苏	9月12日至14日 省委书记梁保华、省长罗志军	绵竹灾后恢复重建工程、成都经济技术开发区、成都高新区、成都市城乡规划建设展览馆、宽窄巷历史文化保护街区、娇子会议中心
杭州	6月10日 市委书记黄坤明	郫县安德川菜产业园和唐昌镇战旗村新型社区、温江区大同上郡社区、琴台路、宽窄巷子
咸宁	8月22日至23日 市委书记黄楚平	成都龙泉驿区龙华社区、成都经济技术开发区、新津县袁山社区、锦江区农业产权交易所、锦江区锦城逸景生态商务区、锦江区三圣花乡、成都国际新会展中心、一品天下美食商业街、武侯区森林公园

合肥

近年来安徽以开发区为产业积聚和招商引资的平台，抢抓机遇，扩大开放，走出了一条成功的路子。特别是合肥市近年来加速崛起，大力推进“大发展、大建设、大环境”。工业立市是动力，科技创新是灵魂，合肥在城市建设上具有战略眼光，滨湖新区的高起点规划、快节奏建设，不仅迅速拉开了城市框架，也实现了老城区的拓展，更形成了出江达海的大通道，产业发展具备了新的支撑和空间。合肥发展和建设成果斐然根本上源于深刻把握现代城市发展和建设的基本规律，并结合实际不断探索、创新；很多经验和做法，值得其他省市认真钻研。继2009年全国17个省市、19位党政一把手考察合肥掀起一轮高潮之后，2010年又有4个市级考察团赴合肥考察。

重点推荐考察项目

1.合肥滨湖新区

该新区2010年先后吸引郴州市委书记戴道晋，清远市委书记陈家记、市长徐萍华，池州市委书记童怀伟、市长方西屏，赣州市委书记潘逸阳等党政一把手到此参观。

2.京东方TFT—LCD六代线项目基地

该基地2010年先后吸引清远市委书记陈家记、市长徐萍华，赣州市委书记潘逸阳等到此参观。

合肥市被考察领域

【园区建设】

滨湖新区

【高新科技】

杰事杰新材料公司（2）、中科院合肥物质科学研究院、京东方六代线项目、熔安柴油机项目

【产业集群】

京东方TFT—LCD六代线项目基地、江汽轿车基地和熔安柴油机项目基地、科大讯飞、合肥铜冠国轩铜材有限公司

【科教文卫】

巢湖湖岸、居然之家合肥店、永辉超市

【城建规划】

长江西路高架等基础设施建设、清溪路垃圾填埋场综合改造

来访省市参观考察点

参观考察点	来访城市	时间及人员
滨湖新区	郴州	4月8日至12日 市委书记戴道晋
巢湖湖岸、滨湖新区、京东方TFT—LCD六代线项目基地、江汽轿车基地和熔安柴油机项目基地	清远	5月24日 市委书记陈家记、市长徐萍华
滨湖新区、居然之家合肥店、永辉超市、合肥铜冠国轩铜材有限公司	池州	8月7日 市委书记童怀伟、市长方西屏
滨湖新区、清溪路垃圾填埋场综合改造、长江西路高架等基础设施建设、京东方六代线项目、科大讯飞语音、江汽轿车基地等企业	赣州	9月14日至15日 市委书记潘逸阳

南宁

南宁是连接东南沿海与西南内陆的重要枢纽，也是西部重要的省会城市。同时是国家级经济区——北部湾经济区建设的核心城市，拥有沿海城市待遇和税收等多项优惠政策。南宁市素来被形容为“半城绿树半城楼”，是一个非常适合人居住的城市，全国首创应急联动中心，应急能力提升6倍；数字城管，南宁整个城市的46万多个部件拥有数字身份证。智能化管理的南宁让各地方考察团认识到建设智能城市的重要意义。

重点推荐考察项目

1.南宁（中国—东盟）商品交易所

该交易所 2010年吸引黑龙江常务副省长杜家毫、副省长孙尧江到此参观。

2.南宁市应急联动中心

该中心 2010年吸引乐山市委书记唐坚、市长蒋辅义到此参观。

南宁市被考察领域

【金融商贸】

南宁（中国—东盟）商品交易所、琅东商务区

【城市建设】

南宁市应急联动中心、南宁市政规划馆

来访省市参观考察点

黑龙江：3月23日至25日 常务副省长杜家毫、副省长孙尧 → 南宁（中国—东盟）商品交易所、南宁市政规划馆

乐山：10月7日至9日 市委书记唐坚、市长蒋辅义 → 琅东商务区、南宁市应急联动中心

钦州

钦州背靠大西南、面向东南亚，是广西北部湾经济区的中心城市，已经成为国家建设东盟自由贸易区的前沿，在对外开放中占有重要的地位。钦州的经济社会飞速发展令人刮目相看，钦州在紧抓广西北部湾经济区发展机遇中行动迅速、举措新。市委实施“以港兴工，三化互动”发展战略，实施“千百亿产业崛起工程”很有战略性、前瞻性。同时，以“建大港、兴产业、造新城”作为钦州当前和今后一段时期科学发展、和谐发展、跨越发展的三大引擎，为钦州的中长期发展积累了能量、扩充了空间。钦州的发展为西部延边城市社会、经济发展提供了非常有价值的借鉴意义。

重点推荐考察项目

1.中石油广西石化公司千万吨炼油项目

该项目2010年先后吸引陕西省政协副主席周一波，启东市委书记孙建华、市长徐锋到此参观。

2.钦州港

该港湾 2010年先后吸引陕西省政协副主席周一波，启东市委书记孙建华、市长徐锋到此参观。

钦州市被考察领域

【园区建设】

中石油广西石化公司千万吨炼油项目、钦州港保税港区、中山岛

【交通航运】

钦州港

来访省市参观考察点

来访省市	时间及来访人员	参观考察点
陕西	9月5日至10日 省政协副主席周一波	钦州港、中石油广西石化千万吨炼油项目、钦州港保税港区
启东	3月24日 市委书记孙建华、市长徐锋	钦州港、中石油广西石化千万吨炼油项目、中山岛、钦州保税港区

马鞍山

马鞍山发展的思路、目标和举措，体现了率先发展的排头兵气势。构建“6653”现代产业体系，实施“1255”城市发展战略，使这座城市有着美好的发展前景，使人印象深刻、感到振奋；马鞍山在城市建设管理方面取得了显著的成绩，先后获得“全国文明城市”等一系列国家级荣誉称号。这些成绩的取得，是整个城市综合实力、市民素质、城市文化在多年积淀后一朝绽放的结果。

重点推荐考察项目

1.马钢新区

该园区2010年先后吸引郴州市委书记戴道晋，池州市委书记童怀伟、市长方西屏，宜春市委书记谢亦森、市长龚建华到此参观。

2.雨山视聆通动漫园

该动漫园2010年先后吸引郴州市委书记戴道晋，池州市委书记童怀伟、市长方西屏，宜春市委书记谢亦森、市长龚建华到此参观。

马鞍山市被考察领域

【园区建设】

马钢新区、红太阳当涂生命科学循环经济工业园、雨山视聆通动漫园

【产业集群】

华菱汽车公司、长江钢铁公司、龙山集中区、科达机电公司、蒙牛乳业公司

【市政规划】

当涂县太白广场

【科教文化】

马鞍山市博物馆

来访省市参观考察点

来访省市	时间及来访者	参观考察点
郴州	4月8日至12日 市委书记戴道晋	马钢新区、雨山视聆通动漫园、华菱汽车公司
池州	8月9日 市委书记童怀伟、市长方西屏	当涂县太白广场、长江钢铁公司、龙山集中区、红太阳当涂生命科学循环经济工业园、科达机电公司、马钢新区、雨山视聆通动漫园、蒙牛乳业公司、华菱汽车公司及市博物馆
宜春	10月8日至11日 市委书记谢亦森、市长龚建华	马钢新区、雨山视聆通动漫园、蒙牛乳业公司、华菱汽车公司、市博物馆、当涂县太白广场、长江钢铁公司

2010全国领先城市共有10大领域313个考察点

珠三角、海西

共10个领域
80个考察点

园区建设

广州：广州亚运城、广州科学城、广州新中轴线核心区、广州经济技术开发区、广州高新技术产业开发区、广州保税区、广州出口加工区、广州T.I.T国际服装创意园、瀚天科技城
深圳：东部华侨城
福州：福安赛岐象环村葡萄园
东莞：松山湖科技产业园区
厦门：厦门火炬高新技术开发区、厦门软件园产业基地

社区建设

东莞：大朗镇、长安镇、上沙新村、塘厦镇

金融商贸

广州：从都国际会议中心建设工地、广东金融高新技术服务区
深圳：深交所

创意产业

广州：广州珍奇味食品有限公司

科教文卫

深圳：莲花山公园
福州：福州马尾中国船政文化博物馆、福州三坊七巷古街、林则徐纪念馆和严复故居
厦门：“国家级园林式村庄”马塘村、厦门五缘湾片区

长三角

共7个领域
41个考察点

园区建设

杭州：杭州高新区（滨江）
上海：浦东新区张江高科技园区
南京：南京徐庄软件园、南京经济开发区、江宁开发区
苏州：苏州工业园区、苏州国际科技园

创意产业

杭州：中南集团卡通影视有限公司

交通航运

上海：上海虹桥国际机场2号航站楼、虹桥综合交通枢纽工程
南京：沪宁城际高速铁路、南京火车站、玄武湖隧道

广州：广州科学城、视睿电子、广电运通金融电子、广东昭信光电、瀚天科技城、瑞洲科技、广州阳普医疗科技公司
福州：华映显示科技有限公司、福建农林大学菌草研究所、新大陆集团公司
东莞：雪莱特光电、广东平板显示产业技术研究院
厦门：宸鸿科技有限公司

广州：广州本田汽车有限公司、广州禾田实业、天马摩托车集团、广州抽水蓄能电厂、广汽日野公司、广州精益集团、豹王集团、广州东界机械有限公司
深圳：深圳华强、华为科技有限公司
福州：新大陆科技集团、泰格电机、鼎信实业、鑫茂冷轧硅钢有限公司
东莞：岳丰电子科技（东莞）有限公司、台升家具（东莞）有限公司、东莞鸿发集团
厦门：银鹭集团、如意集团、太古飞机工程有限公司、厦门迈士通集团

产业升级 **交通航运** **高新科技** **城建规划** **产业集群**

东莞：东莞新科磁电制品厂、东莞爱铭数码有限公司

广州：南沙港
厦门：厦门东渡国际邮轮中心暨厦金客运码头

广州：东濠涌整治示范点、珠江新城、广州新中轴线核心区、广州亚运场馆建设、南沙港区
深圳：深圳城市规划展
东莞：东莞展览馆、东莞市行政文化广场、村镇建设、三旧改造工程、新体育公园
厦门：厦门城市规划展示馆

杭州：正泰太阳能科技公司、西子奥的斯电梯有限公司、阿里巴巴集团、中控科技集团、万向集团
上海：上海浦东机场东方航空集团、中国商用飞机有限公司上海飞机制造厂
苏州：仁宝科技集团、东海粮油公司、道康宁 有机硅生产基地、沙钢集团、苏宁电器集团公司

杭州：正泰太阳能科技有限公司、诺贝尔集团公司

科教文卫 **高新科技** **城建规划** **产业集群**

杭州：西溪国家湿地
上海：世博园
南京：南京奥体中心、南京大屠杀遇难同胞纪念馆和中国近代史遗址博物馆
苏州：山塘历史文化保护区、苏州博物馆、苏州科技文化艺术中心

杭州：杭州城市规划馆、钱江新城

2010全国领先城市共有10大领域313个考察点

环渤海
共10个领域
125个考察点

园区建设
北京：北京经济技术开发区（亦庄）、中关村科技园区
石家庄：石家庄循环经济化工示范基地
天津：东疆保税港区、临港工业区、中新天津生态城、滨海新区、海天保税物流园

社区建设
天津：五大道风貌建筑区、华明镇、意式风情区

金融商贸
北京：西城区金融街控股公司、北京朝阳区CBD
石家庄：裕华区大连万达广场
天津：滨海金融街、天津国际贸易与航运服务中心、响螺湾中心商务区、于家堡金融区

创意产业
石家庄：南水北调滹沱河倒虹吸工程现场

科教文卫
北京：奥运工程建设展、前门大栅栏步行街、国家大剧院、奥林匹克公园、北京乐成国际学校、老年健康生活中心
天津：天津文化中心、水上公园、南翠屏公园、梅江会展中心

成渝、皖江、北部湾
共7个领域
67个考察点

园区建设
合肥：滨湖新区
成都：锦江区"五朵金花"、龙泉驿区龙华社区、万春镇春江路社区大同上郡、安德镇便民服务中心、唐昌镇战旗村新型社区、新津县袁山社区
重庆：西永微电子产业园区、海尔工业园
马鞍山：马钢新区、红太阳当涂生命科学循环经济工业园、雨山视聆通动漫园
钦州：中石油广西石化公司千万吨炼油项目、钦州港保税港区、中山岛

金融商贸
成都：成都农村产权交易所、温江花木电子商务中心、锦江区农业产权交易所、锦江区锦城逸景生态商务区
重庆：两路寸滩保税港区
南宁：南宁（中国—东盟）商品交易所、琅东商务区

产业升级

北京：小汤山镇特莱大观园、北七家镇郑各庄村
石家庄：曲寨村

交通航运

石家庄：石家庄内陆港
天津：天津西站综合交通枢纽、天津站轨道换乘中心、天津国际贸易与航运服务中心

高新科技

北京：北京金风科创风电设备有限公司、中关村国家自主创新示范区神州数码控股有限公司、清华科技园、海兰信数据科技股份有限公司、北京创毅视讯科技有限公司、百度公司总部、北京立思辰科技股份有限公司、北京神舟软件科技有限公司、清华大学机械工程学院和北京航空材料研究院
石家庄：石家庄安瑞科气体机械公司
天津：空客A320总装生产线、新一代运载火箭产业化基地、国际生物医药联合研究院、中沙（天津）石化有限公司、曙光计算机产业公司、天津力神电池股份有限公司、软件与服务外包产业基地、西门子电气传动有限公司生产线

城建规划

北京：北京市轨道交通指挥中心、朝阳区高安屯垃圾处理中心、建国门外街道综合管理指挥中心、北京规划展览馆、北京市市政市容管理委员会、海淀区政府、城管执法科技装备展、海淀区城市管理监督指挥中心、海淀区企业物联网沙盘演示、西城区风貌、西城区政府、西城区规划中心
石家庄：石家庄市规划馆、大马村城中村改造、市数字化城市管理指挥中心
天津：天津市规划展览馆、滨海新区城市建设、天津站前广场、津湾广场

产业集群

北京：北京同仁堂股份公司、北京通用电气华伦医疗设备有限公司、北京三一重机有限公司
石家庄：晋煤金石化工、石焦化工、长城汽车集团
天津：天津一汽丰田有限公司第三工厂、加拿大铝业公司、天士力集团、丰田汽车二厂

科教文卫

合肥：巢湖湖岸、居然之家合肥店、永辉超市
成都：金沙遗址博物馆、宽窄巷子、娇子会议中心、一品天下美食商业街、武侯区森林公园
重庆：中共中央西南局旧址、八路军驻重庆办事处旧址
马鞍山：马鞍山市博物馆

高新科技

合肥：杰事杰新材料公司、中科院合肥物质科学研究院、合肥京东方六代线项目、熔安柴油机项目
成都：郫县安德川菜产业园、京韩四季公司、成都经济技术开发区、成都高新区
重庆：西永微电子产业园区、重庆科技馆

交通航运

钦州：钦州港

城建规划

合肥：长江西路高架等基础设施建设、清溪路垃圾填埋场综合改造
成都：绵竹灾后恢复重建工程、成都市城乡规划建设展览馆、琴台路
重庆：重庆市规划展览馆
南宁：南宁市应急联动中心、南宁市政规划馆
马鞍山：当涂县太白广场

产业集群

合肥：京东方TFT—LCD六代线项目基地、江汽轿车基地和熔安柴油机项目基地、科大讯飞、合肥铜冠国轩铜材有限公司
重庆：海尔工业园、惠普、富士康、广达、英业达等企业
马鞍山：华菱汽车公司、长江钢铁公司、龙山集中区、科达机电公司、蒙牛乳业公司

从《人民日报》三大周刊看 民主、民生、党建

《人民日报》是中国最具权威性、最有影响力的全国性报纸，是联系政府与民众的桥梁。2008年以来，《人民日报》先后开辟了《民主政治周刊》、《党建周刊》、《民生周刊》等专刊，及时准确、鲜明生动地宣传党中央精神和中国政府最新政策、决定，报道各地的先进经验，反映最广大人民群众的意愿和要求。在此，我们对民主、民生、党建三大周刊进行了阶段性的监测，试图为大家梳理出近年来这些领域的发展趋势，以及各地相关的典型经验。

《人民日报——民主政治周刊》百期回眸

2008年1月2日，《人民日报》组合原有的《民主法制》周刊与《议政建言》周刊，推出了《民主政治周刊》。时至2010年8月4日，《民主政治周刊》迎来了第112期。这份周刊的创办，是我国政治生活中的一件大事。这里见证了中国基层民主建设的逐步完善，见证了公民参政意识的显著增强，见证了人大民主制度建设的有序开展，也同时见证了中国司法进程和政府自身建设的夯实深入。公民、法治、人权、民主、平等这些曾经颇为“敏感”的政治词汇与普通民众越来越近，组织推进民主的鲜活经验为中国民主政治的发展奠定了基石。

■百期监测：选取范例浙江最多 法治建设最为关注

百期《民主政治周刊》在关于我国民主政治建设的新举措、新实践、新进展的报道中，涉及地域主要集中在浙江、广东、江苏等经济发达省份，其中以浙江民主政治建设为主题的报道最多，共有6次，其次是江苏省，有5次，这些报道有力地推动了民主政治建设的发展步伐；从周刊报道的主题来看，主要集中在法治建设、依法行政、社会管理创新、基层民主自治、网络民主、人大政协工作等六大领域，其中以法治建设方面最多，共有31次报道，依法行政方面排名次之，共有27次。

《民主政治周刊》主题报道涉及省市分布图

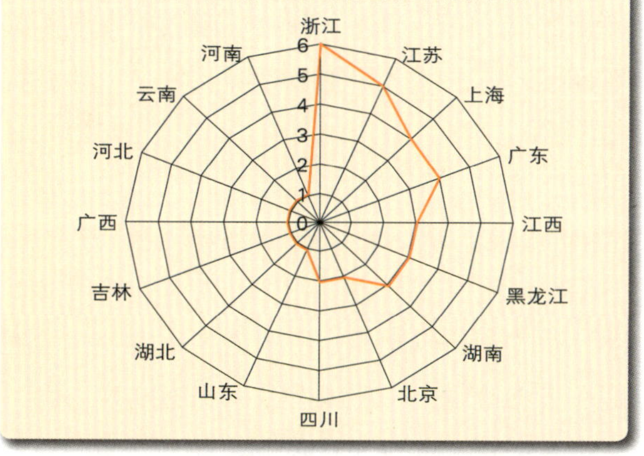

《民主政治周刊》百期六大主题分布图

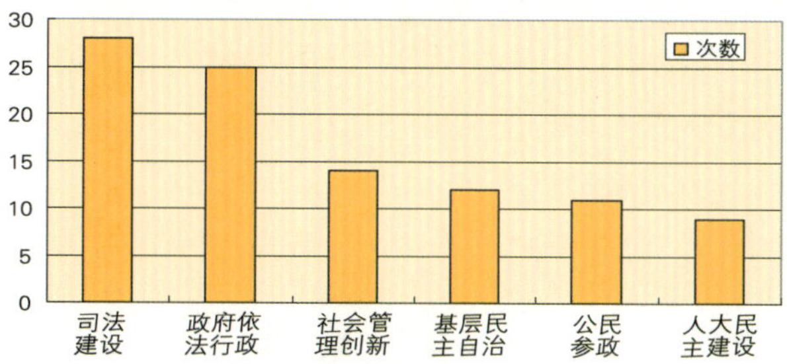

■法治建设：用法律践行承诺

在百期《民主政治周刊》中，以法治建设为主题的内容受关注度最高，共有31次报道，这也从一个侧面反映出法治建设在目前中国特色社会主义民主政治进程中的重要地位。报道主要包含三个部分，即关于有法可依方面的报道有9篇；关于法律在行政和社会治理等领域实施的报道有14篇；关于法律实施和监督内容的报道有8篇。

司法建设方面报道列表（部分）

报道时间	标题
2010年03月03日	行政复议委员会让"官官相护"没有市场
2009年08月26日	法治，不允许法外特权
2009年08月05日	为劳动法执行支招
2009年06月24日	中国立法向法典化迈进
2008年08月06日	执法考评：近6万人次被追责

■依法行政：让权力在阳光下运行

在百期《民主政治周刊》中，政府依法行政方面的报道共有27篇，譬如《"规范政府行政权力运行——盘点6年来法治政府建设的重大进展"》、《"盘点'信息公开'：进步中有新期待"》、《"'放权'放出新天地"》等文章，体现出了各地围绕建设法治政府的目标，以规范和监督行政权力运行为切入点，在依法行政方面迈出了重要步伐。让权力在阳光下运行，是广大民众的殷切希望。

政府依法行政方面报道列表（部分）

报道时间	标题
2010年07月21日	日照行政诉讼纳入行政绩效考核
2009年11月04日	备案审查：从源头把关"红头文件"
2009年09月02日	桂林任中审计：预防腐败的"防火墙"
2009年04月01日	如皋干部需过"述法"关
2009年03月18日	十年建设法治政府（回首五年看进展）

规范政府行政权力运行——盘点6年来法治政府建设的重大进展

(1)依法行政的体制环境初步形成：6年出台168件行政法规
(2)让权力在阳光下运行：施行《政府信息公开条例》
(3)备案审查体制初步形成：地方"四级政府、三级监督"
(4)复议化解争议作用日益彰显：每年化解行政争议约8万件
(5)有效遏制靠罚款养执法：1000多个市县级政府试点集中行政处罚权
(6)政府管理职能正在转变：地方政府取消、调整行政审批7万多项
(7)基层政府依法行政得到推进：鼓励倡导行政首长出庭应诉

■人大、政协工作：代表结构更趋优化 工作程序更为规范

全国人大和地方人大建设在社会主义民

主政治进程中占有重要地位。百期《民主政治周刊》中，有关人大民主建设的报道有9篇。有数据表明，到2009年，全国现行有效的地方性法规近8000件，其中90%以上是由地方人大常委会制定的；截至2008年底，全国省级人大常委会共进行了3400余次执法检查；各级人大常委会积极组织代表在闭会期间开展活动，充分发挥代表作用。在《“人大大门常打开——上海市人大积极推进公开化透明化建设”》、《“地方人大代表结构更趋优化”》、《“与人大民主‘零距离’”》等报道中，深刻体现出了当前我国人大民主工作机制更趋科学、工作程序更为规范、工作方式更加完善的现状。特别是在《“人大大门常打开——上海市人大积极推进公开化透明化建设”》一文中，详细阐述了上海市人大积极推进公开化透明化的建设方式，深刻体现出人大在联系群众、反映民意、化解矛盾方面的重要作用。

人大建设报道列表（部分）

报道时间	标题
2010年05月19日	从“虚”到“实”从程序性到实质性：重大事项决定权的宜昌样本
2009年07月29日	地方国家政权体制的重大改革（地方人大常委会三十年）——访原全国人大常委会副委员长王汉斌
2009年07月15日	全国人大常委会加强跟踪监督：“把脉”农田水利建设
2008年01月24日	地方人大代表结构更趋优化

■社会管理创新：建设服务型政府的必然要求

改革开放30年来，我国经济发展取得长足进步，但社会管理相对滞后。伴随着经济社会生活的深刻变化，传统的管理模式已经不适应多元复杂的社会形势，社会管理创新也显得刻不容缓。在百期《民主政治周刊》中，社会管理方面的文章共有16篇，介绍了一些典型地区在社会管理方面的突出经验。例如，关于城中村治理问题，在《红庄的漂亮“转身”》的报道中，通过对江苏省苏州市借力民众管理“城中村”的创新机制的介绍，为各地城中村管理提供了借鉴意义；在政府公共服务建设方面，《宁波海曙：创新公共服务模式》一文中对浙江省宁波市海曙区转变政府职能，创新公共服务模式给予了着重报道，为各地政府公共服务建设的科学开展提供了典范。

社会管理创新方面报道列表（部分）

报道时间	标题
2010年06月30日	红庄的漂亮“转身”
2010年06月23日	大庆：延伸社会工作手臂
2010年05月26日	广东：3000万流动人口和谐融入
2009年12月16日	四川“大调解”：矛盾纠纷化解常态化
2008年12月17日	保护农民工权益 我们在行动

宁波海曙：创新公共服务模式

人人享有优质公共服务

◎外来人口子女到公办学校就读
◎社区卫生服务送到群众身边

公共服务走向精细化

◎专业化个性化的就业服务
◎居家养老从生活关注到精神关注

公共信息服务全天候全方位

◎81890求助服务平台无偿提供信息
◎政府、市场、社会三方形成互动互利互促新格局

■网络民主：拓展参政渠道 倾听民众声音

“坚持国家一切权力属于人民，从各个层次、各个领域扩大公民有序政治参与”，党的十七大报告，将公民的有序政治参与，提升到了一个新的高度。在百期《民主政治周刊》中，网络议政、网络问政成为报道的主要关注点，比如《“地方两会：直面网络民意”》、《“公安厅局长直面网络民意”》、《“网民：我们的意见建议，他们都能看到”》、《“2008：感受公民参与的力量”》等报道，体现出了政府和民众之间的积极互动和公民参政意识的增强等内容。

网络民主方面报道列表（部分）

报道时间	标题
2010年02月03日	地方两会：直面网络民意（见证）
2009年06月17日	公安厅局长直面网络民意
2009年06月10日	“公众参与式”行政治理悄然兴起
2009年04月08日	上海：旧区是否改造，先听居民意见
2008年03月26日	网民：我们的意见建议，他们都能看到

■基层民主自治：“重要不重要 群众来投票”

百期《民主政治周刊》中，关于基层民主建设的相关报道共有14篇。其中农村基层民主建设文章共有10篇，占据较大比重。《“惠州有个‘四民主工作法’”》、《“‘海选’，中国基层民主之路”》、《“‘放手还权’的太仓探索”》等文章记录了我国各地积极探索基层民主的新形式。其中《“重要不重要 群众来投票——九江推行‘两重两轮’探索农村基层民主的调查”》一文着重讲述了江西九江农村基层民主建设的相关经验，为推动农村科学发展探索了一条有效路径。

基层民主自治方面报道列表（部分）

报道时间	标题
2010年08月04日	惠州有个“四民主工作法”
2010年01月20日	“海选”，中国基层民主之路
2010年01月13日	“由民做主”的永新探索
2010年01月06日	亿万农民的“增量民主”
2009年10月28日	长沙直选“社区当家人”人人参与当家作主
2008年01月09日	中国村官选举走向“常态化”

九江市全面推行农村“两重轮换”投票制

- **提出预案**：由村“两委”联席会在商议的基础上，研究确定拟提交党员大会、村民代表会议决策的事项议题，并形成预案。
- **征求意见**：提前2天以上将预案交给党员、村民代表会议成员，并向群众征求意见。
- **组织投票**：重大党务决策由村党组织主持，先召开村民代表会议，就预案征求民意，再召开党员大会投票表决；重大村务决策由村委会主持，先召开党员大会投票表决，就决策预案进行讨论征求意见，再召开村民代表会议投票表决。投票征求意见和表决，采用无记名方式，赞成票超过到会党员半数以上、应到会村民代表会议成员半数以上的，决议通过。
- **执行决议**

民生无小事——《民生周刊》50期扫描

2009年7月2日，《人民日报》开设了《民生周刊》专版，2010年8月12日，周刊迎来了第50期。我们对这50期《民生周刊》的头版头条进行了监测，透过这50余篇文章，对我国的民生现状可见一斑。

在50期的《民生周刊》头版头条中，医疗、就业、教育、住房、社保等“五类”民生问题都有所涉及，除此之外，城市病、收入分配、气候灾害等新的民生话题所受关注度日渐加强。

《民生周刊》50期：住房依旧最为关注 城市病问题凸显

在老“五类”民生问题中，关注城市住房的文章最多，共有12篇，占总关注度的24%。和以往不同的是，排在总关注度第二位的是有关城市用水紧张、交通出行拥堵和垃圾处理困难等日益凸显的“城市病”问题，共有11篇文章，这也反映出随着我国城市化的不断深入，一些新问题、新情况也随之出现，并越来越影响着民众的生活。就业和医疗话题受关注热度依然不减，分居第三、四位。另外，收入分配、社保、教育、气候灾害等问题《民生周刊》也都给予了充分关注。

《民生周刊》50期中所关注的民生问题

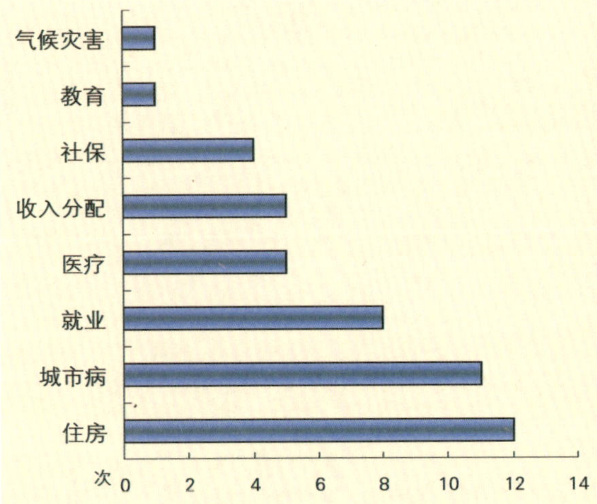

城市住房：楼市调控重拳出击 惠民住房期待完善

从周刊专版开设之初起，关于廉租房、棚改工程等问题一直为周刊的重要关注点。另外，在2010年6月份楼市开始低迷之际，城市租房问题又作为一个民生现象为周刊所重点关注。

据北京链家地产、中原地产、我爱我家等几家中介机构提供的数据显示，2010年1～5月，北京房租持续上涨，其中4、5月份上涨幅度最大，进入6月，租金环比有所下降。链家地产市场研究部统计，2010年上半年，北京套均租金2792元/月，同比上涨18.5%左右。专家称，实际上，租赁市场供应不足是个老问题。

加快廉租房和公共租赁房建设则被认为是增加租赁市场供应的最有效手段。尤其是面向中低收入家庭、新就业人员和外来务工人员供应的公共租赁房建设，不仅能直接增加总供应量，还能改善供应结构，改变目前租赁市场普通住房供不应求的现状。据了解，2010年全国共将建设约37万套公共租赁房。再经过三年左右的时间，公租房将形成较大的供应规模，对满足老百姓租房需求、稳定房地产市场、稳定租房价格都将起到重要作用。

上海廉租房保障体系的完善与创新

完善廉租房家庭的收入统计与动态监管机制

◎金融机构与税务部门联合建立个人信用制度
◎建立入住者档案登记系统，完善动态监管机制

整合多方资源拓宽房源供给渠道

◎加大对市场空置商品房的收购力度
◎提供政策支持以加速公房腾退
◎激励社会机构或个人提供廉租房源

积极开辟政府引导下的多元化商业融资渠道

◎运用联合租赁方式，广泛筹集建设资金
◎采用BOT模式，大规模吸引民间资本的参与

《民生周刊》头版头条中关于住房的文章

报道时间	标题
2009年07月09日	廉租房建设三问
2009年07月30日	“我们的住房谁来保障”
2009年11月19日	公共租赁房，期待“全兼容”
2009年12月03日	西安棚改搬出“坑房”住新居
2009年12月31日	三个买房人的烦恼
2010年03月18日	房价何时不疯涨
2010年04月01日	“半租半卖”会让廉租房“变味儿”吗
2010年07月15日	房租急升为哪般

收入分配：做到公正公平 才能分好“蛋糕”

收入分配问题在50期《民生周刊》中，受关注度与医疗问题并列第四，由此可见解决好收入分配问题对改善民生的重要性。温家宝总理在第十一届全国人民代表大会第三次会议上强调，中国不仅要通过发展经济，把社会财富这个“蛋糕”做大，也要通过合理的收入分配制度把“蛋糕”分好。在《“工资倍增”何难落实》一文中，文章直面企业“蛋糕”分配问题，在谈到解决工人加薪难问题时指出，一是要实行工资集体协商制度，通过行业协商提高职工待遇；二是要贯彻劳动合同法，督促企业在内部建立正常的工资增长制度，提高职工工资水平；同时还必须进行工资立法，重视初次分配的制度建设，通过制度对初次分配的约束，强制企业促进分配的公平性。

城市病：用水、出行与垃圾处理 三大难题亟待破解

在50期的《民生周刊》中，城市用水紧张、交通拥堵和垃圾处理困难等“城市病”问题所受关注度仅次于住房问题，超越就业、医疗等民生事件而位居第二。《停车之患，出路何在》、《城市交通添堵“七宗罪”》记录了大城市交通方面目前所面临的出行难、停车难等问题；《小区中水如何畅流》、《节水：城市里的抗旱》等文章反映了部分城市用水的紧张现状；《北京：垃圾减量难在哪儿》、《垃圾围京城》等报道讲述了高速发展中的中国城市正在遭遇的“垃圾围城”之痛。针对种种难题，依据地方和中国国情，学习借鉴先进经验不失为破解“城市病”难题的一条捷径。

贫富差距应对措施

完善社会保障	建立一套能够覆盖城乡人口，特别是城乡贫困人口的社会保障体系。
健全财税制度	个人所得税应重点调节高收入者，开征物业税、遗产税等，加大财政转移支付力度，以提高贫困人群的生活水平。
加强法制建设	严厉依法打击违法乱纪，权钱交易等丑恶现象，促进社会秩序公平公正。
继续“两大战略”	继续“西部大开发”和“中部崛起”两大战略，缩小与东部发达地区的贫富差距。
实现机会平等	机会平等核心是保证受教育机会、就业机会和起点公平，是实现收入公平的根本途径。

停车难原因及解决方法

城市停车难原因	解决方法
巨大的停车需求集中释放，使配套建设很难在短时间内满足。	首先，政府应该进行出行选择的经济影响评价。有调查结果显示，当停车费从1元涨到5元时，18%的受访人群选择放弃买车。
停车位配套建设标准的缺失与滞后。	其次，对于价格手段应该更精细化，并对车位供需变化实行动态监控。
各个城市实施的住宅区车位配建标准缺乏前瞻性。	此外，精细化的停车管理离不开信息化与产业化的支持。随着信息化、产业化水平的提升，停车企业可以实现资源共享，城市车位信息与价格联网公布，哪里有车位，哪里价格更低，车主可随时查询。
公交服务的不完善与价格杠杆的调节不到位，导致了小汽车的使用过度，也加剧了停车位供需紧张。	解决“停车难”还是要立足长远，优先发展公共交通运输，提高替代小汽车的出行方式的服务水平，使人们自觉调整出行结构，减少车位需求的无限增长。
“多头管理、谁都不管”也在一定程度上阻碍了“停车难”问题的解决。	
一些车主现代交通意识淡漠、守法意识薄弱，以及逃避“有偿停车”等主观因素，也造成一部分停车位利用率低，人为制造了车位紧张。	

就业：供求矛盾更加突出 三大群体就业成“老大难”

就业问题在50期的《民生周刊》中关注度排名第三。有关专家分析指出，我国每年需要安排就业的达2400万人，而可安排就业人员仅1200万人左右，包括高校毕业生、农民工和就业困难人员在内的三大群体的就业供求矛盾今后将更加突出。此类矛盾和现象在《谁在“逃离北上广”》、《大学生就业怎成“老大难”》、《帮农民工兄弟姐妹温暖过年》、《给小商贩多些生存空间》等报道中都有所反映。

医疗：农村医疗状况堪忧 假冒药扰乱市场

《民生周刊》50期中，对医疗方面的关注度依然很高。尽管我国近些年在公共卫生体系和医疗服务体系方面不断完善，基本医疗保障制度也初步建立，但医疗卫生资源分布还不均衡，医疗用品安全保障还有待进一步提高，公立医院改革也有待推进，百姓看病难、看病贵还没从根本上得到解决。如在《疫苗可以放心打》、《农村用药状况堪忧》、《我们身边有多少“李鬼药”？》等文章中都有所反映，特

部分地区破解大学生就业难举措

挖潜力 开渠道	重见习 强能力	出政策 扶创业
◎天津以项目建设支撑拉动6万名毕业生就业 ◎江西省国资委、省中小企业局动员所属国企提供8000余个就业岗位 ◎四川招聘2万余名毕业生到基层 ◎湖北开展“大学生就业服务月”，签约率大大提升	◎驻津高校采取“校企结合”等培育模式 ◎重庆开展高校毕业生就业定向 ◎湖北180万元资金补助3000毕业生见习岗位	◎天津毕业生创业初次贷款额度提高3万 ◎南昌重点扶持千名高校毕业生创业 ◎湖北投资200万元设立省毕业生创业基地

农村医疗资源匮乏现状与对策

现状：农村缺少合格医生，缺少药品，缺少先进的医疗设备作为辅助诊断手段。不管是感冒、咳嗽还是拉肚子，一律用“三素一汤”即抗生素、激素、维生素、葡萄糖注射液，儿童服用成人药物相当普遍。

对策一：在农民中宣传用药知识要格外注意方式方法，不断尝试以农民朋友喜闻乐见的形式、农民听得懂的语言普及用药知识。

对策二：应对乡村医生实行准入制度，只有经过正规化、系统化专业教育的人员才能担任医生。

对策三：不断加大国家公共财政对农村医疗服务的投入力度。从制度上改变农村卫生机构以药养医的局面，根除不合理用药的体制原因。

对策四：通过制定标准治疗指南和处方限制来规范农村医务人员的用药行为，减少不合理用药现象。

别是后两篇文章，前者深度报道了我国目前农村医疗资源匮乏的现状，让人警醒；后者也向公众揭开了药品市场假冒药泛滥的现状，再次对公众的卫生安全敲响警钟。

特殊时期各地党建新样本——2009年以来《党建周刊》监测

2009年9月，党的十七届四中全会重点讨论了新形势下党的建设问题，审议并通过了《中共中央关于加强和改进新形势下党的建设若干重大问题的决定》。按照《决定》要求，适应新情况、新变化，加强和改进党的思想政治工作，充分发挥党员先锋模范作用和党组织的战斗堡垒作用显得尤为紧迫。《人民日报—党建周刊》作为反映我党自身建设的窗口，见证着党建工作的不断迈进。

党建报道：新样本四川最多 制度建设比重最大

从2009年1月6日到2010年8月17日，《党建周刊》共发刊72期。从党建样本上看，以西部地区的四川最多，共有10次。从主题上看，以党的制度建设相关报道次数最多，共34次，占总比重的37%，纪律建设和作风建设方面报道次之，占总比重的20%和18%，思想建设和组织建设方面的报道略微偏低，各占13%和12%。

党建新样本地区分布图

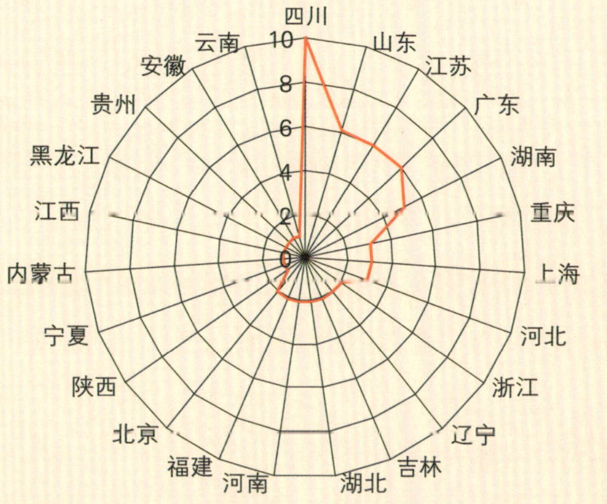

《人民日报党建周刊》党建主题比重示意图

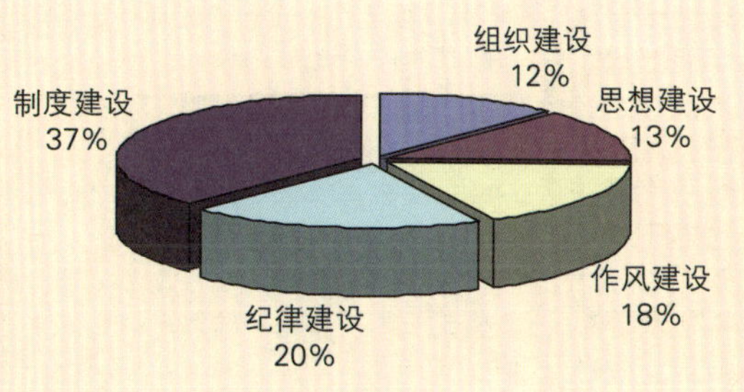

制度建设：关注年轻干部成长 推进基层民主改革

在34篇关于党的制度建设文章中，主要分为“深化干部人事制度改革”及“坚持和健全民主集中制”两个部分。人事改革方面，《年轻干部当自醒》、《基层练就真本事》、《过好成才第一关》等文章，对年轻干部的发展提出了新的要求。《选人用人：公信度从何而来》具体介绍了四川探索建立干部选拔任用工作的监督制度体系，《“硬杠杠”让干部选任明明白白》介绍了河南洛阳“优先条件”量化考核干部的范例，这些对地方干部的选任都具有较强借鉴意义。党内民主方面，《深圳试点“公推直选”党代表》、《“两票”选人的眉山试验》等文章，从具体案例入手，见证了民主集中制在基层的广泛开展。《“两票”选人的眉山试验》一文，详细介绍了四川眉山“两票制”选人的具体经验。文章指出，眉山通过“两票制”的实施，使得一大批深得群众信任的干部成为乡镇党政“一把手”，不仅推进了党的基层组织建设，也给当地群众带去了实惠，成为名副其实的基层民主改革范例。目前，眉山市组织工作获得干部群众肯定，四项核心指标都位居四川省前列。

“两票”选人的眉山经验

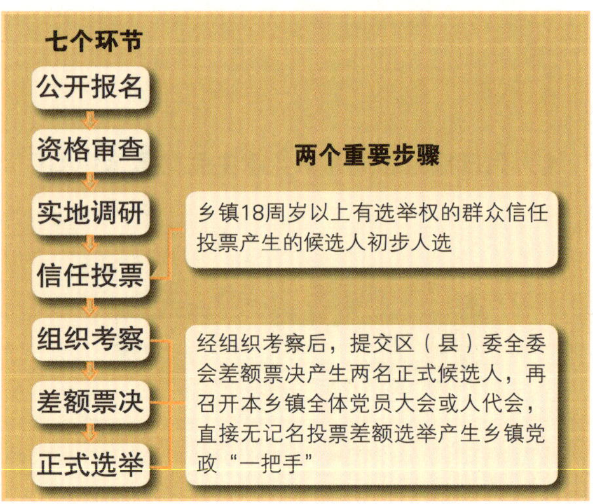

《人民日报–党建周刊》制度建设方面报道文章（部分）

报道时间	标题
2010年06月22日	村村承诺个个考核
2010年07月06日	“两票”选人的眉山试验
2010年06月01日	四川长宁让“决策席”的“话筒”有序传承
2010年05月11日	深圳试点“公推直选”党代表
2009年11月03日	改革考核机制–促进科学发展
2009年10月13日	唐山“村官”新试验
2009年09月08日	赣州：离岗考察制度调查
2009年08月18日	选人用人：公信度从何而来
2009年06月23日	“硬杠杠”让干部选任明明白白
2009年05月19日	多让制度来说话
2009年04月28日	年轻干部当自醒（责任中国·关注年轻干部探讨成长规律）
2009年04月21日	基层练就真本事（责任中国·关注年轻干部探讨成长规律）
2009年04月14日	过好成才第一关（责任中国·关注年轻干部探讨成长规律）

思想建设：建设学习型党组织 深入学习先锋模范

建设学习型党组织，党员、干部带头学习先锋模范事迹，践行社会主义核心价值体系，是党建思想建设工作的重心。《党建周刊》在《凝心聚力，达成时代使命》、《“一把手”，学得更多，站得更高》、《开启“大阅读”时代》等“建设学习型党组织”系列文章再一次反映出特殊时期建设学习型党组织的重要性。

学习先锋模范，不仅要学习先进个人事迹，也要学习先进地区管理和发展经验。如《一座县城的政德嬗变》文章中具体介绍的河北省沧县在全县干部队伍中进行的人人修政德的“洗礼”活动就具有很强的借鉴意义。

《人民日报——党建周刊》思想建设方面报道文章（部分）

报道时间	标题
2010年08月03日	优秀县委书记是这样产生的
2010年07月20日	今天，我们怎样学党史
2010年07月13日	一座县城的政德嬗变
2010年05月04日	建设学习型党组织：凝心聚力，达成时代使命
2010年04月27日	建设学习型党组织："一把手"，学得更多，站得更高
2010年04月20日	建设学习型党组织：开启"大阅读"时代
2010年01月19日	部分农村基层先进党组织负责人畅谈学习沈浩精神
2009年07月28日	红色寻根心灵之旅

河北沧县政德的"洗礼"活动

沧县县乡村三级干部的"政德"洗礼

六条标准	◎掌权为公、执政为民 ◎顾全大局、团结协作 ◎爱岗敬业、忠于职守 ◎实事求是、襟怀坦荡 ◎艰苦奋斗、甘于奉献 ◎严于律己、清正廉洁
三个关系	◎正确处理政德与才能的关系，坚持先做人后做官 ◎正确处理政德与政绩的关系，树立正确的政绩观 ◎正确处理为德与竞争的关系，坚持公平、公开的原则
四个干事	◎想干事，具有强烈的事业心和责任感 ◎会干事，增强干事创业的素质和本领 ◎敢干事，具有干事的魄力和勇气 ◎干成事，以实绩论优劣，凭实绩用干部

纪律建设："隐性腐败"日益凸显 反腐执行力是关键

《党建周刊》纪律建设的18篇文章中，无一例外的集中在反腐倡廉方面。《中国反腐进入"深水区"》、《制度+科技：反腐突破口》、《安徽让反腐制度"转"起来》等文章通过理论探讨和案例分析，充分反映出了目前我国反腐斗争的长期性、复杂性、艰巨性，也同时指出了把反腐倡廉建设放在党建突出位置的必要性。在《中国反腐进入"深水区"》一文中，文章指出我国在社会主义市场经济日益规范的今天，贪官的腐败方式从赤裸裸的权钱交易，逐渐转向隐蔽性较强的信息贿赂、期权贿赂等"隐性腐败"行为。加快推进反腐败体系建设，关键要在廉政制度执行力方面下工夫，《安徽让反腐制度"转"起来》一文具体介绍了安徽在反腐倡廉制度建设和执行方面，围绕重点领域和关键环节，开展制度的清理、完善与创新，并取得了良好的效果。

《人民日报-党建周刊》纪律建设方面报道文章（部分）

报道时间	标题
2010年08月03日	中国反腐进入"深水区"
2010年07月06日	制度+科技：反腐突破口
2010年06月29日	长沙"廉政警示日"
2010年06月22日	限制"裸官"防腐篱笆越扎越紧
2010年04月06日	为了更好地监督——关注纪检监察派驻机构改革
2010年02月09日	安徽让反腐制度"转"起来
2010年02月02日	制约和监督权力成为"核心"
2010年01月26日	中国加快编织反腐网络
2010年01月05日	领导干部谨防"小圈子"

作风建设：和谐干群关系 弘扬优良作风

在《党建周刊》中关于党的作风建设方面，"抓党建、促发展"系列报道刊登的《迎接特殊挑战的坚强基石》、《特殊时期发挥关键作用》、《敢于在"冬天""游泳"》等文章，指出了在特殊时期企业开展党风建设的主要着力点，即各级党组织要深入企业基层，充分发挥党组织的政治、思想和组织优势，听取职工的呼声，了解职工的诉求，为群众排忧解

难，这样才能切实解决企业职工的实际困难，共同促进社会稳定和发展。转变工作作风的另一举措就是全国上下开展的“创先争优”活动。《先锋旗帜映泰山》一文介绍了山东泰安创先争优期间，提出实施“泰山先锋”的总体目标、创建标准，细化内容和措施，扎实推进创先争优活动。

《人民日报-党建周刊》作风建设方面报道文章（部分）

报道时间	标题
2010年08月17日	四川：百万党员激情示范
2010年08月10日	先锋旗帜映泰山
2010年07月27日	“民情台账”和谐干群关系
2010年04月13日	治庸治懒
2009年12月01日	执行力，邳州速度的特殊“推手”
2009年02月17日	迎接特殊挑战的坚强基石——“抓党建促发展”之走进福建
2009年02月10日	特殊时期发挥关键作用——“抓党建促发展”之走进江苏
2009年02月03日	敢于在“冬天”“游泳”——“抓党建促发展”之走进广东

组织建设：做好组织工作 夯实执政基础

《党建周刊》共有11篇有关组织建设的文章。《走进红色“浙江村”》一文具体介绍了浙江乐清人在北京的22个党支部、1000多名党员的党组织建设情况，为各地流动党员与非公企业的党建工作建设树立了标杆。《湖南长沙：35万党员一个都没“丢”》介绍了在网络时代快速发展的今天，湖南长沙通过“1+5”党建信息管理系统，使党的基层组织工作适应这种新情况的工作方法，为各地开展基层组织工作提供了宝贵的经验。其中，“1”就是长沙党建网站这个主体，“5”则是依托长沙党建网站延伸出的党员信息管理系统、党员远程教育管理系统、党员在线互动交流系统、党员服务办公系统和基层干部短信群发系统。

《人民日报-党建周刊》组织建设方面报道文章（部分）

报道时间	标题
2010年08月17日	这儿的每个小区都有党员在巡逻
2010年07月13日	走进红色“浙江村”
2010年06月08日	商务楼宇党建：用服务凝聚人心
2010年04月13日	湖南长沙35万党员一个都没“丢”
2010年04月06日	拉动农村奔跑的新“引擎”
2010年03月02日	城乡党组织成为“一家人”
2009年02月24日	流动堡垒，是这样建成的

2010各地公推公选大扫描

长期以来，我国官员较普遍的晋升方式是委任制，但由于其选拔视野有限，用人决策权相对集中，选拔过程不透明，缺乏明确、统一、量化的用人标准，选拔结果往往不尽如人意。中组部部长李源潮曾表示，中国干部人事制度改革需要不断向纵深推进、向广度拓展，要形成促进科学发展的干部考核评价机制，公开选拔、竞争上岗要成为干部选拔任用的重要方式。公开选拔官员这种方式由于选拔渠道广、过程透明、竞争公平、方法科学，有效防止了官员晋升过程中的不正之风，提高了干部选拔的科学性。近些年在各地干部录用、晋升过程中收到了良好的效果。近5年全国各级党政机关公开选拔官员近3万名，其中县处级以上7000多名。

各地共推公选领导干部突显五大特点

2010年以来，多地已陆续开展官员的公开选拔任用工作，包括北京、浙江、陕西、湖南、江苏、四川、江西、深圳、天津、海南、贵州、吉林、山东等13个省（市），均面向社会公开选拔不同数量的较高级别官员。其中，北京市已完成公选工作，有224位新选处局级干部走马上任；天津市以6367人报考344个职位，创了历次公选报名人数之最；吉林省首次以省、市、县三级联动的方式，公开面向海内外选拔1262名厅、处、科级领导干部；深圳市公选8名市管正局级干部，并计划到2015年，至少一半新提拔局级以下干部通过竞争性选拔方式产生，等等。2010年以来，全国公开选拔招聘省管领导总数超过300名，创历年之最。专家指出，公开差额选拔官员、公选官员高官化已成大势所趋。

2010年各地公选干部情况一览

北京	前后历时3个多月，北京近年来规模最大的一次“公选选才”，224位局处级岗位任职人选，走上新岗位
天津	共有6367人报考344个职位，是天津市历次公开选拔报名人数最多的一次，经资格初审有4731人进入笔试
吉林	吉林首次以省、市、县三级联动的方式，公开面向海内外选拔1262名厅、处、科级领导干部，共拿出省、市（州）、县（市、区）管职位852个，省、市（州）直属部门管职位410个，基本涵盖了各个领域、各个层次
江西	8月30日，江西省委公开选拔副厅级领导干部工作办公室发布公告，将面向全省公开选拔30名副厅级领导干部。此次公开选拔的职位包括20名省直机关副厅级领导职位和10名省属高校副校（院）长职位
江苏	8月29日，江苏省公推公选30名“副厅”进入冲刺阶段。经过适岗评价、笔试和民主推荐三轮考验后，150名过关者迎来面试
福建	福建省委面向海内外公开选拔21名省管领导干部，其中包括福建省发改委副主任、省财政厅副厅长、省国土资源厅副厅长等重要职位。8月23日起，报名开始
深圳	6月起，深圳市委组织部对外正式公布通过公开推荐选拔8名市管正局级干部
浙江	共推出176个职位开展竞争性选拔，其中30个省直单位领导干部职位，38个省级机关处级领导职位，面向全省各市、县（市、区）、乡镇（街道）公开选调108个主任科员以下公务员职位
四川	四川省史上最大规模统筹公选干部报名和资格初审工作已经结束，共有345人报名参与角逐17个副厅级职位，276人通过资格初审，其中年龄最小的报考者仅30岁
云南	9月1日起，昆明市将面向全国公开选拔134名副科级干部，充实到全市14个县（市、区）的每个乡镇及街道党工
湖南	面向全国、全省公开选拔17名省管领导干部。职位含厅级事业单位正职1名、省属本科院校正职3名，市州政府副职2名，省直机关事业单位副厅级职位3名，省属本科院校副职7名，省管企业湘电集团总经理职位1个
安徽	来自海内外的943名考生，共同竞争25个职位
贵州	面向全国公开选拔36名领导干部，实际参加笔试人数为1385人

人才需求大、政策宽

和以往公选相比，2010年各地公开选拔任用领导干部工作当中，对于报名人员是不是共产党员的要求进一步放宽，许多职位甚至只针对非党人士，绝大多数没有限定党派要求。

部分省市公选干部放宽党籍要求

江苏	江苏省此次公推公选一个显著的特点是，除了省委统战部副部长、省委党校副校长、省政府外事办公室副主任3个职位要求为中共党员，司法厅副厅长、环保厅副厅长、审计厅副厅长、体育局副局长4个职位要求为非中共党员外，其余职位都没有限定党派要求
吉林	吉林省为引进更多高层次人才和促进优秀人才的合理流动，吉林省规定，省管职位面向全国选拔；市州管职位不低于三分之一面向全省选拔；县（市、区）管职位不低于三分之一面向所在市州选拔。同时，打破身份、地域、学历、任职条件和年龄条件等限制，立足本地，放眼全国，让更多优秀人才参与到竞争中
湖南	湖南省这次选拔职位范围之宽，也是前所未有的。其中5个职位是非党职位

公选职位高、权力大

自2009年以来，各地公选干部的级别越来越高，这是一大突破。目前公选已成为选拔干部的一种必要机制。目前公选的最大问题仍是正职偏少，因为正职决定一个领域的工作兴衰，作用关键。但公选干部的级别越高，其社会影响力越大。

报名学历高、年轻化

纵观此轮各地公选大潮，高学历已成为公选干部最普遍的现象。对此，浙江省委组织部副部长压跃成坦言，这是公选优势体现。原先单纯的组织任命干部，干部考察范围具有局限性，而公开选拔则突破了这一问题，使得有能力的人脱颖而出。这当中不乏年富力强，且具有高学历的应考者。

福建	福建省委将面向海内外公开选拔21名省管领导干部，其中包括福建省发改委副主任、省财政厅副厅长、省国土资源厅副厅长等重要职位
深圳	深圳市公开推荐选拔8市管正局级领导干部，分别是：深圳市审计局局长、深圳市统计局局长、深圳市台办主任、深圳市文联主席、深圳市残联理事长、深圳市罗湖区政府区长、深圳市南山区政府区长、深圳市坪山新区管委会主任
湖南	湖南省此次公开选拔的省管领导干部职位共有17个，其中5个正职、12个副职，5个正职岗位是：省政府经济研究信息中心主任、湖南城市学院院长、邵阳学院院长、湖南科技学院院长、湘电集团有限公司总经理
四川	四川省此次公选干部包括省管职位17个，包括市（州）政府副职领导职位4个，省级部门（单位）副厅级领导职位5个、省属高校职位8个（含高职院校正职两个），最为突出的职位是分管工业副市（州）长
江苏	江苏此次干部选拔包括面向全省公推公选20名省级机关和省直单位副厅职干部，这20个需要“副厅”的省级机关和省直单位中，大部分是政府的核心部门，如国土、交通、商务、卫生部门等

安徽 报名参加公选的考生中，有61.86%是硕士研究生以上学历
35岁以下的年轻干部占了46.9%

北京 报选副局级职位：具有博士学位的13人，占34.2%，具有硕士学位的19人，占50%；具有高级职称的27人，占71.1%
副局级职位：平均年龄41.2岁；处级职位：平均年龄35.9岁

浙江 241名面试入围人员平均年龄为43岁，年龄最小的30岁

湖南 研究生以上文凭的243人，达到应试人数的75.7%，其中，博士112人，占34.9%；高达85%的应试者具有副高以上职称
应试人员平均年龄44.1岁，年龄最小的33岁

天津 报考人员当中博士研究生283人，占5.98%；硕士研究生1135人，占23.99%
报考局级职位的平均年龄42.52岁，处级职位的平均年龄37.53岁

四川 通过初审的276人具有研究生以上学历的200人，占72.5%，其中博士51人，占18.5%；具有高级职称的136人，占49.3%
报名者平均年龄43.5岁，年龄最小的仅30岁

江苏 公选报名者中具有研究生学历的982人，占64.65%；具有高级专业技术职称的841人，占55.37%
报名者当中45岁以下767人，占50.49%

提供岗位多、数量大

2009年底颁布的《深化干部人事制度改革规划纲要》，提出“加大竞争性选拔干部工作力度”，完善公开选拔、竞争上岗制度，积极探索竞争性选拔干部办法。到2015年，每年新提拔厅局级以下领导干部中，竞争性选拔方式产生的，应不少于三分之一。

吉林 吉林省2010年6月到12月，在全省集中开展一次省市县三级联动公开选拔领导干部工作。这次公选全省共拿出厅、处、科级领导职位1262个，其中，省、市（州）、县（市、区）管职位852个，省、市（州）直属部门管职位410个。在省、市（州）、县（市、区）管职位中，省管职位50个，市（州）管职位166个，县（市、区）管职位636个，基本涵盖了各个领域、各个层次

浙江 浙江省推出176个职位开展竞争性选拔，其中30个省直单位领导干部职位，38个省级机关处级领导职位，面向全省各市、县（市、区）、乡镇（街道）公开选调108个主任科员以下公务员职位

天津 天津市此次竞争性公选干部工作，总计371个职位，包括：面向全国公开选拔天津城建学院院长等9个局级，面向全市公开选拔市委研究室副主任等20个局级、非中共党员5个局级以及市委组织部副处级干部（已先行试点）等322个处级，以及特别引人注目的面向全市有限性公开选拔市委组织部副部长等15个局级职位

四川 四川省2010年8月上旬启动干部公选，本次公开选拔的职位共253个，其中，省管职位17个，包括市（州）政府副职领导职位4个，省级部门（单位）副厅级领导职位5个、省属高校职位8个（含高职院校正职两个）。市（州）和省直部门管理职位236个，包括15个正县（处）级、221个副县（处）级领导职位

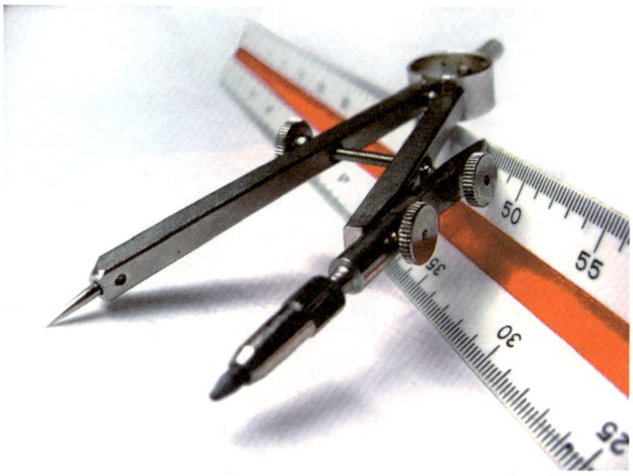

选拔形式新、亮点多

随着公选形式的推广，各地也在不断探索新的公选形式。比如吉林省公选省管领导干部，考试阶段实行“三关九试”，考察阶段采取“两公示”、“三否决”和“三位一体”量化评价的办法；浙江省在复试阶段推出“实地调研+无领导小组讨论+结构化面试”、“三合一”面试方式，等等。各种选拔形式，都是为了从根本上杜绝高分低能，让最合适的人才脱颖而出。

吉林	公选干部考试方式多样化	考试阶段。省管职位考试实行“三关九试”。考察阶段。把干部的能力、潜质、经历、业绩和群众认可度作为评价要素，采取“两公示”、“三否决”和“三位一体”量化评价的办法。切实做到“让能力强的选得上、让作风实的出得来”
贵州	公开选拔领导干部：延伸考察范围	组织部门将对此次公选的28个岗位83名入围人选进行逐一考察，并延伸考察范围，注意考察、了解考察对象在突发事件、重大事件中的表现和八小时以外情况，对在现工作单位任职不满3年的考察对象，将到其原工作单位进行延伸考察
北京	面试环节选题出题突出三大亮点	亮点一：无领导小组讨论；亮点二：半结构化面试，评委随机提问；亮点三：考生自撰三年业绩报告
	检察官选拔首次推压力测试模拟发言人答问	北京公选检察官面试新增压力面试题。让考生模拟二分院新闻发言人接受记者采访，要求“对新闻媒体提出问题必须作答，不能做无可奉告这样的解答”
浙江	“三合一”复合面试	“实地调研+无领导小组讨论+结构化面试”，浙江公选干部面试首次推出“三合一”复合式面试方式。无领导小组讨论围绕一个主题，结构化面试回答3个问题，用3分钟时间陈述主要观点，再进行讨论，要求最终达成一个统一的观点。力求更加客观公正地评价应试者的能力素质和岗位匹配性
湖南	角色扮演试题被引入	此次公开选拔，省管企业湘电集团总经理公选还增加角色扮演测试。角色扮演是一种情景模拟活动，将被试者安排在模拟的、逼真的工作环境中，要求被试者处理可能出现的各种问题
四川	整个公选采用3+3模式进行	在考试环节，重点实行“三种测试”，确保“高分高能”。即综合素质测试、领导能力测试和结构化面试。在考察环节，重点实行“三项评价”，确保“会考会干”。即履历评价、德才评价和实绩评价。在考核环节，重点实行“三轮竞争”，确保“好中选优”。坚持把竞争性选拔干部贯穿和体现到公选的每一个环节、每一个步骤，主要采取“分轮竞争、逐层遴选”的办法，确定最终人选
江苏	“驻点调研”江苏创造	面试正式开始之前，150名入围者都分别到报考职位所在单位进行了驻点调研。驻点调研是江苏创造，在正式面试前安排考生到报考单位深入了解情况，启发所想所思，思考履职思路，体现在考试中更加符合单位实际
	特邀考官手握20%决定权	面试现场，每个考生面对的，除了7位专家型考官外，还有10位特殊的考官——特邀评委。特邀评委不仅可现场监督面试情况，而且还可现场提问并参与评分，并且评分占面试成绩的20%
	引入适岗评价	适岗评价是江苏此次公推公选的新程序，内容包括学历学位、领导岗位经历、专业背景、基层工作经历、年度考核及奖励情况等能反映综合素质和岗位适任性的多项指标，每个指标都量化为具体分值进行评分

聚焦干部公选考试三大亮点

从多省市干部公选陆续公布的考题看，这些考题中有的很“潮”——涉及网络流行语，有的则是为报考职位“量身订制”，试题形形色色，但着重检测官员的组织领导和分析解决问题的能力。“官考”试题对“考生们”的能力素质提出了新的要求，也凸显了各地致力于打造专能统一型执政群体的决心。

24年“官考”渐变：越来越看重实际能力

中组部于2009年9月颁布了新修订的《党政领导干部公开选拔和竞争上岗考试大纲》，涉及无数官员升迁的中国“官考”内容再度变化。此次修改将突出检测“分析和解决领导工作中实际问题”的能力。从1985年开始，党中央为解决“加快改革与领导人才短缺”的矛盾，采取“公开推荐与考试考核相结合”的方式选拔官员，时至最新的《党政领导干部公开选拔和竞争上岗考试大纲》颁布，我国官员公选考试已开展了24年。24年来，官考经历了无数次的调整和改革，每一次的改变都凝聚党的建设过程当中积累的智慧和力量。

中国“官考”新大纲：突出检测解决问题能力和领导能力

2009年新修订的《党政领导干部公开选拔和竞争上岗考试大纲》，较之以往的大纲更具科学性，这份新的大纲强调围绕选拔职位的工作职责和工作实际命制试题，突出检测分析和解决领导工作中实际问题的能力，引导干部平时加强学习，积累实践经验，提高领导能力。

从2007年10月开始，中央组织部组织力量，对2004年颁布的《考试大纲》进行了修订。这次修订以邓小平理论和“三个代表”重要思想为指导，深入贯彻科学发展观，按照党的十七大精神，在总结近年来公开选拔和竞争上岗工作经验基础上，结合党政领导干部队伍实际，针对党政领导干部的基本素质特别是能力素质要求和职位特点来进行。

24年“官考”改革重要节点

1985年：从1985年开始，党中央为解决“加快改革与领导人才短缺”的矛盾，采取“公开推荐与考试考核相结合”的方式选拔官员。最早的试验地是浙江宁波，宁波市委组织部，以公开推荐和考试考察相结合，拿出了市计委主任等5个职位面向全社会选拔。

2000年：官员“公选” 考试的规范化起步于2000年。当年，中组部颁布了《全国公开选拔党政领导干部考试大纲（试行）》，以求“官考”的标准化，并专门成立了中组部领导干部考试与测评中心，对此进行系统研究。

2004年：中组部颁布了正式的《党政领导干部公开选拔和竞争上岗考试大纲》，考试内容分为笔试和面试两大部分。笔试又分“公共科目”和“专业科目”。2004年的《考试大纲》同时规定，“选拔职务的职级越高，主观性试题的比例应越大”。

2008年：2008年，全国领导干部选拔考试通用题库开通运行，“公选”考试要从上述题库和经中组部认定合格的省级组织部门题库中提取试题，以保证考试质量。

2009年：中组部颁布了新修订的《党政领导干部公开选拔和竞争上岗考试大纲》，“官考”内容再度变化。此次修改将突出检测“分析和解决领导工作中实际问题”的能力。

《党政领导干部公开选拔和竞争上岗考试大纲》主题及宗旨

围绕选拔职位的工作职责和工作实际命制试题，突出检测分析和解决领导工作中实际问题的能力，引导干部平时加强学习，积累实践经验，提高领导能力。

大纲内容

《考试大纲》共分五章十八条。正文包括总则、公共科目笔试、专业科目笔试、面试、附则 五部分内容，附件为公共科目笔试内容。

干什么考什么成为基本原则

各级组织人事部门要认真贯彻实施修订后的《考试大纲》，坚持“干什么、考什么”的原则，不断提高党政领导干部公开选拔和竞争上岗考试工作的科学化水平。

直击各地干部公选考题：凸显三大亮点

截止到2010年8月，全国各地已经在《新大纲》的颁布后组织开展了多次干部公选考试，纵观此一系列“官考”，我们发现，尽管各地招录的干部等级不同，工作岗位不同，招录对象也有所不同，但是，在《新大纲》的引导下，此轮官考明显突出了三大亮点。

■ 亮点一：浙江省竞争性选拔省管领导干部采用“三合一”复合面试

2010年，浙江省竞争性选拔省管领导干部面试中，命题组对试题和形式作出创新和改进。“实地调研+无领导小组讨论+结构化面试”，本次公选干部面试首次推出“三合一”复合式面试方式。与以往不同，无领导小组讨论环节2010年首次出现在竞争性选拔干部面试中。

面试前，考生被分成9个调研组进行两小时实地调研。根据调研情况，在不预先指定讨论组长或主持人的情况下，请每位考生就命题组确定的话题，用3分钟时间陈述主要观点，再进行讨论，要求最终达成一个统一的观点。

这是对领导干部全方位的测试，在讨论中，大家相互平等，这样就能够清楚地看出每个人分析解决问题能力、人际沟通能力和组织协调能力，“有些考生急于表现，不顾周围人，只顾自己滔滔不绝地说话，说明他这些方面的能力还有所欠缺。而有些考生能够主动与其他几位考生协调，尊重他人，并吸收容纳别人的观点，自然就会得到其他人的支持。这考的就不仅仅是组织能力，也是考察领导干部为人处世的态度。”

■ 亮点二：江苏“厅官大考”首次引入“适岗评价”

江苏历年来在干部人事制度改革中一直走在全国前列。而在本次公推公选30个副厅级领导干部考试中，为体现“将合适的人选拔到合适的岗位”上，其在制度设计中首次引入了“适岗评价”。从本次公选的程序上看，与前几次相比，在“资格审查”和“笔试”之间，新增加了“适岗评价”这一环节。适岗评价，包括学历学位、领导岗位经历、专业背景、基层工作经历、年度考核及奖励情况等能反映综合素质和岗位适任性的多项指标，每个指标都量化为具体分值进行评分，总分为100分。

从“适岗评价”这个指标的组成内容看，实际上更加科学的评价人才，不唯学历的同时也不唯经验。江苏省公选办人士表示，这是贯彻所有环节的一条红线，确保选出最适合岗位要求的优秀领导人才。

■ 亮点三：北京市公开选拔局处级领导干部按岗位类别出题，试卷细分11类

2010年北京市公开选拔局处级领导干部的试卷按照“干什么、考什么”原则，突出对实际工作能力的测评，通过民主、公开、竞争、择优的程序，真正让干得好的人能脱颖而出。

为全面准确地了解干部的德才表现和工作实绩，本次公选笔试在增加题型的同时，还根据局处级岗位职责类别细分了11类考卷。局级试卷主要分为行政、群团、一般事业、高校、一般企业和金融企业六类，处级试卷分为党政、群团、一般事业、医院和企业五类，“目的就是尽可能地按岗位类别出题，使试卷尽可能精细化、科学化，真正考出领导干部的基本素质和实际能力。

公选干部考试：突出对领导干部能力素质的检测和评价

2009年新大纲最突出的特点之一是：设计考试，突出对领导干部能力素质的检测和评价。各地组织的官员公开选拔考试当中，这一特质表现得同样突出。

干部能力素质

北京市　北京市在公选处级干部笔试中，首次引入了“领导特质测试”。考试题目体现了对综合素质和个人工作经验的考量

深圳市　深圳市在公选正局级官员差额票决环节，市委书记王荣亲自给竞选干部出考题，问题涉及官员的国际视野和对具体岗位的职能规划

广东省　在广东省公开遴选副厅级干部素质测试当中，网络问政、正确政绩观、转变经济发展方式、如何做好“副职”等成为试题的内容

部分省市干部公选试题亮点

地区	官员考试种类	亮点题目	题目设置宗旨
江苏	公推公选30名省管副厅级领导干部	针对目前网络在民意表达中发挥的重要作用以及网络言论“鱼龙混杂”的现状，试卷中考到了政府如何参与和管理网络的问题	笔试坚持“干什么、考什么”的原则，由命题专家们“量体裁衣”设计考试内容，突出岗位特点。试卷对知识的要求既体现了统一性，又体现了各专业要求
浙江宁波	公开选官笔试	考领导干部如何借助微博等网络手段和网友进行交流及沟通	题目很活，特别注重分析、归纳和文字表达能力，虽然只有几个题，但它们考了领导科学、说话的艺术、处理突发事件的能力等，如果平时没有积累，理念不够新，那肯定是回答不好这些题目的
四川	公选县处级干部考试	考题中涉及了不少时事内容，舟曲泥石流等内容都出现在考题中。领导能力测试题目有，新官上任后，面对下级的不认同，如何处理这样的题	此次笔试着眼解决“会考不会干”的问题。综合素质测试，重在考察应试者的知识面和知识结构等；领导能力测试，重在考察应试者的分析判断、决策应变等能力
广东	从副处、正处级干部中公开遴选省政府工作部门副厅级干部	考题内容涉及行政管理、法律、经济和文史哲等方面。网络问政、正确政绩观、转变经济发展方式、如何做好“副手”等，皆成为试题的内容	命题贴近广东实际、贴近政府部门的特点、贴近转变政府职能、贴近遴选职位的素质要求，主要测试担任省政府工作部门副职所应具备的综合素质和基本工作能力，最大限度防范“高分低能”、“考试专业户”，让德才兼备、群众公认的干部有机会得到提拔
湖南	公开选拔省管领导干部面试	面试处理群发性上访：“如果你是某单位领导，遇到一群上访的人，堵住了门，要求解决办法。你该怎么办？”	为避免公选出“高分低能者”，在试题题目设计上从应试能力转向展现干部综合素质的考试，所有面试题全部是解决实际问题能力的题型，靠死记硬背是不可能有高分的
辽宁	公开选拔98名领导干部	网络问政、正确政绩观、转变经济发展方式、新农村建设、如何做好“副手”等，都成为试题的内容。试题指向性强是此次选拔干部的特点之一	考试着重检测考生的组织领导、分析解决问题的实际能力和内在潜力。试题新颖，题目很活，能验出真工夫，就是考查考生解决实际问题、应对复杂局面的能力，如果没有实践的积累，很难拿到高分

产粮大省 煤炭大省 钢铁大省的“大革命”

在我国960万平方公里的版域内，由于历史和自然禀赋的不同，一些“特色”省份引人注目，且对全国的影响巨大，比如产粮大省河南、煤炭大省山西、钢铁大省河北等。在“十一五”期间，这些省份积极转变经济发展方式，充分发掘自身优势，从战略高度开始并继续着他们特色产业的大革命。

产粮大省河南的粮食革命

近年来，河南省高度重视农业、食品工业的发展，明确了打造食品工业强省的战略目标，采取了一系列行之有效的政策措施，食品工业快速增长，产业效益不断提高。食品工业已经成为该省工业的第一支柱产业，成为工业反哺农业的主渠道，成为调结构、扩内需、带就业、保增长的突破口。在快速发展的同时，河南食品工业还存在着突出问题，主要表现为：产业链条短，高附加值产品比重偏低；企业平均规模小，产业集中度低；技术装备水平总体不高，研发创新能力较弱等。为了进一步构建现代食品产业体系，培育壮大战略支撑产业，促进河南省由食品工业大省向食品工业强省跨越，从“中国粮仓”到“国人厨房”和“世界餐桌”跨越，河南省在中原大地发动了一场声势浩大的“粮食革命”。

■重要政策文件保障农业与食品工业健康发展

2009年9月5日，为了促进产业结构升级，解决“三农”问题， 河南省发布了《河南省

河南省出台有关农业及食品工业发展的政策文件

发布时间	政策文件	主要内容
2009年9月5日	《河南省食品工业调整振兴规划》	为了进一步构建现代食品产业体系，培育壮大战略支撑产业，促进河南省由食品工业大省向食品工业强省跨越，从“中国粮仓”到“国人厨房”和“世界餐桌”跨越，特制定本规划。本规划作为2009~2012年食品产业振兴的实施方案，并为2020年前食品产业发展提供指导
2010年1月28日	《关于加大统筹城乡发展力度进一步夯实农业农村发展基础的实施意见》（河南省人民政府2010年1号文件）	以市场需求为导向，优化区域布局，改善品种品质结构，大力发展优质专用粮食生产，全省优质粮食种植面积发展到1亿亩以上。围绕蔬菜、瓜果、食用菌、花卉、茶叶、中药材等六大主导产业，加快优势农产品产业带建设，建设一批特色农产品基地。认真落实扶持农业产业化发展的各项政策，按照扶优、扶大、扶强的原则，实施百户农产品龙头企业培育工程，做大做强龙头企业，加快以食品工业为主的农产品加工业发展
2010年5月21日	《河南省粮食生产核心区建设规划》	规划到2020年，通过实施兴利除害水利工程，加快中低产田改造，推进高标准农田建设，完善科技推广体系，加快农业科技创新，发展循环农业，加强农村劳动力培训，创新体制机制等措施，进一步提高粮食综合生产能力，使我省的粮食生产能力提高到1300亿斤，建立起粮食稳定增长的长效机制，为保障国家粮食安全做出新的更大贡献。全省有95个县（市、区）作为核心区主体建设范围，其中包括我市孟津县、伊川县、宜阳县、洛宁县，按照规划的增产目标，到2010年，我市粮食总产达46亿斤，2015年达47亿斤，2020年达48亿斤
2010年6月28日	《关于加强强农惠农政策和资金落实情况监督管理的意见》	将十类惠农资金列入重点监管范围。这十项重点监督资金包括：支持农村基础设施建设类资金、涉农补贴类资金、支持农业产业化发展和社会化服务体系建设类资金、农业综合开发类资金、农村综合改革类资金、农业防灾救灾类资金、支持农村社会事业发展类资金、财政扶贫开发类资金、库区移民类资金、支持农村基层组织建设类资金
2010年6月21日	《河南省食品农产品出口总体发展规划》	根据这一规划，河南省将力争到2015年使全省食品农产品出口额达15亿美元，年均增长20%以上。其中，速冻食品、肉制品、蜂产品、休闲食品、果汁、调味品等深加工产品出口占全部食品农产品出口总量的比重力争提高到50%

食品工业调整振兴规划》，《规划》提出食品工业是关系国计民生的朝阳产业，是河南省构建现代产业体系，实现中原崛起的重要战略支撑产业之一。《规划》的发布对于统筹城乡发展，将河南省建设成为全国领先、具有国际竞争力的食品工业强省具有重要意义。自此，产粮大省开启了一场声势浩大的“粮食革命”。

■重大合作项目促进农业和食品工业大力发展

为使河南省产粮大省、农业大省这一自身优势得以充分发挥，省委、省政府以及相关部门从2008年至今，签订了多项重大项目合作协议，协议涉及国内外各个层次，各种部门的重要合作伙伴。2010年2月河南省委省政府与工信部签订《加快河南省工业转型升级、推进“两化”融合战略合作协议》，在食品工业合作方面，双方商定携手推进河南省食品工业企业诚信体系建设，切实保障食品质量安全。

■重大招商引资推动农业和食品工业稳步发展

招商引资对促进河南省农业经济及食品业转型升级、实现跨越式发展具有十分重要的意义。2010年河南省农业和食品业招商引资工作要紧紧围绕转变理念，创新方式，拓宽渠道，

河南省就农业及食品工业签订的重大项目合作协议

时间	合作对象	协议主要内容
2010年2月2日	工信部	双方签订《加快河南省工业转型升级、推进“两化”融合战略合作协议》对于推进河南省工业转型升级，加快“两化”融合进程，打造河南省食品工业企业诚信体系，引导河南走新型工业化道路，壮大中原城市群整体实力，具有深远现实意义
2009年8月20日	荷兰第二大银行荷兰合作银行	根据双方协议，河南省工信厅将为荷兰合作银行提供该省政策与食品产业经济信息服务，并推荐、介绍该省食品工业及企业项目基本情况；荷兰合作银行将为河南省提供全球食品及农业方面的经济、金融信息服务，并为河南省相关企业提供金融服务。双方还将在适当时候就食品产业举行专题银企合作洽谈会
2009年7月23日	中国气象局	签订《共同推进气象为河南农业发展服务合作协议》，根据协议，双方将开展：共同推进现代农业气象业务服务体系建设；共同推进河南省农村防灾减灾气象服务体系建设；共同推进“河南粮食生产核心区农业气象防灾减灾与保障工程”建设；共同建设农业气象保障与应用技术重点开放实验室等合作
2009年5月28日	中科院	签署《“高产高效现代农业示范工程”项目合作框架协议》，根据协议，双方将建立豫北封丘县试验基地，开展大面积科技增粮的核心示范县建设，并在豫中、豫南选择与国家粮食战略工程河南核心区建设布局一致的4个扩展县开展县域规模的示范
2008年12月17日	中国农业银行	中国农业银行将把河南作为重要战略合作省份，充分发挥技术手段先进、资金实力雄厚以及城乡联动等优势，在资源配置和上对河南重点倾斜，为河南农业经济发展贡献更大力量
2008年7月10日	中粮集团	双方在上海签订合作协议，未来五年，中粮集团将在河南省投资100亿元人民币，通过新建、并购、合资和合作等形式，重点发展农副产品精深加工并配套发展粮油贸易、食品研发、农副产品仓储物流及商务服务业等

2010年河南省农业及食品类重大招商项目

项目名称	项目建设规模	投资总额（万元）	项目单位
羊山新区物流集聚区项目	以畜禽、水产、茶叶等特色农副产品为主的豫南综合物流园区，建成茶叶、粮油、畜禽、水产、林果等专业物流市场	92000	羊山新区招商局
中原农副产品物流园区	占地2000亩，主要建设厂房8000m^2，营业用房14000m^2	138584	开封县发改委
鹤壁年产200万头生猪养殖及深加工项目	建设40个年出栏5万头以上的商品猪养殖基地，配套建设大型生物处理设施、沼气发电站、无公害农产品生产基地	150000	鹤壁市发改委
黄国粮业糯米深加工项目	年加工糯米蛋白、糯米肽等系列深加工产品30万吨	150000	黄国粮业有限公司
后河产业聚集区农副产品深加工园	农副产品深加工	200000	后河产业聚集区

办实大活动，抓住大项目，培育好载体，突出跟踪问效，以大招商推动农业食品业大发展。

■重大博览会、展会成为农业、食品工业展示平台

多年以来，为不断提升壮大农业及食品工业，河南省以节、会为媒，经贸唱戏，广招客商，在全省境内利用各地方特色产业集群优势，大力发展会展经济，带动农业及食品产业的资金集聚，取得了良好的经济社会效益，在国内外食品行业中引起广泛关注。从无到有，

2010年在河南省举办的大型农业、食品业展会

时间	主办地	展会名称	主办单位	展会概况
2010年5月16～18日	漯河市	第八届中国(漯河)食品博览会	河南省政府、中国食品工业协会、中国商业联合会	本届食博会上，参会的客商有7000余人，实际参展企业1237家。辐射国内29个省市自治区，共展出肉制品、面制品、乳制品、食品机械包装等13大类、6000多个品种，累计签约109个项目，总投资额197.7亿元，大型采购洽谈会上签订的采购合同累计成交额187.6亿元
2010年6月3～5日	郑州市	2010中国郑州国际食品展览会	河南省商业行业协会等	展会吸引了来自全国20余个省市及国外的5000家高质量的专业观众前来参观，观众总数将达40000人。还邀请业内国际领军企业1000多家进驻展会。同时，展会期间还将同时举办“第五届中国（郑州）国际酒店设备及用品展览会及2010餐饮业食品安全与发展高峰论坛”等活动
2010年8月21～23日	南阳市	第六届河南省糖酒食品交易会	河南省商务厅、南阳市人民政府等	河南省糖酒食品交易会是中原最大的糖酒食品会展品牌。通过为厂商搭建沟通、交流、展示的平台，以此达到振兴河南乃至全国糖酒食品产业和繁荣市场为目标。该交易会自2001年开始已先后在郑州等地成功举办五届，成交额已累计达到50多亿元，每届盛会到会各商均达万人以上
2010年9月15～17日	郑州市	2010中国郑州休闲食品展览会	中国国际贸易促进联合会、河南省轻工业行业协会等	历届展会共吸引了762家国内外相关企业参展，展览面积近2万平方米，参观人数达5万多人，现场成交额共计3.6亿多人民币，90%参展企业对展会效果表示满意，展会的成功举办引起了省内外媒体的广泛专注，并给予大量的后续报道
2010年10月18～20日	永城市	第五届中国面粉食品博览会	中国食品工业协会、河南省工业和信息化厅、商丘市人民政府	本届面粉食品博览会以“交流、合作、创新、发展”为主题，主要包括：全国面粉食品展示展销，召开全国面粉食品营销大会并评选奖励2009年面粉食品营销大户，评选、奖励“第五届中国（永城）面粉食品博览会知名产品”、“产品创新奖”等主要活动内容。参会参展的各地单位代表3700多人和各类投资企业400多家、参展企业800多家参加了本届博览会

从弱到强，河南省以食品、农副产品为主题的展会一年比一年规模大，一年比一年水平高，一年比一年效果好。2007年举办的第五届中原食品节被列为第二届中国中部投资贸易博览会的食品分会，得到了商务部、中国食品工业协会和河南省政府的高度关注和强力支持，使中原食品节的档次、规模和品牌效应得到进一步提升。

■河南省食品工业在全国享有盛名

作为河南省工业行业第一大支柱产业，食品行业不仅产值规模大，而且品牌知名度高。截至2010年5月，全省获得中国名牌产品称号的产品中，40%来自食品行业。

2009年5月，由国家统计局、中国商业联合会、海关总署、工业和信息化部、中国食品工业协会发布的“中国食品工业百强企业”名单中，河南省双汇、众品等14家企业榜上有名，其中河南双汇、众品分列“中国屠宰及肉类加工业十强企业”、“重点行业年度十强企业”的第一位、第四位。

河南省食品工业近年来取得的成绩

近10年来，全省食品工业产值始终保持20%以上的增速，2009年，全省食品工业规模以上企业首次突破3000家，完成工业总产值也首次突破4000亿元，连续5年稳居全国第二位。

2010年一季度，全省规模以上企业达3249家，实现销售收入1038亿元，同比增长29.9%。品牌建设也取得巨大进步。

截至2010年5月，全省食品行业中，中国名牌产品26个、中国驰名商标15家，分别占全省中国名牌产品、中国驰名商标总数的40%和33%。

【双 汇】

双汇集团是跨区域、跨国经营的大型食品集团，在全国12个省市建有现代化的肉类加工基地和配套产业，在31个省市建有200多个销售分公司和现代化的物流配送中心。双汇集团坚持自主创新，打造创新型企业，拥有国家级的技术中心、国家认可实验室和博士后工作站，建立有高素质的产品研发队伍。围绕消费转型和产业升级，进行中式产品的改造、西式产品的引进、屠宰行业的精深加工，做出了200多种冷鲜肉、400多种调理制品、600多种肉制品的产品群，满足消费需求。

【众 品】

多年来，作为从事农产品加工、食品制造业和低温物流服务业的专业化公司，众品食业致力于把公司建成最有价值的国际农牧产业集团之一，充分发挥河南农产品资源优势，在农区建设产业基地，变农民为产业工人，众品由此成为第一批全国农产品加工业示范企业和全国新农村建设百强示范企业。围绕产业链带动了30多个农村经济合作组织，培训了10万多名农村劳动力和农民经纪人，形成了总规模逾120亿元的农产品产业链。

产煤大省山西的煤炭革命

山西省是全国重要的煤炭基地。据统计，2008年，山西省共有各类矿井2598座，煤炭生产能力9.4亿吨。煤炭产量6.56亿吨。山西省实施了新一轮的兼并重组、资源整合战略。截至2010年7月底，全省重组整合煤矿企业正式协议签订率达99.5%，主体接管到位率达98%，煤矿企业名称预核准达90%，采矿许可证变更率达95%以上，主体企业对被整合煤矿的资金补偿到位率达68%。“煤炭革命”取得了初步的成功，但与此同时，资金方面的缺口逐渐暴露出来。数据显示，山西要完成全省煤矿整合，包括付齐补偿款和将收购的煤矿整改复产在内，共需要5000亿元左右，单就付齐补偿款这一项就需要超过2000个亿。

■挺进“大矿时代” 煤改扬帆起航

2008年，山西省政府发布《关于加快推进煤矿企业兼并重组的实施意见》，要求到2010年全省矿井个数控制在1500座以内，使大集团控股经营的煤炭产量达到全省总产量的75%以上。然而，就在该《意见》刚进入实施阶段的2009年，金融危机席卷全球，山西省的煤炭船产业遭受重创，煤炭市场萎缩、产能闲置、要素价格全部下行。在此不利局面下，山西省明

山西省出台或发布有关煤炭改革的重大政策、文件

发布时间	政策文件	发布单位	相关内容
2008年8月28日	《山西省人民政府办公厅关于印发山西省煤炭企业转产煤炭城市转型政策试点实施方案的通知》	山西省政府	到2015年，煤炭转型城市各培育2～3个新的支柱产业，非煤产业工业增加值比重提高到60%～70%。大型煤炭企业集团通过延伸产业链，提高煤炭加工转化率，非煤产业比重达到50%以上
2008年9月2日	《山西省人民政府关于加快推进煤矿企业兼并重组的实施意见》	山西省政府	到2010年底，省内煤矿企业规模不低于300万吨/年，矿井个数控制在1500座以内。在全省形成2~3个年生产能力达亿吨级的特大型煤炭集团，3~5个年生产能力达5000万吨级以上的大型煤炭企业集团，使大集团控股经营的煤炭产量达到全省总产量的75%以上
2008年9月28日	《关于煤矿企业兼并重组所涉及资源采矿权价款处置办法的通知》	山西省国土资源厅	为推动山西省煤矿企业兼并重组工作，对于被兼并重组煤矿所涉及资源量已全部核定了价款尚未缴清的，或者部分价款已缴清的，余款缴纳提供明确处置办法，以及被兼并重组煤矿已缴纳资源价款的经济补偿问题，给予明确处置办法
2009年4月15日	《山西省人民政府关于进一步加快推进煤矿企业兼并重组整合有关问题的通知》	山西省政府	到2010年底，全省矿井数量控制目标由原来的1500座调整为1000座，兼并重组整合后煤矿企业规模原则上不低于300万吨/年，矿井生产规模原则上不低于90万吨/年，且全部实现以综采为主的机械化开采
2009年5月14日	《山西省煤炭产业调整和振兴规划》	山西省政府	重组整合后保留1000座矿井，煤矿企业规模原则上不低于300万吨/年，矿井规模原则上不低于90万吨/年，且全部实现以综采为主的机械化开采
2009年7月21日	《山西省人民政府办公厅关于集中办理兼并重组整合煤矿证照变更手续和简化项目审批程序有关问题的通知》	山西省政府	煤矿证照变更和项目审批手续办理是加快推进煤矿企业兼并重组整合的重要环节，为提高工作效率，采取联合办公的方式，实行集中受理、即时送达、倒排进度、限时办结
2009年8月11日	《关于加快兼并重组整合煤矿改造建设工作的安排意见》	山西省煤炭工业厅	为了提高行政效率，加快审批手续办理工作，确保煤矿兼并重组整合工作规范、健康、有序推进，就兼并重组整合煤矿改造建设项目工作提出安排意见

智的抓住市场压力小的有利时机，再度提高目标门槛，于2009年4月份出台《山西省煤炭产业调整和振兴规划》，其核心内容之一就是全力推进山西煤炭产业整合：到2011年，山西全省煤炭矿井总数由2598座减少到1000座，到2015年减到800座，保留矿井要全部实现以综采为主的机械化开采，煤矿职工要全部培训到位。在全国率先终结小煤矿，挺进“大矿时代”。

■明确责任制度 安全生产刻不容缓

全力保障安全生产一直以来都是山西省煤矿工业改革的重中之重，山西省政府及相关部门为此做了大量工作，近年来，随着煤改的深入，煤矿安全事故发生率及伤亡人数都有了大幅下降，但是安全形势仍不容乐观。自2009年煤改全面推进以来，截至2010年7月底，山西省境内共发生重大煤炭安全生产事故7起，死亡177人。为加强煤矿安全生产，做好事故报告和调查处理工作，结合煤矿2009年兼并重组整合后实际，山西省对安全生产特提出更加严格的要求。首先加强矿井现场和技术管理，有效预防事故。明确要求各单位严格落实领导干部下井带班制度。要求各单位重大和特别重大事故信息务于2小时内、较大和一般事故信息务于5小时内上报安全监管处和安全调度中心；事故情况发生变化时，要及时续报；漏报、瞒报事故信息核实后，要尽快补报。严格迟报、瞒报事故责任追究。

2009年以来山西省重大煤矿安全事故

时间	地点	死亡人数	相关事故
2010年7月31日	山西临汾	17人死亡	山西阳煤集团地面爆炸
2010年5月18日	山西盂县	11人死亡	山西盂县煤矿瓦斯爆炸事故
2010年3月28日	山西临汾	38人死亡	王家岭透水事故
2009年12月27日	山西介休	12人死亡	山西介休一煤矿瓦斯燃烧
2009年8月24日	山西和顺	14人死亡	山西和顺县煤矿瓦斯爆炸
2009年5月16日	山西朔州	11人死亡	山西同煤麻家梁煤业中毒事故
2009年2月23日	山西古交	74人死亡	山西古交屯兰矿难

■流程控制环节 煤企重组目标明确

山西省煤矿企业兼并重组整合工作进入实质性阶段后，各地市煤矿企业重组整合方案都在紧锣密鼓的制定当中，为了保证计划方案能够及时有效的出台，经省煤矿企业兼并重组整合领导组会议正式研究通过，《山西省煤矿企业兼并重组流程图》于2008年11月4日正式下发到各地市参照执行。

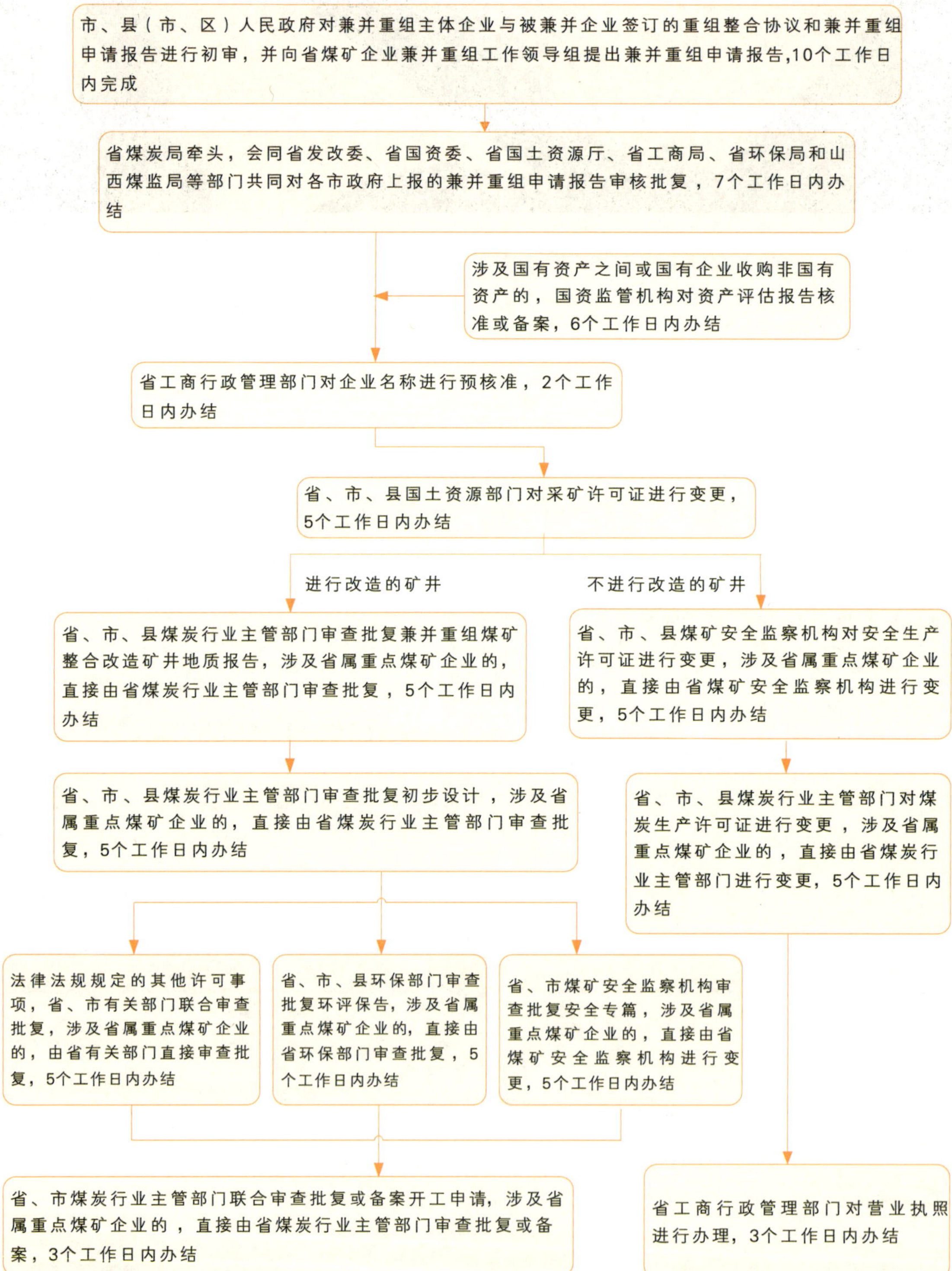

■行政强制执行 关停小煤窑步伐坚定

小煤矿一直以来都是煤矿事故的主要源头和重灾区。占全国煤矿1/3的产量却带来了煤矿2/3的事故死亡人数，使得国家下定“三年内基本解决小煤矿问题”的决心。山西省数千座小煤矿更是严重制约了煤炭产业转型升级的步伐。从2006年起，山西一直在整合小煤矿，9万吨、15万吨、30万吨，政策层层推进，门槛不断提高。2009年，山西省在全省煤矿企业兼并重组规划当中决定，利用一切有利条件，加快资源整合，单井生产规模低于90万吨的煤矿必须全部关停。

山西省煤矿企业兼并重组分年度目标任务分解表

序号	城市	参加兼并重组矿井	2008年兼并重组矿井	2009年兼并重组矿井	2010年兼并重组矿井	2010年底保留矿井
1	太原市	89	13	67	9	26
2	大同市	128	19	96	13	41
3	阳泉市	108	16	81	11	24
4	长治市	178	27	133	18	47
5	晋城市	259	39	194	26	62
6	朔州市	118	18	89	11	38
7	忻州市	126	19	94	13	37
8	晋中市	226	34	170	22	64
9	吕梁市	261	39	196	26	54
10	临汾市	321	48	241	32	73
11	运城市	40	6	30	4	13
各市小计		1854	278	1391	185	479

■扩大招商引资 产业延伸势在必行

山西省《煤炭产业调整和振兴规划》中提出，力争到2015年，通过自主发展和吸引外资，煤炭转型城市各培育2～3个新的支柱产业，非煤产业工业增加值比重提高到60%～70%，服务业占全省GDP比重每年提高一个百分点。大型煤炭企业集团通过延伸产业链，提高煤炭加工转化率，非煤产业比重达到50%以上。

为加大招商引资力度，扩大对外开放，促进山西省转型发展，根据2010年全省工作总体部署，山西省政府制定了《2010年山西省招商引资主要活动总体工作方案》，通过向央企、外资大企业及国内、省内重点国企、知名民营企业等开展宣传推介、项目对接和山西行活动，吸引一大批国内外大型知名企业来晋投资合作，助推山西转型发展。

2010年山西省重大招商引资活动

时间	项目	主要招商对象	主要活动安排
5月21日	山西省——外资企业投资合作推介会	在京的26家世界500强企业及知名外资企业	宣传推介山西省十大产业调整和振兴规划、“十二五”规划、重点工程推进情况；宣传推介第三届能源博览会；邀请出席推介会的外资企业6月赴晋考察，进行项目对接
6月29日	山西省——中央企业合作发展座谈会	26家中央企业	宣传推介山西省十大产业调整和振兴规划、“十二五”规划、重点工程推进情况；宣传推介第三届能源博览会；欢迎国务院国资委组织中央企业来晋考察，进行项目对接
6月29日	“中央企业山西行”活动	国资委及26家中央企业	由山西省领导全面介绍山西经济发展情况；省委、省人民政府领导宴请国务院国资委、央企领导；考察团代表参观考察太钢集团等企业及五台山、山西博物馆等景点；山西省人民政府与国务院国资委签署合作备忘录；考察团分组赴各市考察，进行项目对接；6~8月份，继续展开项目对接，投资洽谈工作
8月3日	“国内知名民营企业山西行”活动	46家全国知名民营企业	山西省委、省人民政府主要领导与民营企业家代表座谈；开展第三届能源博览会招商招展推介；考察团分组赴各市考察，进行项目对接；8~9月份，继续展开能源博览会招商招展及项目对接，投资洽谈工作
9月	港澳台招商活动	港澳台专业客商	借助9月初在厦门举办的第十四届中国国际投资贸易洽谈会，继续邀请港澳台专业客商参加第三届能源博览会
9月16日至18日	第三届能源博览会		主要内容包括展览展示、投资贸易洽谈以及高峰论坛、专题论坛和推介、重点项目签约仪式及成果发布会等重大活动。能源博览会既是前期活动成果的集中展现，又是与国内外能源领域大型企业开展进一步对接、洽谈的平台，会上将举办山西调整与振兴十大产业重点项目招商推介会
2009年8月11日	《关于加快兼并重组整合煤矿改造建设工作的安排意见》	山西省煤炭工业厅	为了提高行政效率，加快审批手续办理工作，确保煤矿兼并重组整合工作规范、健康、有序推进，就兼并重组整合煤矿改造建设项目工作提出安排意见

钢铁大省河北的钢铁革命

2009年1月14日，国务院常务会议审议并原则通过《钢铁产业调整振兴规划》。作为我国第一钢铁大省，河北省采取积极措施认真贯彻落实这一规划，进一步优化钢铁生产力布局和产业结构，在控制总量和淘汰落后的基础上，加快联合重组和技术改造升级步伐，逐步实现钢铁工业由大到强的转变。

■构建现代钢铁产业体系

2009年4月，河北省召开省政府第三十二次常务会议，审议并原则通过《贯彻落实国家〈钢铁产业调整和振兴规划〉实施意见》。会议明确了河北省钢铁行业的各项发展目标，并强调钢铁产业是河北最重要的战略支撑产业，钢铁产业调整和振兴要坚持应对危机与产业调整相结合，控制总量与优化布局相结合，自主创新与技术改造相结合，联合重组与体制创新相结合。要努力保持市场稳定，优化钢铁产业布局，促进企业联合重组，推动企业技术进步，抓好品种结构调整，加快淘汰落后步伐，加快进口铁矿管理，统筹开发省内资源。

河北省钢铁产业规划目标

● 钢铁行业的发展目标：2011年，钢铁产业粗放型发展方式得到明显改善，支柱产业地位得到巩固和加强。到2013年，力争基本构建起产业集约化、规模经济化、装备现代化、产品精品化的现代钢铁产业体系

● 严格控制总量规模：控制钢铁产能盲目扩张，努力提高技术含量和附加值高的产品在总量中的比例，钢铁产业完成工业增加值年均增长15%左右，占全省GDP比重保持在13%左右

● 提高产业集中度：到2011年，500万吨以上规模大型钢铁企业达到5家以上

● 优化产品结构：到2011年，板带类钢材中冷轧及涂镀层带钢比重增加10个百分点，窄带钢比重降低10个百分点，建筑钢筋中400MPa以上高强度钢筋比重达到70%

● 提高创新能力：通过自主创新和高水平技术改造，到2011年，具有国际、国内先进水平装备占主体装备的比例达到50%以上

● 淘汰落后产能：到2011年底前，淘汰400立方米及以下高炉、30吨及以下转炉、电炉，3年内完成淘汰落后钢铁产能2000万吨

● 大力推进节能减排：到2011年吨钢综合耗能不超过615千克标准煤，吨钢耗新水低于4立方米，吨钢粉尘排放低于0.9千克，冶金煤气、冶金渣全部综合利用，污染物排放浓度和排放总量双达标

■打造中国第一"钢铁航母"

2005年5月，河北省正式公布全省钢铁整合方案。设想组建南北两大钢铁集团。2006年，唐钢将宣钢、承钢兼并，基本完成了北部钢铁集团整合步骤。但邯钢对南部钢铁的整合却因石钢和邢钢的外资入股以及与地方民营企业所有制不同等原因受挫。在《河北省2007年加快推进钢铁工业整合基本思路》中，由唐钢来整合邯钢的构想被首次提出，并最终得以实现。

2008年6月，河北省内两大钢铁集团——唐钢集团和邯钢集团合二为一，组建河北钢铁集团。2010年6月，河北钢铁集团出资19亿元收购石家庄钢铁有限责任公司80%股权，在两年的时间内，河北钢铁集团先后完成了对省内唐钢、邯钢、宣钢、承钢、舞钢、石钢六家大型钢企的成功整合。2009年，河北钢铁集团以产钢4024万吨居国内第一，并入选世界500强企业。

2010年8月24日，河北省召开全省钢铁工业结构调整工作会，加快推进钢铁企业兼并重组步伐，加快培育3~4家具有较强实力和明显竞争优势的大型钢铁企业集团。到2015年，力争使省内排名前5位的钢铁企业钢产量，从目前占全省总量的48%提高到75%以上。

河北省钢企整合重组尝试了多种模式：河北钢铁集团"国有资产整体划拨"模式、唐山渤海钢铁集团"联合入股"模式、唐山长城钢铁集团"集体加入"模式、邯郸新武安钢铁集团"资源纽带"模式等。其中最为成功的当属河北钢铁集团和唐山渤海钢铁集团。

河北钢铁集团"国有资产整体划拨"模式是，省政府批准，省国资委将唐钢、邯钢国有资产以全额划拨方式组建河北钢铁集团，成为国有大型企业实质性整合的样板。

唐山渤海钢铁集团整合方案，则是政策引导和企业意愿相结合的结果，以资本为纽带进行实质性企业联合，为控制总量、淘汰落后、实现产业升级、提高产业集中度提供了有效途径。

■钢铁产业将移师沿海和资源优势区域

河北省2010年的《政府工作报告》中指出，钢铁产业要加快整合重组，推动钢铁产能向沿海和资源优势区域聚集，提升工艺技术水平和产品档次，确保曹妃甸大钢、邯钢西区扩建等项目全部建成，继续推进承德钒钛制品基地等项目建设，巩固扩大钢铁行业的优势。

根据河北省规划，在产业布局上，逐步向曹妃甸、京唐港和黄骅港转移。目前，河北钢铁集团正计划在黄骅港新建一个新的钢铁精

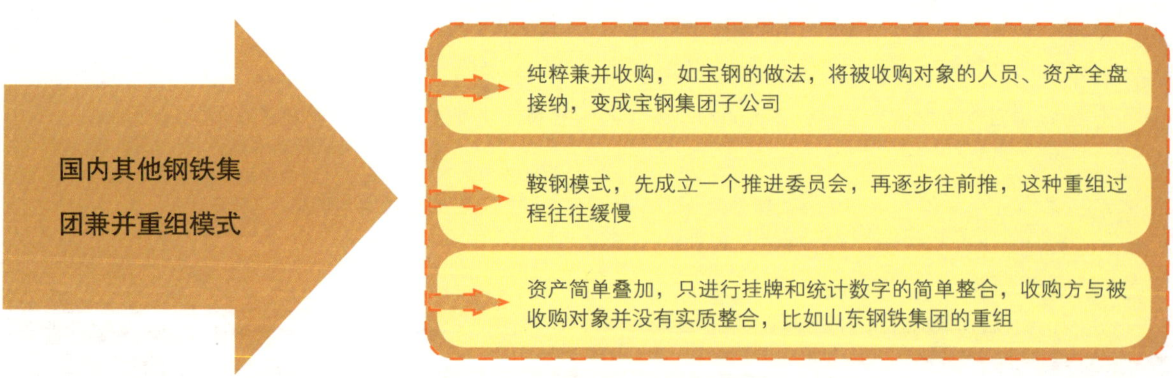

品基地。2010年3月，黄骅港综合港区正式开航。目前沧州渤海新区已经规划了20平方公里的钢铁产业园区，将承担起河北大小钢厂向沿海转移的任务。

河北钢铁集团“十二五”四大精品基地、八大优势产品系列

● **“四大精品基地”**

以唐钢公司、邯钢公司精品板材，舞钢公司高端宽厚板、衡板公司精密镀锡板为主的精品板材基地；以宣钢公司、承钢公司高强度建筑长材为主的优质建材基地；以石钢公司特殊圆钢、唐钢公司不锈钢、宣钢公司特殊线材等为主的高品质特钢基地；以承钢公司为主的特色钒钛基地

● **“八大优势产品系列”**

精品板材、优质宽厚板、新型不锈钢、精密镀锡板、高强度建筑长材、高速重轨与型材、高品质特殊钢和特色钒钛制品

■淘汰钢铁落后产能全国力度最大

2010年是实现“十一五”节能减排目标的最后一年，在国务院公布的18个须淘汰落后产能的行业中，钢铁是淘汰任务最重、难度最大的一个行业。而河北省保持钢铁第一大省地位已连续9年，无疑淘汰钢铁落后产能方面，河北省在全国应该是力度最大的省份。

在2009年，河北就在全省开展淘汰落后钢铁产能集中行动，加速钢铁产业优化升级。2009年共拆除高炉46座，淘汰落后炼铁产能900万吨；拆除转炉16座，淘汰落后炼钢产能400万吨。

河北省政府2010年5月31日召开节能减排电视电话会议决定，2010年将淘汰炼铁产能1000万吨，涉及30家企业的49座高炉，淘汰炼钢产能200万吨，涉及3家企业的炼钢转炉7座。淘汰炼铁和炼钢产能分别占全国淘汰任务的三分之一和四分之一。根据2009年制定的三年计划，到2011年底前，河北400立方米及以下高炉、30吨及以下电炉转炉都将被淘汰，一共淘汰钢铁产能2000万吨。

为确保实现“十一五”减排目标，河北省将坚持行政、经济、政策、教育、法律等手段多管齐下，形成淘汰落后产能的强大推动力。2010年，河北省成立了省淘汰落后产能工作领导小组。省政府下发《关于进一步加强淘汰落后产能工作的实施意见》，明确了具体的目标任务和推进措施，完善了约束、激励相结合的淘汰落后产能政策体系，还要求各设区市要把年度淘汰计划落实到企业。

河北省约束、激励相结合的淘汰落后产能政策

● 加强投资项目审核管理，对产能过剩行业坚持新增产能与淘汰产能“等量置换”或“减量置换”，遏制低水平重复建设，防止新增落后产能

● 在积极争取中央财政淘汰落后产能奖励资金的同时，充分利用差别电价增加的电费收入，统筹支持各地淘汰落后产能工作

● 对按时完成淘汰任务的地区和企业，在技改资金、节能减排资金、投资项目审批核准备案、土地开发利用、信贷融资等方面给予支持

2010年9月6日，河北省长陈全国在听取全省钢铁工业“十二五”结构调整专项规划时强调，要审时度势，痛下决心，压缩产能，提升水平，坚定不移地实现由一钢独大向既精又优转变。要把压缩产能作为钢铁产业结构调整的

关键环节，坚持总量控制，围绕“十二五”全省钢铁产量控制目标，进一步完善钢铁工业结构调整专项规划；淘汰落后，集中力量、合力攻坚，坚决按照国家要求淘汰落后产能；严控新上，从现在起一律不准新上不符合国家产业政策和技术装备落后钢铁项目；做大单体，培育壮大龙头企业，积极推进企业跨地域、跨所有制、跨行业联合重组；增减挂钩，在总量控制的前提下，增高减低、上大压小、扶优汰劣，提升行业发展水平。

河北钢铁集团签订的重大战略合作项目

时间	合作对象	合作内容
2010年8月25日	兴业银行	根据协议，兴业银行将以最优惠方式为河北钢铁集团及其下属企业提供各项融资服务，包括100亿元人民币整体综合授信下的各项贷款等业务
2010年1月8日	中国铁路物资总公司	根据战略协议，中铁物资与河北钢铁结成战略联盟，双方建立高层互访机制、投资战略合作机制和市场业务战略合作机制等内容，从更高层面发挥双方优势，巩固既有合作成果，深入开展全方位合作
2009年12月24日	中国钢研科技集团有限公司	签订战略合作协议，双方落实了薄板坯连铸连轧生产电工钢、薄板坯连铸结晶器国产化、特殊钢棒线材品种、低温用钢、高炉炼铁工序运行动力学研究与评价等8个合作课题的合同和协议条款，总经费约1000万元
2009年9月15日	韩国长锦商船公司	双方签订了5至8年的海上运输合同，韩国企业将为河北钢铁集团提供部分进口原材料的运输任务
2009年8月27日	中冶京诚工程技术有限公司	双方将在矿山建设和开采领域实现全面合作，通过强强联手、优势互补，共同推进国有冶金行业的发展
2009年4月3日	新加坡昂国企业有限公司	双方拟充分利用邯钢高炉水渣和人力资源，采用先进生产设备，结合昂国企业有限公司多年实践的先进生产和应用技术、合理的管理方法以及国际市场销售渠道和经验，生产适应国际潮流的环保型建材产品
2009年3月26日	西门子公司	按照协议，河北钢铁将整合集团内部西门子备件采购需求，从西门子公司统一订购所有西门子电器备件，以及西门子公司旗下奥钢联、摩根公司的机械备件及主打电器自动化等设备。西门子将提供最佳的产品、最优惠的价格、最优质的服务
2009年1月5日	冀中能源集团、开滦集团、河北建工集团、华药集团、河北省建设投资公司、河北物流产业集团等	按照协议，七大国有企业集团将紧密开展多形式、多层面的业务合作，并筛选一批产业关联度高的合作项目，进一步尝试相互持股，形成以资本为纽带的战略合作

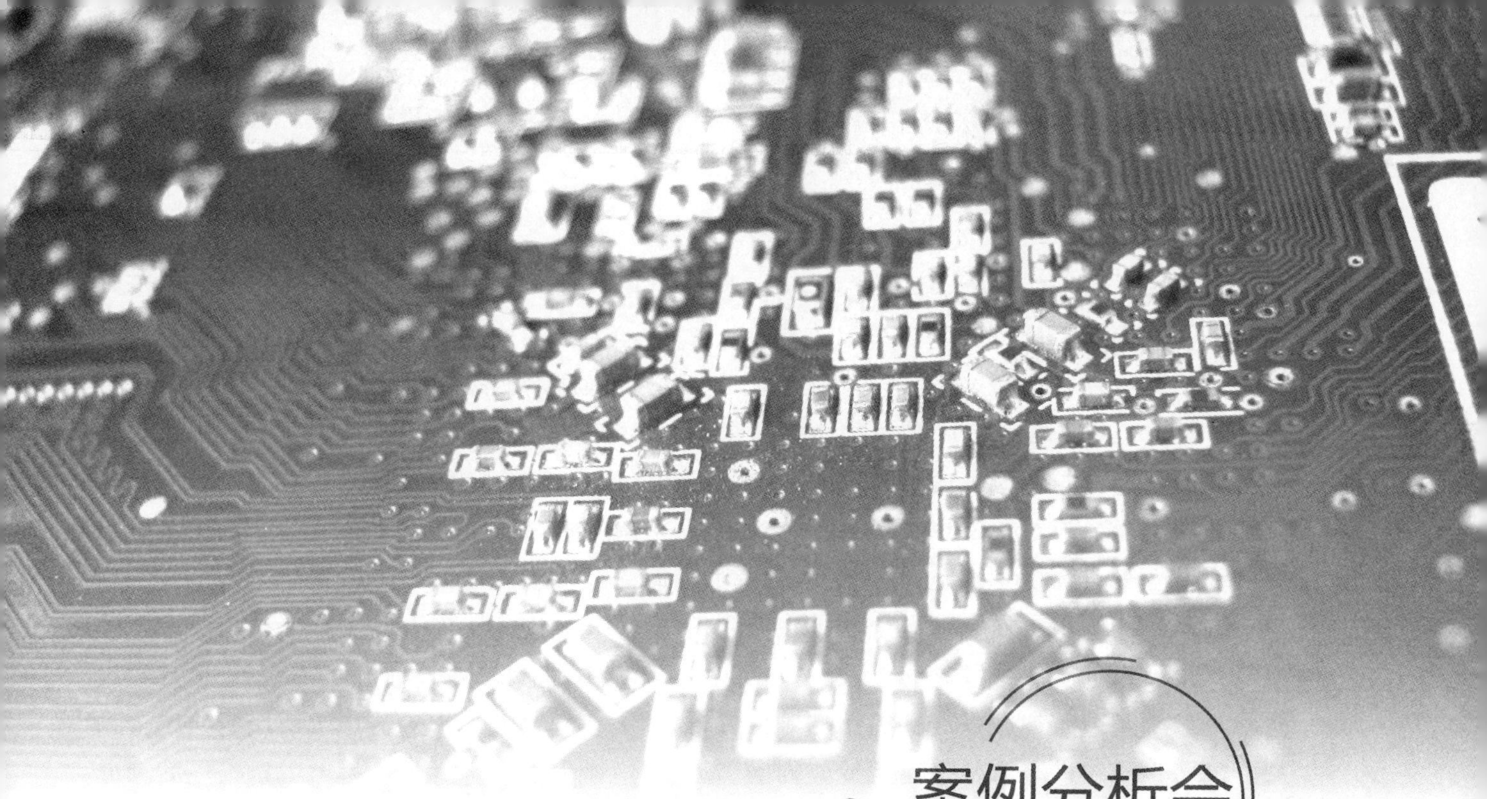

在实施土地综合整治的过程中，华明镇从选址到功能区域划分，从配套设施建设到社区管理等方面都有细致周到的前期规划，不仅完成了“宅基地换房”，也完成了农民“土地换保障”，给“农民变市民”注入了实实在在的内容，是城镇化进程中失地农民十分可靠和可持续性的一种安置模式。

世博案例：“宅基地换房”看华明

世博华明案例馆：唯一的农村城镇化参展案例

2010年9月13日，主题为“相约美丽天津，探源多彩华明”的世博城市沙龙活动在天津华明镇举行。与此同时，位于上海世博会城市最佳实践区的天津华明案例馆已接待了超过百万的参观者。华明案例馆展示和探讨村民向城镇集中，工业向园区集中，农业设施向农业产业园区集中的理念和做法，是唯一的农村城镇化题材的参展案例。从2005年下半年开始，天津市开展了第一批农村示范小城镇建设试点工作，并于2009年出台《天津市以宅基地换房建设示范小城镇管理办法》，为示范小城镇的建设提供了管理依据。作为天津市“宅基地换房”项目的首批试点镇，华明镇不花政府一分钱，不让农民出一分钱，用自我平衡的方式让全镇4.1万农民过上了新生活。以华明镇为代表的天津市土地综合整治自实施以来，得到了国家有关部门的充分肯定，并将天津列为全国试点城市。

政府主导+市场运作：不花一分钱完成"宅基地换房"

华明镇"宅基地换房"项目实施的整个过程采取政府主导、市场运作的方式。由东丽区政府牵头，市建委成立一个独立的公司负责征地、融资、规划、建设，政府负责制定政策、做好群众工作，清点土地，企业向银行贷款融资，房子建好之后，农民按相应的标准以宅基地置换城镇商品房。在项目实施之前，华明镇把老百姓是否接受作为前置条件，从2002年开始就对村庄的每一户进行调查，并进行房屋认定和村民身份认定工作。华明镇"宅基地换房"项目共分为农民安置区、新市民安置区、商业商务区三个功能区。实施过程由政府把关，确保规划的整体性和项目质量的稳定性。

华明镇"宅基地换房"试点初衷是破解土地平衡和资金平衡的问题。土地平衡是指在小城镇建设过程中，耕地一亩不能减少，能够实现原有村庄的建设用地足够归还国土资源部批准建设指标。资金平衡是指政府不花钱，老百姓不掏钱，负责操作的公司也不往里搭钱，所运用的方法就是划拨出一部分土地用于招拍挂，所获得的收益用于平衡老百姓换建房的运作资金。在具体实施过程中由镇政府制定换房政策和标准，然后让农民充分了解政策内容，满意者通过6份合同自愿申请，当一个村90%以上的村民提交了申请方可启动项目，遵循"先申请—再审核—最后换房"的规范操作。在实施换房的过程中，华明镇则遵循两大标准：一是房屋有效面积，根据房屋普查的数据，村民的房屋分为主房和附房，标准不一样；二是人均置换面积，华明镇的政策规定，换房按照30平方米/人的标准置换商品房，一户最多可换取3～4套房，超出部分按商品房价格购买，政府给予一定的补贴。

最终，华明镇复垦土地在归还建设用地指标后，还盈余4000余亩土地，52亿土地出让资金也足够抵偿50余亿城镇建设资金。通过"宅基地换房"，华明镇对小城镇实行集中规划、拆房换地、宅基地整合复耕，让农民住进了小城镇，达到了"政府不拨钱、企业不亏钱、农民不出钱"的效果，实现了从传统到现代、从分散到集中、从农村到城镇

华明镇"宅基地换房"实施图

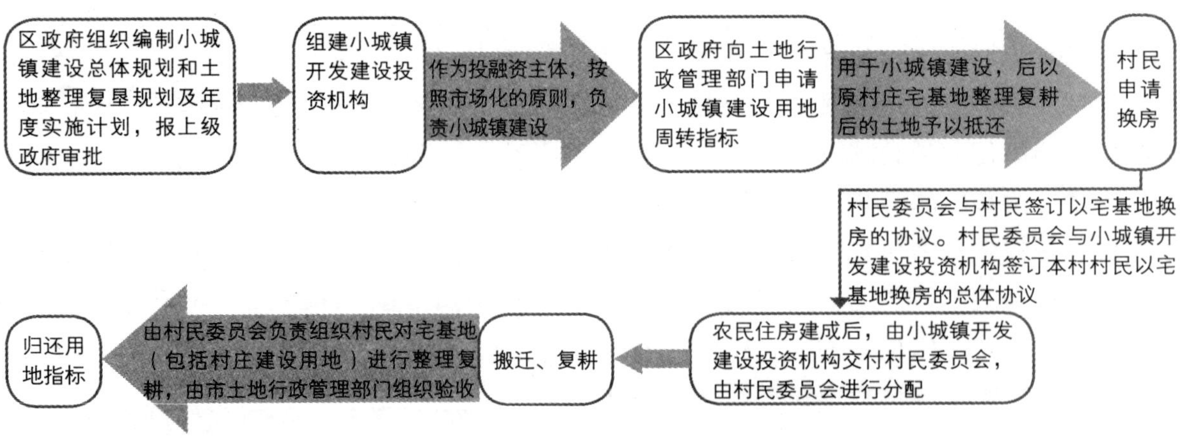

的转变。

配套措施+社区管理：全方位保障实现“农民变市民”

为了从根本上解决农民的后顾之忧，华明镇“宅基地换房”的做法不是单纯的拆房一换房，而是一个城镇化建设的系统工程，还包括农民搬迁后土地复耕、就业、社会保险和社区管理等多项配套政策。

华明镇农民“宅基地换房”后，原来的土地承包责任制并未改变，土地仍然发包给本村村民，农民可继续耕种自己的土地。换房后，华明镇土地开始向大户流转，并开始实行大户农业园区化经营。

农民住进城镇后就转型为居民，华明镇在解决农民就业问题中提出了三方面的措施：一是面向全市企业推介、输送人才；二是在本区域企业安排物流、保安、保洁等就业岗位；三是设立新区居民培训学校，免费培训农民，开设驾驶、电焊、保洁等课程，提升农民工技能和素质。通过这些措施，华明镇提供了10万～20万个岗位，解决了农民养家糊口的问题。同时，为促进老百姓就业、增加收益，华明街道办事处成立了劳动服务中心，与示范镇周围大的产业园区里的企业对接，通过劳动服务公司搭建一个信息交流的平台。与此同时，天津市政府还为“宅基地换房”后的农民提供了各种保险政策，按城镇职工标准交纳养老保险，每人每月40元，参保金由政府埋单，目前参保率达85%以上。

实施“宅基地换房”项目后，天津市东丽区华明镇将原本分散居住的12个行政村近5万农民集中居住在华明镇，并有专门的物业管理公司负责物业管理。对于村民搬到示范镇集中居住之后，在生活习惯、生活方式上与原来的村庄的较大差异，华明镇专门成立了六个管委会，形成了以3000户为一个社区，300户为一个邻里的结构。华明镇对居民实行社区化管理，行政机构设置为“三委”结构——村支部、村委会、农工商公司，原行政村委会保留，每个村委会规模为3000户，即一个社区，政府提供300～400平方米的办公用房。社区还专门成立了综合执法大队，统一负责社区行政执法，维护治安。

“农民变市民”：土地要换房更要换保障

2010年中央一号文件明确指出，要“推进城镇化发展的制度创新。积极稳妥推进城镇化，提高城镇规划水平和发展质量，当前要把加强中小城市和小城镇发展作为重点。”在这方面，天津市东丽区华明镇的做法和创新理念解决了当前城乡统筹建设的几大难点，为其他地区推进城镇化建设提供了借鉴。首先，华明镇实现了城镇化目标，4.1万农民搬进新居，真正过上了“城里人”的生活。其次，破解了土地和资金制约的瓶颈，“政府不拨钱、企业不亏钱、农民不出钱”就完成了“宅基地换房”项目，还实现了土地盈余。再次，通过小城镇建设改善了公共配套、基础设施建设，解决了农村面貌差的问题。最为重要的是，华明镇没有让“宅基地换房”成为简单的“拆房一换房”，而是在此过程中同步实现了农民的就业、社保等，探索出一条可靠、可行、可持续地安置城镇化进程中失地农民的有效模式。

襄樊市政府探索开辟了“襄樊金融网——中小企业金融处事平台”，既是一个金融政策、金融产品、金融常识宣传和金融信息发布的网站，又是借贷双方直接申报、受理贷款的扶持方案，不仅创新银企对接方式，更优化行政服务环境。这一阳光新政，为中小企业提供了解决融资难问题的“破冰器”。

网络金融看襄樊，中小企业都叫好

“襄樊模式”：支持中小企业发展的新路子

作为襄樊市政府优化金融发展环境的一项具体措施，襄樊金融网——中小企业金融服务平台（www.xfjr.gov.cn）2010年4月1日建成试运行。2010年8月25日，湖北省政府在襄樊市召开全省推进中小企业网络金融服务现场会，重点推广“襄樊金融网——中小企业金融服务平台”的建设及成功经验。会上，副省长赵斌对“襄樊金融网——中小企业金融服务平台”的高效运行、先进功能、便捷操作给予了高度肯定，并要求各级政府、有关部门和企业大力推广“襄樊模式”。他强调，湖北经济要想实现“弯道超越”，不仅需要大企业，更要培植无数个中小企业。“襄樊模式”是经过实践证明的深化政府、银行、企业合作的行之有效的模式，各级政府、有关部门和企业要积极行动起来，借鉴襄樊市的经验，着手建设符合本地情况的中小企业金融服务网络平台，并以此为契机，进一步探索金融支持中小企业发展的新路子。一是发挥各方合力；二是加强指导与管理；三是加大创新力度；四是进一步改善外部环境。

金融+网络：11个栏目实现6大功能

襄樊金融网——中小企业金融服务平台由襄樊市政府金融办主办，市行政服务中心负责承办，其他协办单位为：市人民银行、市银监分局、市经委、市工商局、市国税局、市地税局、市房管局、市国土局、市环保局、市优化办、市供电公司。企业、银行、担保公司和中介机构为金融服务网的用户。这是湖北第一个为中小企业提供融资服务的金融网络中心，具有银企对接、政策指导、信息收储、信息发布、联动协调、监督治理六大功能。

金融服务网设有工作动态、融资政策、融资产品、金融机构、服务机构、保险机构、融资企业、融资课题、经验交流、融资咨询和信用公示等11个栏目。通过金融服务网，需要融资的企业可以在线咨询各类金融机构信贷政策、业务、产品等问题，还可在线提出融资申请；金融机构可以通过该网站为中小企业融资提供政策指导和产品推介，开设在线客服，及时对企业咨询进行解答，对企业提交的融资申请完成在线预审；相关行政审批部门可以通过网络平台为企业办理贷款审批过程中的各种行政审批事项。银行还可以提出对贷款企业的信用信息协查申请，由人行襄樊中支、襄樊市国税局、地税局、供电公司等8家部门负责受理和答复。该金融服务网，实现了贷款企业不需花费任何成本，即可在网上得到金融机构是否予以贷款明确回复意见的目标。

"一站式"服务：政银企全天候无缝对接

"一站式服务"是商业银行对大企业客户、私人贵宾客户的普遍承诺。而在襄樊，中小企业贷款也实现了"一站式"。金融服务网采取"网站提供产品平台，企业自主选择融资产品，企业与银行直接对话，申请资料自动生成"的方式，成功实现了政府、银行和中小企业之间全天候、常态化、无裂痕的对接。

网站以联席会的形式开展部门协调，由市政府强力监督，建立责任追究和工作奖惩制度，推行限时服务，实现多部门紧密连接、即时联动，为中小企业融资形成了解决合力。2010年5月4日出台的《襄樊市中小企业金融服务网管理办法（试行）》对政府各部门的主要职责进行了详细规定。《意见》要求，各单位

襄樊金融网——中小企业金融服务平台

工作动态	融资政策	融资产品	融资机构	服务机构	保险机构	融资企业	融资课堂	经验交流	融资咨询	信用公示
中小企业金融服务最新动态	包括国家政策法规、产业政策、信贷政策、优惠政策和财政政策4类政策	企业融资产品：共有中国工商银行襄樊分行等12家银行提供57种融资产品；个人融资产品：共有交通银行襄樊分行5家银行提供5种个人融资产品	中国工商银行、中国农业银行、中国银行、中国建设银行、交通银行、中国农业发展银行、中信银行、中国邮政储蓄银行、中国民生银行、华夏银行的襄樊分行和襄樊市商业银行、襄樊市农村信用社12家银行	包括担保机构、土地评估机构、房产评估机构、会计事务中介机构4类机构	包括中国人民财产保险股份有限公司、华康保险代理、中国人寿、泰康人寿4家保险公司；4家保险机构提供的包括金娃投资保障型意外伤等6类产品	共有农林牧渔业、制造业等二十个不同行业的1704家企业	包括融资知识、投资知识和典型案例3类课题	包括各地政策、产业动态、招商引资3类经验	包括常见问题、在线咨询、客户经理（金融机构和服务机构的客户经理）、办事指南、表格下载、融资帮助6项服务	包括已办贷款卡企业名录、中小企业信用档案企业和信用评级企业名录3种企业信用公示

应按照《中华人民共和国政府信息公开条例》要求，全面、及时、准确发布中小企业融资信息和政策，原则上应在信息产生当日发布，最迟不超过3个工作日。各银行在经营许可范围内新开发的金融产品信息，必须在3个工作日内上网进行发布。对于企业提出的贷款申请，各银行必须在5个工作日内在网上给出“同意受理”或“不同意受理”的明确意见。对于“同意受理”的，要填写进一步的要求，约定贷前调查时间；“不同意受理”的，要向企业说明原因。改变了过去企业要贷款，得涉及分散于各部门的产品查询、政策咨询、申请审批和行政协查等一系列工作流程。现在金融服务网将政府有关部门、银行和中介服务机构等近20个部门整合在一起来个“群英会”，各部门协同作战，咨询、申请均可在线完成。

据人行襄樊支行披露，截至2010年8月25日上午10点，“襄樊金融网——中小企业金融服务平台”注册上网企业1643家；提交贷款申请982家，占比59.8%，申贷额度84.08亿元，银行审查并通过873笔，企业获得各种信用支持51.62亿元，占申请总额的61.4%。襄樊市直11家银行机构通过网上对接受理了企业申贷，其中有9家办成了贷款业务。土地、房管、工商等部门提供了信息协查服务，贷款办理时间由原来的15～40天缩短到7天之内。

绿色通道：有效解决中小企业贷款难、难放贷问题

随着我国市场化程度的提高以及国际贸易环境的变化，中小企业在经济运行中发挥着越来越重要的作用，但由于其自身的特殊性，在发展中受到各方面的制约，而融资问题首当其冲。近年来，我国中小企业融资一直采用项目推介会、银企洽谈会等方式，虽然组织规模大、时间集中，但时效性不强、参与企业和项目都有限。不少地方也积极出台扶持政策，但由于担保体系不健全、银企信息不对称等多种因素，依然贷款难、难放贷。襄樊市政府致力于解决本市中小企业融资难问题，探索出了网络金融服务，为中小企业融资开辟了一条绿色通道：首先，网络的“一站式”服务，让政府、银行、企业无缝对接，节省了双方交易成本；其次，常态化信息服务，有效解决了银企信息不对称问题；第三，近20个部门的“协同作战”，形成了共同解决中小企业融资难的合力。襄樊市的经验值得其他地区学习。

金融服务网政府、银行、企业工作流程图

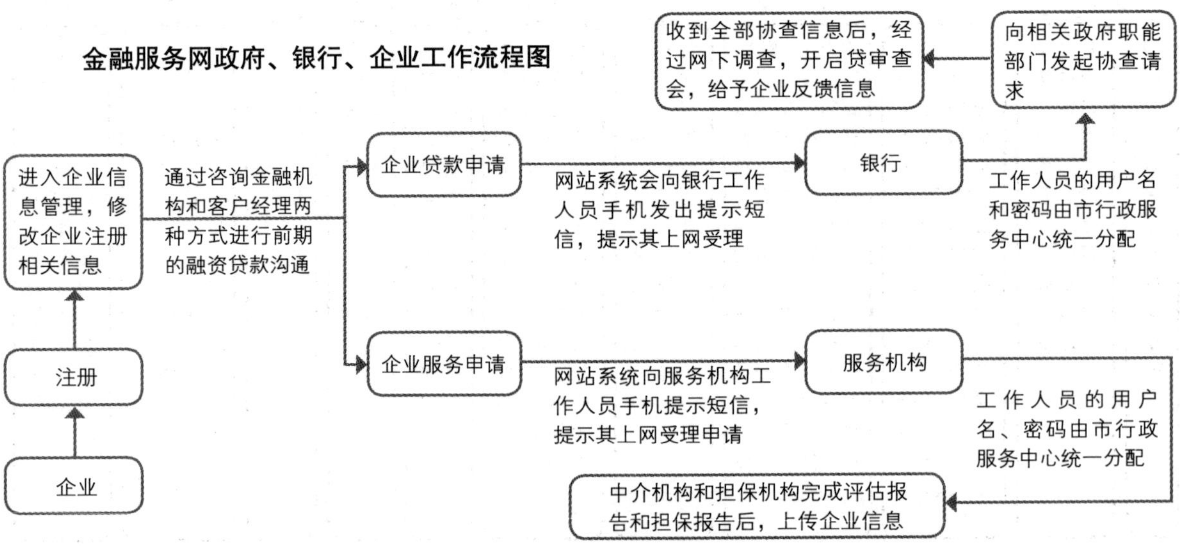

《唐山大地震》：城市营销运作新典范

2010年7月28日是唐山大地震34周年纪念日。截至8月8日，电影《唐山大地震》票房已超过5亿元，这部由唐山市政府作为最大股东投资拍摄的纪念电影，不仅实现了政府资本与商业资本的一次成功合作，也吹响了唐山城市营销运作最响亮的冲锋号。

唐山市政府采取了政府主导、推动，首次作为投资商拍摄电影，通过“主旋律”电影的商业化运作，不仅改变了政府投资拍电影“叫好不叫座”的现象，实现了政府资本与商业资本的一次成功合作，也为城市营销提供了一个重大契机，实现了“社会效益与经济效益、城市资本与市场资本双赢”的目标。

角色转换：政府成为定制电影最大股东

随着环渤海经济圈的崛起以及京津唐一体化的规划定位，地处渤海湾重要交通枢纽的唐山正面临着转型。唐山的经济水平在全国同等城市里可以排到20名以内，但在文化上大家感到很陌生。2007年底，刚上任的唐山市委书记赵勇提出，唐山的文化建设与唐山的经济建设不匹配，必须要有一个在全国打得响的产品。此后，赵勇主持重点推动了一项新工作：由市政府投资一部以唐山大地震为背景，表现唐山人民精神风貌的电影，把唐山的新形象展现给世人。其实早在2006年，为纪念唐山大地震30周年，市政府即请人拍摄过《但愿人长久》，片子虽然在海外获得了最佳故事片奖，但在国内并没有发行。

经过商讨，唐山市“做一部主旋律的唐山大地震的电影项目”上报到国家广电总局并得到有关领导的全力支持，当时该项目还被列入新中国成立60周年献礼影片之一。国家广电总局电影局副局长张宏森给出了三个投资标准建议：一种是参照《云水谣》，投资在5000万，票房不求，但能赢得口碑；一种是参照《集结号》，投资在1.2亿，能够双赢；一种是参照《后天》、《赤壁》，总投资在3亿，能够拿到世界市场上去。最后唐山市政府选择了1.2亿的投资拍摄《唐山大地震》，定位是30%～40%的城市居民会看影片，70%的城市会知道这部影片。在国内产生这样的影响力正是唐山市政府最初的考虑。最终，在《唐山大地震》1.2亿元的投资额度中，唐山市政府出资6000万元成为最大股东。值得一提的是，唐山市政府实现了政府投资电影定位的转换，由以前的电影赞助商变成投资商的角色，《唐山大地震》也被舆论定义为是唐山市政府的“定制电影”。《唐山大地震》制片人、唐山电视台对外部主任姚建国表示，影片不能偏离政府调性。政府绝对控股就是为了保证话语权，不至于让片子拍得偏离主旋律，偏离唐山城市形象宣传的轨道。但与纯粹的政府投资不同的是，唐山市采取了政府主导、推动，通过唐山广电传媒有限公司筹措资金作为投资主体，各方扶持，进而形成城市资本的形式与其他投资方进行合作。

全程参与：确保电影突出唐山元素

唐山市政府早在2007年底就已经明确了《唐山大地震》的拍摄计划，2008年因为发生汶川特大地震搁置了一段时间。从2008年秋天开始，唐山广电和宣传部门的领导在电影局的介绍下，和韩三平、冯小刚以及华谊兄弟领导层见面，确立了以“一个遭遇地震的普通家庭浓缩千万个家庭情感故事的电影”的影片总体架构，该项目正式进入实施阶段。

在片子拍摄过程中，唐山市政府都是积极主动的。市委书记赵勇、市长陈国鹰及宣传部长对于剧本剧情都会亲自阅读。赵勇会亲自通电话与导演沟通剧情，也会通过唐山方以函件的形式发文件提出加进唐山元素、剧本改编修改等问题。在片名的选择上，唐山市政府明确提出要叫《唐山大地震》，而非制片方提出的《余震》或者《大地震》，以此与汶川区别开来。

在确保电影符合唐山城市营销需要的同时，电影在拍摄过程中，唐山市政府的配合工作也是一路绿灯。为电影拍摄免费提供基地、人工降雨消防车、在唐钢拍摄开新闻发布会等。同时，唐山市政府还要支出首映礼、城市宣传片制作以及给电影院的广告等费用。对于唐山市政府而言，盈利不是目的，媒体的连续高曝光度所带来的效应远远不是钱所能衡量的。透过《唐山大地震》的热映我们不难发现，唐山市政府很好地磨合了政府意志和商业公司。一方面，影片中出现了大量介绍唐山城市景象的镜头。另一方面，唐山市政府也充分

国内外利用影视剧营销城市的经典案例

影视剧名	营销地区	成功经验
电视剧：《乔家大院》、《走西口》	山西	围绕“晋商”大做文章，创作生产了一大批叫好又叫座的影视作品，成功地将山西和晋商的品牌推广出去，为山西的商贸经济、文化旅游产业发展起到了“名片”作用。
电影：《好雨时节》	成都	影片将成都的特色与故事糅合得水乳交融，容纳了成都的城市特色和许多知名景点，展露无形，不着痕迹，观众在欣赏电影的同时无形中加深了对成都的印象。
电影：《悲情城市》	台湾九份	影片尽收九份美景，再加上当地居民充分利用小吃、特色风情等小店铺，让九份逐渐成了热门观光景点。
电影：《澳大利亚》	澳大利亚	影片在上映期间，以电影《澳大利亚》导演制作的旅游宣传片以及具体的旅游线路和电影联合进行推广。旅游宣传片的主题《寻找真我》与电影《澳大利亚》的主题进行呼应。虽然这个项目是基于具体旅游景点的国家形象推广，但其运作思路和城市形象推广一致。
电影：《午夜巴塞罗纳》	巴塞罗纳	电影的浪漫氛围与城市气质实现了天衣无缝的共鸣。

尊重了导演的创作和电影的规律，不少个性化的台词和情景都得以保留。对于其他投资方的广告植入以及宣传攻略，唐山市政府也没有“求全责备”。与一些政府投资电影“领导专家叫好，观众不买账”相比，《唐山大地震》通过一部“主旋律”电影的商业化运作，真正借助电影使社会各界的目光聚焦唐山。借着《唐山大地震》公映，唐山城市营销也进入快车道。

按照唐山市的构想，“我们要用电影《唐山大地震》吸引目光，更要用34年的建设成就留住目光。”事实上，影片公映前的2010年5月25日，唐山市就专门召开了对外宣传工作调度会。唐山市宣传部专门组建了一支策划队伍，对借助电影深度宣传、深度展示唐山进行了详细策划。让唐山所有的投资者甚至未来唐山的投资者，有归属感、荣誉感，成为此次城市推介的目标之一。以《唐山大地震》电影先行，唐山方面目前与上海、广州、香港等地的合作也颇为引人注目。“电影”+“城市”，唐山市追求“社会效益与经济效益、城市资本与市场资本双赢”的目标正在变为现实。

“城市”+“影视”：打造城市营销新模式

当前，城市推广的空前需求和电影的热潮结合，使电影成为城市推广的热门媒介。尤其是知名导演的作品，以及重要的历史题材作品，成为城市竞相争夺的推广平台。但在合作思路上，大部分城市还是本着老套的建设影视城，推广风景区的目的只停留在场景合作的状态，并未对电影作为载体的作用进行深入的挖掘。唐山市政府斥巨资组织拍摄《唐山大地震》，通过城市与电影的结合，不仅成功完成了一次商业资本和政府资本的合作，更重要的是通过电影宣传了唐山的城市形象，推广了唐山人的精神风貌。通过电影打响一个城市的品牌带来人气、带来商机，同时把新唐山的城市品牌做大做强，使整个城市增值，这种效应无法用金钱来衡量。唐山市借助电影宣传平台吸引目光，进而利用城市建设成就留住投资者的做法，体现了城市营销观念的进步，值得其他城市借鉴。

文化体制改革看深圳：

文化+科技 文化+金融 文化+旅游

2010年7月23日，中共中央政治局就深化我国文化体制改革研究问题进行第22次集体学习。胡锦涛总书记在主持学习时强调，文化是民族凝聚力和创造力的重要源泉，是综合国力竞争的重要因素，是经济社会发展的重要支撑。当前，在城市的现代化发展过程中，越来越以文化论输赢。重视文化建设、提升文化品位，已成为城市现代化建设的一项重要内容。深圳市自2003年确立"文化立市"战略以来，伴随文化体制改革持续推进，文化产业快速发展，文化产业增加值以20%的速度高速增长，成为重要支柱产业。2009年，文化产业增加值达531亿元，占GDP比重达6.5%。"文化＋科技"、"文化＋金融"、"文化＋旅游"的深圳模式，为中国文化产业发展探索出一条新路。

“文化+科技”：基本路径铸就领军企业

2003年1月，深圳市委三届六次全会第一次提出实施“文化立市”战略。2004年3月2日，深圳市召开实施工作会议，提出努力把深圳建设成为高品位文化城市。2005年5月的市第四次党代会，提出全面实施“文化立市”战略，努力把文化产业培植成为第四大支柱产业。随着“文化立市”战略的实施，深圳不断推进文化体制改革，率先在全国完成文化体制改革试点各项任务，2009年被授予“全国文化体制改革先进地区”。刚刚出炉的2010中国十大文化品牌城市排行榜上，深圳凭借创新文化的城市特点，领先于北京、上海、西安等文化名城，位列第二。深圳文化体制改革的一条重要经验，是以理念创新为先导，以改革促发展，解放和发展文化生产力，大力实施“文化立市”战略，先后提出了“拼文化”、“实现市民文化权利”、“提升城市文化软实力”、“打造创新型、智慧型、力量型城市文化”等一系列创新理念，引领全国文化改革风气之先。

2010年7月16日，深圳市市委书记王荣在出席广东省省委十届七次全会分组讨论发言中表示，深圳要率先弘扬时代文化精神，争做文化产业龙头大市。王荣表示，深圳在文化产业发展上已形成了“文化＋科技”、“文化＋旅游”、“文化＋金融”的特色，今后要不断突出这些特色，优化文化产业发展环境，培育和推广一批具有自主知识产权的龙头企业和文化产品，努力打造设计之都、时尚之都。7月18日的深圳市委召开五届三次全会提出，要全面推进“文化立市”战略和“文化强市”建设，进一步加大文化产业发展的投入和支持力度，使文化产业成为促进结构调整、产业升级和人民生活改善的重要力量，成为经济社会发展的重要支撑。

而今，“文化＋科技”已成为深圳文化体制改革和文化产业发展的一大特色，一批高科技含量、高文化含量的企业不断发展壮大，一艘艘文化产业旗舰正从这里起航。

“文化＋科技”，在加速融合中迸发创新力与竞争力

2010年7月16日，广东十届七次全会吹响了建设文化强省的号角。广东省委汪洋在报告中提到“加快文化科技创新，提高原创能力”时，脱稿讲起深圳的A8音乐集团，“希望像深圳A8音乐、华强文化科技、迅雷网络等‘科技＋文化’的公司像雨后春笋般大量涌

现。”汪洋所说的A8音乐集团，是深圳一家音乐电子商务公司。近年来，A8音乐凭借公司在互联网和无线领域的技术优势和营销服务经验，通过结合全球最贴近消费趋势的中文唱片公司和多达12000名唱作人，汇集了65000首歌曲，建成全球最大的中文音乐原创社区，打造了全新的音乐供应链。同样被汪洋书记“举例”推介的华强文化科技集团也大动作不断——2010年7月5日，集团出品的《十二生肖总动员》登陆央视少儿频道；7月12日，华强打造的动画剧场《方特大世界》在广东卫视开播，全年将播放原创动画达15000分钟，成为国内最大的首播动画剧场；另外，华强还完成了世界上最大的数字巨幕立体电影放映系统的设计，具有国际一流水准的巨幕立体影院已在泰山方特欢乐世界落成。大手笔，源于科技创新上的不断突破，源于科技与文化的不断融合。以特种电影制作为例，华强运用3D激光扫描仪数字雕刻刀、运动捕捉系统数据手套等高科技手段，成功研发出环幕4D电影、悬挂式球幕电影等十大类特种电影，迄今已有70多套环幕4D电影系统输出到美国等40多个国家和地区。

“文化＋科技”示范引导文化“走出去”

2010年5月，第六届文博会交出一份漂亮的成绩单——总成交额超千亿，出口交易额超百亿。其中，“文化＋科技”企业在文博会上尤其抢眼，高科技型文化产业成交额达403.76亿元，比上一届增长61.76%。在这块400多亿的大蛋糕上，深圳雅图的份额不容忽视。依托深圳文交所，雅图与成都、郑州等十座城市签署了雅图数字视频技术产业化投资项目合同金额，将在每个城市兴建十所雅图数字影院，总金额达40亿元。作为国家级文化产业示范基地的腾讯，2010年加快“走出去”步伐。4月12日，腾讯宣布以3亿美元入股俄罗斯互联网投资公司DST，这是腾讯成立以来在国际化方面最大的动作；“你好，QQ·COM”，世界杯期间，当梅西用生涩的中文问候全世界球迷时，腾讯全球化战略已然起航。“文化＋科技”，推动深圳本土文化企业做大做强，为他们走出去插上腾飞的翅膀。而今，深圳正着力壮大文化科技企业的力量，发挥龙头企业的示范效应。在第六届文博会开幕前，华强等20家在文化创意和科技创新深度融合方面做出积极探索、有独到建树的企业，被授予一块金光闪闪的牌子——深圳“文化＋科技型示范企业”。专家分析，此举在深圳尚属首次，将有力引导和促进文化与科技结合，催生一批富有竞争力的文化产业新兴业态。

在推动“文化＋科技”融合上，深圳市高瞻远瞩、不遗余力。在深圳市委三次全会上，市委王荣提出深圳“争做文化产业发展龙头大市”的宏伟目标，要求大力推动文化发展中的理念、科技、业态、模式创新，继续探索文化产业发展新路子。除此之外，市长许勤还率队前往华强文化科技集团“送服务”，协调解决企业发展遇到的困难和问题，希望华强不断加大自主创新力度，提高研发生产和市场开拓能力，做强做大，打造成为中国文化产业的“航空母舰”。对于“文化＋科技”的发展，深圳已有规划。《深圳市文化产业发展规划纲要（2007—2020）》指出，未来15年，深圳文化产业将坚持以数字内容产业的发展为主攻方向，大力发展高端文化产业，并通过品牌提升策略，抓住项目、产业链、产品、品牌、服务、管理等关键环节，努力提升文化产业品牌影响力。

"文化+金融"：三大平台助力资本之翼

著名经济学家厉以宁曾谈到，文化产业的发展等于"文化＋高新科技＋资本市场"，没有高新科技，就不能满足现在市场和消费者的需求；没有资本市场，就无法融资；没有资本的对接，文化难以真正成为产业。换句话说就是，"没有资本的文化长不大"。破解文化产业投资融瓶颈，深圳正通过体制创新种下一块"钱"景无限的"文化＋金融"试验田。

文化产业不能缺少资本之翼

2010年4月8日，财政部、中国人民银行、文化部等九部门联合制定的《关于金融支持文化产业振兴和发展繁荣的指导意见》正式发布。《指导意见》要求通过创新信贷产品、完善授信模式、培育保险市场、实施文化产权评估交易等具体举措加大金融对文化产业发展的支持力度。文化部相关官员表示，文化企业面临最大的瓶颈就是融资难，而融资难的重要原因之一在于缺乏专业市场的支撑，缺乏对文化产权内在价值的市场评估。要改变这种格局，迫切需要推进文化市场体制机制创新，为文化企业和潜在的投资者提供专业化服务，这正是深圳建设文化产业龙头大市的时代使命。

在第六届文博会上，总成交额突破1000亿元大关，文化产品出口交易额突破100亿元大关。这两个数字，不仅是文博会的硕果，也是中国文化产业全面崛起的一个标志。更值得关注的是，文化创意和金融资本在文博会上的对接，为长期遭遇融资难的文化产业开辟了一条市场化通衢大道。尤其是深圳文交所的亮相，倾心打造的"文化＋金融"试验田，激活了产业链条，为文化产业插上了资本之翼。

深圳文交所 500亿打造"文化＋金融"试验田

在建设国家级文化产业发展平台的路途中，深圳搭建了文博会、文交所和文产投资基金三大平台，犹如"三驾马车"，正加速文化项目产业化，推动深圳文化产业迈向新高。国家将这三个相互配套的文化产业发展基础性平台都放在深圳，为深圳下一步产业发展赢得重要先机。其中，深圳文交所使得文化创意与金融资本实现常态对接，成为"文化＋金融"的突出亮点。

深圳市文产三大投融资平台

文博会	2004年，首届中国（深圳）国际文化产业博览交易会登场。经过六年的发展，成交额从首届356.86亿元跃升至第六届的1088.56亿元，实现了快速增长。在文博会的牵线搭桥之下，许多参展企业获得了"及时雨"般的资金支持
文交所	深圳文交所于2009年11月16日成立，使得文化创意与金融资本实现常态对接，与上海文交所共同成为中央重点支持的国家级文化产权交易机构。第六届文博会期间，文交所与文博会实现全面对接，已获金融机构提供的500亿元资金授信额度，交易项目成交额达85.69亿元，成为"文化＋金融"的突出亮点
文产投资基金	深圳正积极参与和推动设立"中国文化产业投资基金"，该国家级、全国性的投资基金一旦设立，将有效解决长期困扰文化产业发展的资金难题，搭建与文博会相配套的文化投融资服务平台。据悉，首期募集规模达60亿元

深圳文交所打造四类平台

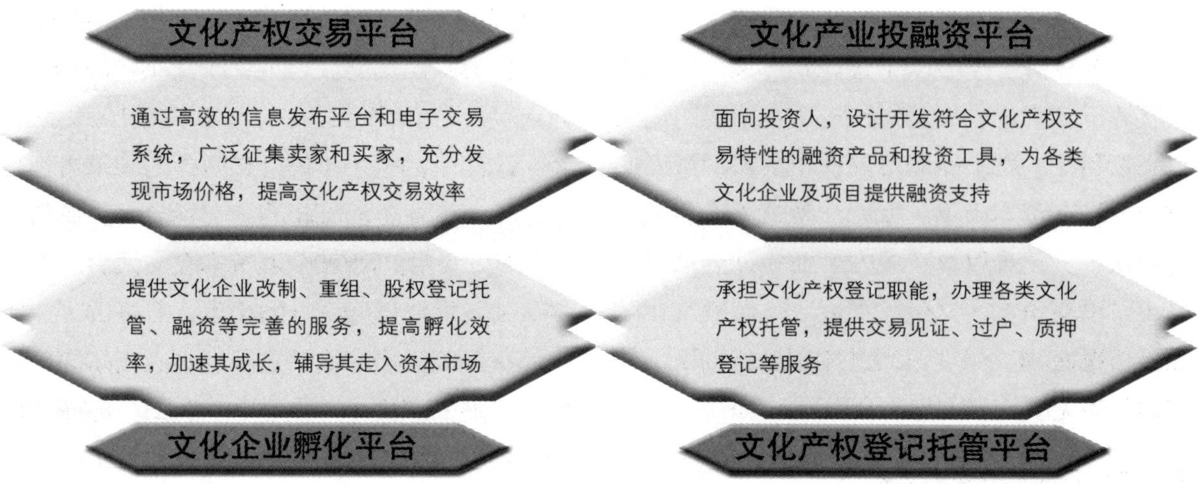

2009年11月16日，深圳文化产权交易所挂牌成立，这是深圳建设文化产业龙头大市的重大举措。深圳市委市政府决定，在2010年至2014年间每年划拨500万元共计2500万元财政拨款，支持深圳文交所建设和发展。2010年5月14日，深圳文化产权交易所正式亮相，并举行了一系列“重磅”合作签约。在这次盛大的合作中，银行等金融机构向深圳文交所平台内的文化企业和项目提供了总额达到500亿元的综合授信额度，与深圳文交所携手打造“文化+金融”试验田。深圳文交所的文化与金融对接双方涉及的范畴很广,资本界主要来自银行、保险、风投等,普通老百姓也可以像炒股一样成为投资者。文交所的交易品种包括了文化股权、物权、债权及知识产权（影视作品、数字产品、工业设计、文学作品等著作权）的转让或授权交易,文化创意项目投资受益权、文化产品权益的融资交易,各类文化艺术品拆分权益以及资本与文化对接的投融资综合配套服务。

深圳文交所虽然成立才半年,却以创新思维作出了许多有益的尝试:齐白石的蔬果花卉作品在文交所代理商的包装下,与银行联合发行为艺术品权益类理财产品;深圳市欢乐动漫有限公司将部分股权作价6000万元转让给深圳两家投资管理公司,完成资本与文化股权的首次对接;在场内成交的第一宗电视剧融资项目是电视剧《画皮》,剧组通过深圳文交所平台募集了300万元的资金缺口。数据显示，深圳文交所在短短半年时间，共征集可实现交易登记、交易签约项目471宗，金额约85.69亿元。其中实际成交金额59.29亿元，意向成交26.4亿元。深圳市委宣传部长王京生表示，深圳文交所既不是一省一市的平台，也不是某个行业的平台，而是致力成为立足深圳、对接港澳台、服务全国、面向世界的文化产权交易及文化产业投融资服务中心。相关学者则认为，深圳文交所的成立和相关产品的发行，从根本上找到了一条解决我国文化艺术产业融资难问题的道路，有利于为我国文化创意产业冲破英国、美国、日本等强国的文化垄断，提供充足的资金支持。深圳文交所及其相关产品的创新具有承上启下的里程碑意义。

“文化+旅游”：领军企业塑造国际品牌

2010年5月，第六届中国（深圳）国际文化产业博览交易会上，华侨城荣获中国“文化企业30强”称号，这是华侨城25年来追寻创想文化＋旅游的成果。6月，世界主题公园权威机构公布年度全球主题公园报告，华侨城旗下深圳欢乐谷第四次名列亚太地区十大主题公园，荣登全球主题公园“明星榜”。7月，华侨城首创的创想文化＋旅游模式递上了一份漂亮的成绩单——以深圳为总部，其“文化＋旅游”模式已经复制到全国7省市，品牌影响辐射海内外。目前华侨城文化产业净资产已达64亿元，连续多年作为唯一的亚洲企业跻身世界旅游景区集团前八强。

“文化＋旅游”复制全国

华侨城集团是隶属于国务院国资委的大型中央企业之一。1999年，华侨城提出“文化旅游地产”概念，即以文化旅游为主导，将酒店、房地产融入华侨城的主题公园产业链，实现从旅游主导产业到房地产业等关联产业的延伸和发展，逐步形成以“文化旅游地产”为核心、具有鲜明文化特色的成片开发运营模式，打造出独具特色的核心竞争力。目前，华侨城旗下品牌欢乐谷实现了深圳、北京、成都、上海四地连锁经营目标，华侨城全面进入第一轮辛勤耕耘后的收获期。主营业务整体上市之际，华侨城与天津、武汉等城市签订的投资总额逾百亿元的大型旅游综合开发项目进展顺利，云南华侨城也已在建设中，其第二轮全国战略发展布局全面启动。

模式创新提振产业升级

华侨城通过特色文化演艺，赋予文化产业生命力。从1991年成功推出第一台大型旅游文化晚会《艺术大游行》以来，华侨城已累计推出超过43台大中型演出剧目，演出达5万多场次，累计接待观众近7000万人次，各景区目前正在上演的各种形式的大中型演出共计19台，拥有千人以上剧场及表演场地19个、专业演职人员2000余名。2009年，华侨城旅游及文化产业总收入超过40亿元，利润额接近4亿元，真正实现了产业带动经济发展，文化塑造卓越品牌。目前，华侨城正在着手进入影视动漫、数字娱乐等领域，形成以深圳为基地，辐射全国，集旅游、文化、娱乐、影视、动漫于一体的大型文化产业集团。

民族特色叫响国际品牌

作为华侨城自主培育的民族旅游娱乐先锋品牌，欢乐谷从2006年开始在国际旅游舞台上崭露头角。2006至2009年，深圳欢乐谷分别以293万、323万和318万、280万入场人次的佳绩蝉联亚太十大席位。预计2010年国庆期间，深圳欢乐谷“雪域·香格里拉”将横空出世，它以神秘藏北文化为包装，全新引进更多高科技项目，硬件和文化体验的升级将再次为游客带来超乎想象的非凡震撼。

深圳文产发展三大经验值得借鉴

上海社会科学院文化产业研究中心主任、研究员花建总结归纳了深圳文化产业快速发展的三大经验。把想象力和创意力作为核心资源来开发，把创意人士的前沿探索，迅速转化成为在市场上流通的文化产品和服务，这是深圳文化产业快速发展的经验之一。想象力和创意力的水平反映了人类文化的发展程度，而世界性的想象力却是在人类跨入工业革命之后才萌发的一种伟大精神力量。深圳作为全球创意和科技交流的大平台，形成了一个鼓励创意开发和引导市场消费的加速器。比如，深圳从无到有，集聚了中国同类规模城市中数量最多的平面设计师群体，集聚了建筑、珠宝、印刷、工业等领域的诸多创意设计人才，成为联合国教科文组织认定的中国第一个“设计之都”。

把科技创新作为强劲的翅膀，千方百计提高文化产品和服务的科技含金量，以此来扩大在国内外市场上的竞争力优势，这是深圳文化产业的又一个宝贵经验。目前中国科技进步的贡献率约在40%，与发达国家平均65%~80%的水平尚有较大的差距，但是，以知识性要素为主体的创新型经济增长态势已初露端倪，中国文化产业的科技型企业已经吹响了大进军的“集结号”。以深圳华强文化科技集团为例，它经过10年的发展，构建了包括以文化主题公园、影视娱乐、媒体网络、文化衍生产品等为核心的立体多元产业网络，涵盖了16个文化科技产业相关领域，把70套具有自主知识产权的环幕4D电影院输出到美、加、意等40多个国家，还成为中国开发科技型主题公园的排头兵。

全力打造文化产业要素的交易市场体系，加快资本、创意、人才、技术和品牌等的市场连通性，以此来加强文化产业要素的市场配置效率，这是深圳文化产业的又一个重要规律。中国文化产业与国际先进水平的差距，总体上不在艺术原创能力，也不在技术和投资，而是缺少有效的产业战略和完善的市场体系，特别是缺少以文化要素的交易为核心，结合投资融资、产权保护、项目评估、产权代理、新人扶持、市场推介等在内的要素市场体系。深圳大胆创新，突破文化产业的这一个重点和难点，建立了深圳文化产权交易所，与上海文化产权交易所共同组成了两大国家级的文化产权交易所，并且由深圳市政府下文，给该交易所的硬件建设和交易费用予优惠扶持。一旦逐步建立了这样的文化要素交易系统，就会组合散落的价值和资源，释放出巨大的能量。

新疆：安全隐患上升为法规

近年来，国家安全生产监管部门一次又一次下发关于安全生产隐患排查治理的文件，各地也部署了一轮又一轮排查治理行动，确实取得了不错的效果，但重特大安全生产事故还是不断发生，一个很重要的问题就是还没有完全把隐患排查治理纳入法制化、规范化、经常化的轨道。为此，国家安监局于2007年发布《安全生产事故隐患排查治理暂行规定》，对生产经营单位和监督管理部门的责任作出详细规定。此后，各地也陆续出台隐患排查治理和监督管理暂行规定和管理办法，对隐患排查治理工作各个环节进行规范，逐步形成了安全生产隐患排查治理的制度体系。新疆将管理办法升格为条例，把安全生产隐患排查治理的责任制度、管理制度和法律责任纳入法律体系，无论是内容还是层次都有了一个突破，在法律效力上有了更高层次的保障，弥补了当前安全生产隐患排查治理在法制化建设上的一个空白。

5章36条，着力解决隐患治理问题

2010年上半年，全国事故起数和死亡人数同比分别下降6.6%和11%，全国安全生产形势基本稳定。但相继发生了湖南立胜煤矿“1·5”井下火灾、山西王家岭矿“3·28”透水等6起特别重大事故，全国安全生产形势依然十分严峻。为此，国务院2010年7月19日印发《关于进一步加强企业安全生产工作的通知》，要求实施更加严格的企业安全管理，要求企业主要负责人和领导班子成员轮流现场带班，并对事故查处实行地方各级安委会层层挂牌督办，重大事故查处实行国家安委会挂牌督办。

作为国家重点扶持对象，新疆正在迎来大建设、大开放、大发展的历史性机遇，全国19个省市对新疆实施新一轮对口支援，特别是随着矿产资源勘探、开发、冶炼加工的产业集群加快形成，新疆安全生产工作面临更大的压力，急需要法律法制为安全生产作保障。早在2006年，新疆就颁布了《重特大生产安全隐患排查治理监督暂行办法》，但4年来全区仍然累计有25357条隐患没有完成治理，其中重大隐患1040条。为此，2008年新疆安全监管局提出制定隐患排查治理条例，组织各地安全监管局就隐患排查治理地方立法展开调研，并于2009年5月向自治区政府报送了条例草案。2010年3月31日，条例在新疆人大常务会上审议通过。7月1日，《新疆维吾尔自治区安全生产事故隐患排查治理条例》正式施行，这是全国第一部关于安全生产事故隐患排查治理的地方法规。该条例共分5章36条，主要包括事故隐患的排查治理、监督管理、法律责任。条例着力解决隐患排查治理的根本问题，着眼于隐患排查治理工作热点、难点和焦点问题，突出地方特色，具有很强的操作性。

生产单位和监管单位都有刚性责任

为了明确安全生产责任主体，条例规定从事生产经营活动的企事业单位是生产经营活动的主体，要对安全生产隐患排查治理全面负责。县级以上政府应加强对事故隐患排查治理监督管理工作的领导，将事故隐患监督管理工作列入安全生产工作目标考核内容，并在本级财政预算中安排安全生产专项资金，县级以上政府安全生产监督管理部门负责本行政区域内事故隐患排查治理工作的综合监督管理。

为落实生产经营单位的责任，条例从制度、责任人以及治理要求等方面予以规范。如明确了安全生产管理人员以及车间、班组安全员排查事故隐患的职责，同时，条例要求生产经营单位“组织有关人员及时制定治理方案实施治理”，建立隐患治理评估制度。

为强化监管职责，避免推诿扯皮，条例规定“列为政府挂牌督办的重大事故隐患，应当明确牵头督办部门和配合部门的责任”，这是刚性条款，对于真正实现隐患排查治理的全面覆盖、彻底治理意义重大。

拒绝治理的"老赖"要被强制"划账"

为保障安全生产隐患排查治理措施落实到位，条例推出了不少更加严厉的规定。第一，《条例》规定“所有生产经营单位的隐患排查治理费用均可据实税前扣除”，这是以前没有的，能有效保障企业的隐患排查治理资金来源，是《条例》的一个重大突破。第二，为从制度上杜绝“有钱盖新楼、无钱治隐患”的现象，条例规定“生产经营单位拒不履行重大事故隐患治理责任的，负有安全生产监督管理职责的部门应当向本级政府报告，必要时可以采取将该生产经营单位的隐患治理资金划入指定账户的措施，委托具有相应资质的专业技术单位代为治理”，赋予相关部门“划账”的强制手段对付“要钱不要命”的“老赖”，是条例的又一大突破。第三，针对发包出租中的问题，条例规定“不得发包或者出租不具备安全生产条件的生产经营项目、场所、设备、设施”；针对市场错综复杂的问题，条例规定“集中交易市场的开办者或者经营场所管理者，是事故隐患排查治理的第一责任人，应当保证市场具备安全生产条件”；针对多产权建筑，条例规定“各自管理范围内的事故隐患排查治理责任”。对这些特殊对象的隐患排查治理作出专门规定，消除了隐患排查治理的盲区和空白，也是条例的重大突破。

治理不力要罚款，监管不力要问责

为保障法律实施，惩罚和教育违法者，条例分别对违反条例的生产经营单位和主要负责人，以及国家机关和其工作人员进行处罚和问责，并制定了具体的处罚标准。

新疆安全生产事故隐患治理法律责任

责任主体	违法情形	处罚标准
生产单位和主要责任人	未建立事故隐患排查治理及资金专项制度的；对可能危及周边单位和人员的重大事故隐患，未及时通报等	处以3万元以下罚款，对单位主要负责人处以1万元以下罚款
	对重大事故隐患未制定或者未实施治理方案的；瞒报、谎报或者拖延报告重大事故隐患的等	处5000元以上5万元以下罚款，对其主要负责人处以3000元以上3万元以下罚款；逾期不改正的，责令生产经营单位停产停业整顿
	发包或者出租不具备安全生产条件的生产经营项目、场所、设备等	处3000元以上3万元以下罚款，对单位主要负责人处以1000元以上1万元以下罚款
监管单位和人员	发现重大事故隐患未及时责令处理的；其他滥用职权、玩忽职守、徇私舞弊的行为等	对直接负责的主管人员和其他直接责任人员给予处分；构成犯罪的，依法追究刑事责任

相关链接

黑龙江开展事故隐患排查治理活动

2010年3月，黑龙江省出台《关于开展全省安全生产事故隐患排查治理活动方案》，分四个阶段开展安全生产事故隐患排查治理活动，突出对煤矿、非煤矿山、危险化学品、烟花爆竹等重点行业和领域的重点企业的排查治理，对重大隐患和问题，实施“排查建档、下达指令、挂牌督办、整治落实、验收注销”五项制度，建立从发现到消除事故隐患的闭合管理工作机制。对于煤矿企业，排查是否存在使用淘汰落后工艺和设备等重大问题；非煤矿山企业要排查爆破技术、生产设备、炸药库和现场安全管理；危险化学品企业要检查安全生产责任制、安全管理规章制度和岗位操作规程制定及执行情况；烟花爆竹企业要排查生产、经营单位储存库房的防火、防雷、防盗、防静电及防潮、降温等设备设施的使用和重大危险源及重点部位的监控情况以及应急救援队伍、装备建设；其他行业领域要做到隐患排查不留死角，治理措施落到实处。

2010年10月29日，由中国人民对外友好协会、北京CBD国际商务节组委会主办，北京国际城市论坛基金会、北京国际城市发展研究院承办的国际城市论坛2010年年会在北京举行，会上，北京国际城市发展研究院隆重发布了《中国城市价值报告》，报告显示，深圳、上海、北京成为中国最具价值的城市，报告提出了“十一五”中国城市价值十大新变化和“十二五”中国城市发展十大新趋势，指出“十二五”期间，中国城市的发展不仅需要GDP增长和技术创新，而且也要包容制度的优化和理念的改进，同时还要兼顾人口发展、资源节约和环境保护，体现社会变迁过程的整体性、系统性和协同性。

2010国际城市论坛发布

中国城市价值报告

深圳、上海、北京成为中国最具价值的城市

城市价值体系由三个子系统构成，即城市生活质量系统、城市品牌价值系统和城市综合竞争力系统。三个子系统之间是相互包含、相互作用的关系。在此基础上，我们构建了包括城市生活质量系统、城市品牌价值系统和城市综合竞争力系统在内的城市价值评价模型。

“中国城市价值评价系统”由3个一级指标系统、22个二级指标系统和70个三级指标系统,是基于综合性、科学性、可操作性、可比性和导向性的基本原则建立的。城市价值评价系统包括的三个方面（即一级指标系统）为城市综合竞争力系统、城市品牌价值系统和城市生活质量系统。

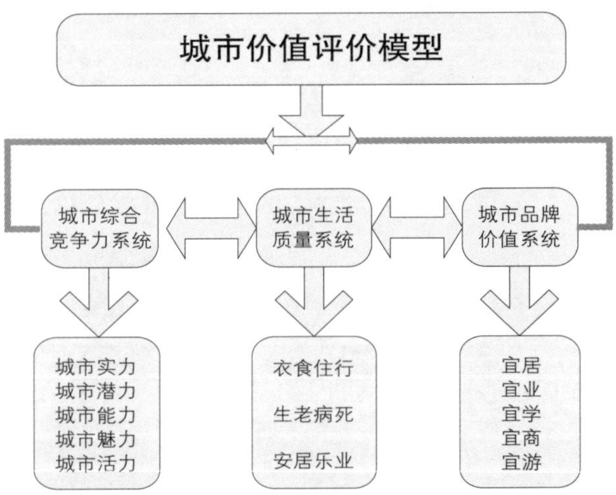

中国城市价值指标体系

一级子系统	二级子系统	指标
城市综合竞争力	实力系统	人均GDP
		GDP
		GDP增长率
		财政收入
		规模以上工业企业利润
		城镇居民人均可支配收入
		农民人均现金收入
	能力系统	地均工业总产值
		地均固定资产投资
		地均外商直接投资
		科学、技术和勘探业从业人员占比重
		年末金融机构贷款余额
		人均社会消费品零售总额
		每万人拥有专职教师数
		每万人拥有医生数
		每百人公共图书馆藏书量
	活力系统	个私企业从业人员比重
		外资和港澳台投资企业工业产值比重
		第三产业占GDP的比重
		就业人口比重
		第三产业从业人员比重
		中小学在校学生占人口比重
		税负水平
		行政人员从业比重
	潜力系统	人均占有耕地面积
		人均绿地面积
		人均家庭生活用水量
		人均城市道路面积
		人均居民生活用电量
		千人国际互联网用户数
		人口密度
		每万人高校在校学生数
	魅力系统	城市品牌价值指数
		每百万人拥有剧场影剧院数
		文化体育和娱乐业从业人员比重
		城乡收入比
		登记失业率
		在岗职工平均工资
		居民储蓄年末余额

一级子系统	二级子系统	指标
城市生活质量	衣	城镇居民人均可支配收入
	食	人均社会消费品零售总额
	住	人均城镇生活消费用电量
	行	万人拥有公共汽车数
	生	教育事业支出比重
	老	社会保障水平
	病	每万人拥有医生数
	死	居民服务系数
	安	人均年末储蓄余额
	居	人均绿地面积
	乐	每百人公共图书馆藏书量
	业	城镇登记失业率
城市品牌价值	宜居	人均绿地面积
		生活垃圾无害化处理率
		住房成本收入比
		人均铺装道路面积
		每万人拥有公共汽车数
	宜业	职工平均工资
		城镇登记失业率
		低保覆盖率
	宜学	每万人拥有在校大学生人数
		每百名初等教育在校生配备专职教师数
		每百万人拥有公共图书馆藏书数
	宜商	人均GDP
		GDP增长率
		社会消费品零售总额
		固定资产投资总额
		全国弛名商标数
	宜游	“世界遗产”个数
		星级以上饭店数
		拥有中国“地理标志”产品数

报告在2006年中国城市生活质量排行榜、2007年中国城市综合竞争力排行榜和2008年中国城市品牌价值排行榜的基础上，通过对2006年、2007年、2008年、2009年全国286个地级以上城市（因数据来源问题未包括西藏拉萨市）的城市价值方面评估数据的初步统计和分析，系统描述了286个中国城市“十一五”发展的基本状况，并排出中国城市价值排行榜。

前十位城市均位于我国东部沿海三大经济圈

根据城市价值指数综合得分得出：位居全国前十位的城市分别为深圳市、上海市、北京

2010年中国100城市价值排行榜

城市	城市价值指数	位次	生活质量指数	位次	品牌价值指数	位次	竞争力指数	位次
深圳市	4.5835	1	6.5557	1	2.8941	1	3.6433	1
上海市	1.8091	2	1.7432	4	1.3402	3	2.3659	2
北京市	1.8060	3	1.9289	3	1.4830	2	1.9652	3
广州市	1.6644	4	1.9796	2	1.2239	4	1.6848	4
杭州	1.0355	5	1.1891	9	0.6981	6	1.1681	7
厦门	0.9820	6	1.3867	5	0.4438	24	0.9807	14
南京	0.9807	7	1.0286	12	0.9226	5	0.9749	15
珠海市	0.9540	8	1.2827	7	0.4731	21	0.9966	12
无锡市	0.9111	9	0.9733	16	0.6019	11	1.1373	8
青岛	0.8794	10	1.0292	11	0.6303	10	0.9286	18
大连市	0.8749	11	1.0243	13	0.5999	12	0.9506	16
福州	0.8624	12	1.2622	8	0.3821	29	0.8096	20
宁波	0.8580	13	0.9799	15	0.5201	17	1.0335	11
苏州市	0.8470	14	0.8762	19	0.5416	16	1.1134	9
温州市	0.8376	15	1.3589	6	0.3162	39	0.6638	28
长沙市	0.8268	16	1.0927	10	0.3615	31	0.9374	17
佛山市	0.8251	17	0.9977	14	0.3464	33	1.0736	10
东莞市	0.8236	18	0.7065	31	0.3370	36	1.4663	5
中山市	0.7992	19	0.8674	21	0.1888	70	1.3188	6
济南	0.7394	20	0.8588	22	0.6417	9	0.6778	26
天津市	0.7380	21	0.7888	25	0.4839	19	0.9242	19
鄂尔多斯市	0.6948	22	0.8416	24	0.4615	23	0.7325	23
包头市	0.6700	23	0.7539	28	0.5711	13	0.6573	30
呼和浩特	0.6430	24	0.7518	29	0.4410	26	0.7001	24
东营市	0.6237	25	0.7691	26	0.5520	15	0.5016	37
郑州市	0.6172	26	0.7661	27	0.3641	30	0.6718	27
威海市	0.6108	27	0.8726	20	0.3209	38	0.5517	33
武汉市	0.5958	28	0.5642	35	0.4778	20	0.7560	22
大庆市	0.5870	29	0.7448	30	0.4435	25	0.5202	34

（续表）

城市	城市价值指数	位次	生活质量指数	位次	品牌价值指数	位次	竞争力指数	位次
常州市	0.5733	30	0.4873	40	0.2780	45	0.9833	13
绍兴市	0.5723	31	0.9416	17	0.2372	59	0.4151	43
沈阳市	0.5713	32	0.5348	36	0.4208	28	0.7704	21
泉州市	0.5588	33	0.8466	23	0.2779	46	0.4558	40
海口市	0.5488	34	0.4729	43	0.6873	7	0.5114	36
昆明市	0.5408	35	0.9302	18	0.1713	76	0.3912	46
成都市	0.5344	36	0.4949	38	0.4903	18	0.6312	31
合肥市	0.4986	37	0.4668	44	0.3425	34	0.6972	25
南通市	0.4683	38	0.5111	37	0.2761	47	0.6036	32
烟台市	0.4298	39	0.4493	45	0.3589	32	0.4746	39
南昌市	0.4253	40	0.2181	75	0.4658	22	0.6612	29
重庆市	0.4070	41	0.2888	67	0.6681	8	0.3034	57
南宁市	0.4051	42	0.4228	50	0.4335	27	0.3532	51
嘉兴市	0.3970	43	0.6539	32	0.1046	98	0.3469	52
镇江市	0.3868	44	0.4441	47	0.2707	49	0.4264	42
惠州市	0.3798	45	0.5801	33	0.1393	89	0.3534	50
克拉玛依市	0.3718	46	0.1395	86	0.5560	14	0.4972	38
太原市	0.3654	47	0.4277	48	0.2725	48	0.3754	47
石家庄	0.3630	48	0.4742	42	0.1783	73	0.3995	44
银川市	0.3505	49	0.3909	58	0.3352	37	0.3118	56
乌鲁木齐市	0.3387	50	0.4188	51	0.2504	55	0.3200	55
秦皇岛市	0.3261	51	0.2857	68	0.2657	51	0.4405	41
哈尔滨市	0.3256	52	0.4031	55	0.2703	50	0.2775	59
潮州市	0.3236	53	0.5685	34	-0.0020	127	0.3222	54
桂林市	0.3211	54	0.4472	46	0.2270	61	0.2469	64
晋城市	0.3019	55	0.4821	41	0.2085	67	0.1552	82
马鞍山市	0.3010	56	0.1108	94	0.3402	35	0.5153	35
金华市	0.2987	57	0.4932	39	0.2096	66	0.1285	92
十堰市	0.2886	58	0.4274	49	0.2376	58	0.1544	83
淄博市	0.2851	59	0.4011	56	0.2194	63	0.1962	72
兰州市	0.2776	60	0.4044	54	0.2254	62	0.1606	79
肇庆市	0.2742	61	0.3163	64	0.1468	85	0.3453	53
漳州市	0.2566	62	0.3503	61	0.1433	86	0.2450	65
长春市	0.2560	63	0.2062	77	0.1845	72	0.3939	45
黄山市	0.2397	64	0.3929	57	0.2409	57	0.0342	118

（续表）

城市	城市价值指数	位次	生活质量指数	位次	品牌价值指数	位次	竞争力指数	位次
扬州市	0.2391	65	0.1724	82	0.2109	65	0.3561	48
盘锦市	0.2388	66	0.3296	62	0.1024	100	0.2541	62
沧州市	0.2378	67	0.1397	85	0.3137	41	0.2928	58
黄石市	0.2347	68	0.4162	52	0.0345	118	0.1928	74
贵阳市	0.2341	69	0.4081	53	0.1230	94	0.1131	99
株洲市	0.2197	70	0.3232	63	0.1419	88	0.1597	80
临沂市	0.2105	71	0.1917	79	0.3082	42	0.1379	89
岳阳市	0.2055	72	0.2585	70	0.1870	71	0.1535	84
台州市	0.2053	73	0.3679	59	0.0479	113	0.1460	86
怀化市	0.1996	74	0.2620	69	0.1727	75	0.1435	88
九江市	0.1981	75	0.1299	87	0.2868	44	0.2002	71
湖州市	0.1938	76	0.3539	60	0.0164	122	0.1576	81
邢台市	0.1923	77	0.1782	81	0.1751	74	0.2283	66
泰安市	0.1869	78	0.2914	66	0.2510	54	−0.0165	126
宝鸡市	0.1824	79	0.1808	80	0.2489	56	0.1179	98
三明市	0.1781	80	0.2440	72	0.1608	81	0.1076	100
连云港市	0.1767	81	0.0868	99	0.2177	64	0.2555	61
河源市	0.1736	82	0.1211	89	0.1665	77	0.2508	63
徐州市	0.1692	83	0.0805	100	0.2529	53	0.2036	69
呼伦贝尔市	0.1640	84	0.0184	111	0.3154	40	0.2069	68
柳州市	0.1635	85	0.2521	71	0.0598	107	0.1489	85
清远市	0.1629	86	−0.0557	130	0.2638	52	0.3536	49
玉溪市	0.1616	87	0.1079	96	0.1924	68	0.2023	70
泰州市	0.1586	88	0.1291	88	0.1421	87	0.2144	67
景德镇市	0.1533	89	0.2229	74	0.1357	91	0.0780	107
丽水市	0.1440	90	0.1146	91	0.1906	69	0.1368	90
舟山市	0.1415	91	0.2048	78	0.0277	119	0.1708	78
衡水市	0.1397	92	0.3012	65	−0.0191	135	0.0833	104
西安市	0.1301	93	0.1143	92	0.0950	104	0.1863	76
湘潭市	0.1123	94	0.0869	98	0.1377	90	0.1208	97
龙岩市	0.1122	95	0.2264	73	−0.0064	129	0.0786	106
许昌市	0.1055	96	0.2140	76	−0.0314	141	0.0977	102
鞍山市	0.0979	97	−0.0240	121	0.1636	78	0.1946	73
嘉峪关市	0.0969	98	−0.1313	148	0.2311	60	0.2669	60
保定市	0.0953	99	0.0478	107	0.1260	92	0.1279	93
济宁市	0.0936	100	0.1037	97	0.0912	105	0.0824	105

市、广州市、杭州市、厦门市、南京市、珠海市、无锡市和青岛市，其城市价值指数分别为4.5835、1.8091、1.8060、1.6644、1.0355、0.9820、0.9807、0.9540、0.9111、0.8794。从前十位城市的区域分布看，均位于我国东部沿海三大经济圈：其中珠三角地区3个，环渤海地区3个，长三角地区4个。东南沿海地区城市价值水平在全国居于领先地位。位居后十位的城市分别是临沧市、安康市、安顺市、遂宁市、宿州市、内江市、广安市、巴中市、陇南市、昭通市，其价值指数分别为–0.5716、–0.5839、–0.5911、–0.5991、–0.6165、–0.6215、–0.6246、–0.6730、–0.7836、–0.7962，均位于我国西部地区。

品牌价值指数排名前十位：深圳市、北京市、上海市、广州市、南京市、杭州市、海口市、重庆市、济南市、青岛市

生活质量指数排名前十位：深圳市、广州市、北京市、上海市、厦门市、温州市、珠海市、福州市、杭州市、长沙市

综合竞争力指数排名前十位：深圳市、上海市、北京市、广州市、东莞市、中山市、杭州市、无锡市、苏州市、佛山市

排名结果表明：第一，三大都市圈的代表城市是当前中国城市价值水平比较高的城市。第二，西部中心城市发展较快，呼和浩特、包头、成都、乌鲁木齐等城市价值指数较高，表明西部大开发对西部中心城市发展起到了明显效果。第三，我国城市价值水平受城市行政级别影响较大，在所有城市中，直辖市、计划单列市以及其他副省级城市的价值水平更高一些；而在同一个省区内，其省会城市价值排名也位于同地区各城市前列。

四类城市之间的差距在不断扩大

报告利用SPSS统计软件对城市价值指数排名前50位的城市进行聚类分析。

从表中不难看出，中国城市价值水平存在区域性差异，第一类和第二类与第三类和第四类城市之间的差距在不断扩大。

第I类型地区（称为城市价值高水平地区）：深圳。其特点是三个分类指数均非常高，所以，在雷达图上，三个要素所构成的三边形相对比较规则。

第II类型地区（称为城市价值中高水平地区）：包括北京、上海和广州，共3个城市。其特点是三个分类指数均比较高，所以，在雷达图上，三个要素所构成的三边形相对比较规则，接近正三角形。该地区与第I类型地区相比具有两个特点：一是品牌价值和竞争力指数低于第I类型地区，但差距并不太大；二是生活质量指数明显低于第I类型地区，这正是第II类型地区与第I类型地区的主要差距。

第III类型地区（称为城市价值中等水平地区）：包括杭州市、天津市、南京等，共16个城市。该地区与第II类型地区相比的特点是：

城市价值区域聚类分析（四类）

地区	第I类	第II类	第III类	第IV类
东部	深圳	上海、北京、广州	杭州、厦门、南京、珠海、无锡、青岛、福州、宁波、苏州、温州、佛山东莞、中山、天津	济南、东营、威海、常州、绍兴、泉州、海口、南通、烟台、嘉兴、镇江、惠州、石家庄
东北			大连	大庆、沈阳
中部			长沙	郑州、武汉、合肥、南昌、太原
西部				鄂尔多斯、包头、呼和浩特、昆明、成都、重庆、南宁、克拉玛依、银川、乌鲁木齐

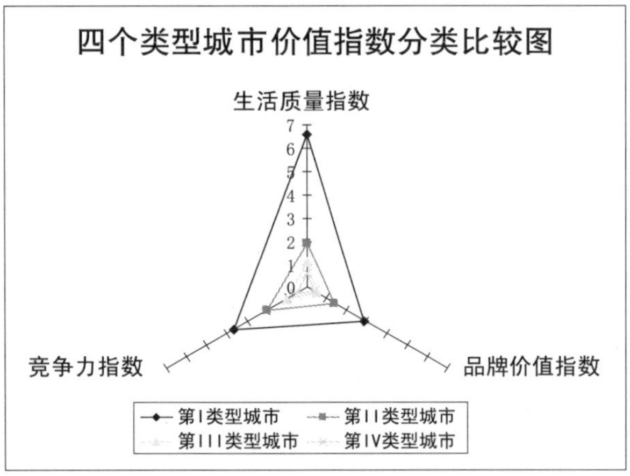

①生活质量指数低于第II类型地区，但差距不是特别大；②品牌价值和竞争力指数低于第II类型地区，差距非常明显。这也是第III类型地区与第II类型地区的主要差距。

第IV类型地区（称为城市价值中低水平地区）：包括鄂尔多斯市、济南市、沈阳市等，共30个城市。其特点是三个分类指数均非常低，所以，在雷达图上，三个要素所构成的三边形接近等边三角形。该地区与第III类型地区相比的特点是：①品牌价值指数极低，但与第III类型地区差距不是很大；②生活质量和竞争力指数明显低于第III类型地区。这也是第IV类型地区与第III类型地区的主要差距。

35个大中城市排名均比较高

从35个（因数据来源问题未包括拉萨市）大中城市价值指数和各分类指数比较中可以发现：

首先，35个大中城市的价值指数在286个城市中排名都比较高，基本处于100名以内（除西宁外），而有80.6%的城市，城市价值指数排在前50名内。其中，城市价值指数最高的是深圳，排名第1，城市价值指数最弱的是西宁，排名第110。

其次，35个城市的价值指数差距比较大，排在第一的深圳价值得分为4.5835，排在最后的西宁价值得分为0.0352。而且排在前5名的城市价值指数变化比较明显，表现为城市价值指数的趋势线斜率比较大；排在后几位的城市价值指数差距比较小。

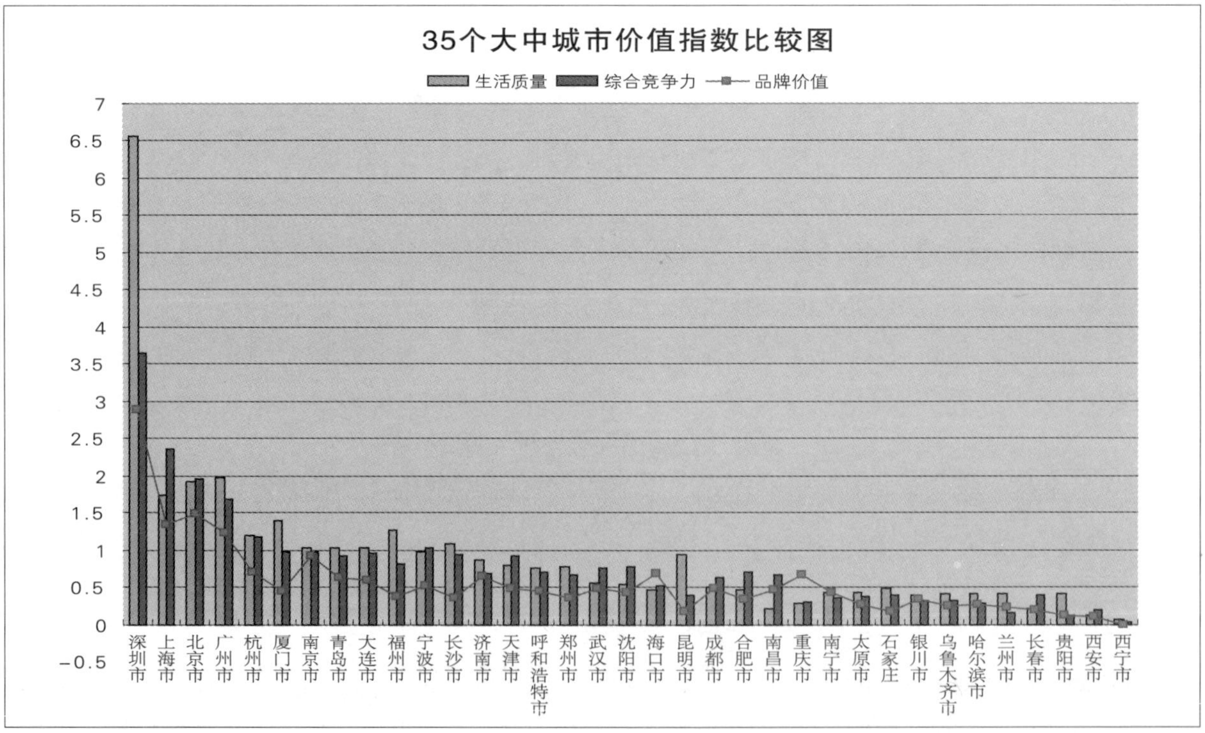

最后，35个大中城市的城市价值分类指数各有优势。如深圳市的各项指标都位居榜首；上海市的生活质量指数和品牌价值指数均稍低于北京市，但是上海的综合竞争力指数远高于北京，导致上海最后的排名在北京前面；排在中间位置的昆明市因自然地理状况、生态环境等方面具有优势，所以昆明的生活质量指数接近于排在第7位的南京市。

“十一五”中国城市价值十大新变化

“十一五”时期，我国经济社会发展取得了巨大成就、国家面貌发生了新的历史性变化。中国经济总量已居世界第二位，人均GDP超过3700美元，迈入中等收入国家的行列。中国城市发展也取得了重大成就，中国城市价值呈现出十大新变化。

变化一：城市经济实力显著增强，但制约城市发展的人口资源环境矛盾日益凸显

“十一五”期间，我国城市社会生产力快速发展，城市经济实力显著增强，产业结构实现了优化升级，城市日益成为国民财富的重要创造载体，推动经济社会发展的核心力量，中心城市的地位日益凸显，城市群成为中国经济发展的重要增长极。统计显示：2008年，全国地级及以上城市地区生产总值达18.6万亿元，占全国GDP的62%，上海、北京、深圳、广州、天津等43个城市地区生产总值超过1000亿元；全国地级以上城市第一、二、三产业增加值的结构比重为3.2：50.6：46.2；社会消费品零售总额达6.8万亿元，占全国的63%；货物进出口总额2.54万亿美元，占全国的99%。京津冀、长三角和珠三角三大城市群地级及以上城市地区生产总值（含市辖县）达10.6万亿元，占全国GDP的33.8%。

“十一五”及当前，中国正处于快速推进工业化和城镇化的历史进程中，中国城市发展也存在诸多矛盾和问题，突出表现为人口、资源、环境矛盾已成为制约城市发展的掣肘。目前，我国单位GDP能耗是世界平均水平的2.78倍，90%以上的天然草原退化，相当一部分城市的环境容量处于严重的超负荷状态。日益增强的资源瓶颈约束使得城市粗放型的发展模式

“十一五”时期中国城市经济总量增幅比较（前十位）

城市	2006年GDP总量（单位：亿元）	2009年GDP总量（单位：亿元）	“十一五”期间实现的增量	“十一五”阶段GDP增长率
上海市	10297	14900.93	4603.93	44.71%
北京市	7720	11865.9	4145.9	53.70%
广州市	6068	9112.76	3044.76	50.17%
深圳市	5684	8201.23	2517.23	44.28%
苏州市	4820	7400	2580	53.52%
天津市	4338	7500.8	3162.8	72.90%
重庆市	3486	6528.72	3042.72	87.28%
杭州市	3441	5098.66	1657.66	48.17%
无锡市	3360	4992	1632	48.57%
青岛市	3207	4890.33	1683.33	52.48%

资料来源：北京国际城市发展研究院

"十一五"时期中国城市经济总量增长变化比较（前十位）

城市	2006年GDP年增长率	2007年GDP年增长率	2008年GDP年增长率	2009年GDP年增长率	"十一五"期间GDP年均增长率
上海市	12.00%	13.50%	9.70%	8.20%	10.85%
北京市	12.00%	12.80%	9.00%	10.10%	10.97%
广州市	14.70%	11.14%	12.30%	11.50%	12.41%
深圳市	15.00%	14.50%	12.10%	10.70%	13.07%
苏州市	15.50%	16.10%	13.00%	11.00%	13.9%
天津市	14.40%	14.80%	16.50%	16.50%	15.55%
重庆市	12.20%	15.40%	14.30%	14.90%	14.2%
杭州市	14.30%	15.37%	11.00%	10.00%	12.66%
无锡市	15.00%	16.07%	13.50%	11.60%	14.04%
青岛市	15.70%	15.37%	13.00%	12.20%	14.06%

资料来源：北京国际城市发展研究院

难以为继，日益突出的环境污染问题使得城市发展与环境保护的矛盾越发尖锐，日益扩张的城市建设和人口增长的形势与城市承载力不相适应，靠资源的高消耗、污染的高排放、土地的高扩张的城市发展模式亟待转型。

变化二：区域发展格局基本形成，但区域发展不平衡不协调的形势仍然严峻

"十一五"期间，统筹区域发展成为中国经济社会发展的重点。特别是2009年以来，12个区域规划先后上升到国家层面。珠三角、长三角、环渤海经济区已成中国经济三大引擎。西部的成渝、关中天水、北部湾三大重点经济区，中部的武汉、长株潭城市群，东北的长吉图、沈阳经济区……东西呼应，南北互动，区域经济网络基本形成，协作形式灵活多样。这使得中西部和东北地区发展明显加快，2009年，中西部和东北的经济增长第一次超过东部；中部地区城镇固定资产投资占全国的比重达到27.3%，比2005年提高5.2个百分点；西部地区达到22.1%，比2005年提高2.2个百分点。

"十一五"期间，我国区域发展格局基本形成，但由于我国区域间发展不平衡是一个长期存在的现象，区域协调发展的体制机制尚不健全，区域发展不平衡不协调的问题仍然严峻。

一是区域间总体发展差距在缩小，但人均发展水平差距依然存在。最新公布的中国统计年鉴显示，目前珠三角、长三角和京津冀三个经济区域的规模已经占到全国经济总量的48.6%左右。虽然我国区域发展差距加速扩大的势头有所减缓，但区域间人均发展水平的差距仍然过大，且呈继续扩大的态势。居民收入水平的区域差距虽然小于经济发展水平的差距，但也呈扩大趋势。区域间农村居民收入水平差距扩大的幅度大于城镇。

二是特殊类型区域发展仍面临诸多困难，老少边穷地区贫困问题依然突出。由于自然和历史原因，我国少数民族地区和边疆地区生产方式落后，社会发育程度低，解决温饱难度大，脱贫任务十分艰巨。资源枯竭型城市发展压力大。近年来，我国三分之二的矿山进入中老年期，四分之一的资源型城市面临资源枯竭，生态环境脆弱地区，人与自然关系矛盾突出。同时，由于一些区域贫困率高和贫困人口的聚集，社会矛盾突出，群体性上访事件不断出现。

三是区域合理分工格局尚未形成。我国一些地区不顾资源条件和生态环境承载力，在不具有优势的前提下无序竞争发展价高利大的加工业特别是重化工业，造成地区间产业结构雷同。低水平的重复建设导致生产能力过剩或者严重过剩，加剧了资源环境压力和发展方式转型的步伐。由于长期的粗放式经济增长方式的影响，使得东部沿海部分地区过度依赖外部市场，忽视产业升级和自主研发能力的提高，单纯依靠廉价的劳动和土地要素维持高增长。这些问题表明我国区域合理分工格局尚未形成。

四是协调区域间发展的体制机制不健全。首先是市场机制不健全，在一定程度上阻碍了资金在区域间的自由流动，难以形成区域间合理的竞争关系。资源价格偏低，既造成对资源的过度需求和浪费，又误导一些地区盲目发展高耗能、资源性产品。其次是财税体制仍需完善。地方政府，尤其是基层政府的财权与事权不清，基层政府财力薄弱，造成欠发达地区政府难以为当地居民提供基本的公共服务。第三是区域协调互动机制尚不健全。实施区域管理和区域规划缺乏必要的法律保障，造成区域规划的内容在实际管理中无法落到实处。区域管理体制不健全，政出多门，机构职能交叉重叠，资金多头分散，缺乏统一协调的管理机制和稳定的资金渠道。

变化三：统筹城乡发展取得明显成效，但阻碍城乡发展的二元“鸿沟”问题依然突出

“十一五”期间，我国统筹城乡发展取得明显成效，城乡间公共服务、人均收入和生活水平差距扩大的趋势得到遏制。覆盖城乡的医疗卫生服务体系逐步完善，截至2009年底，全国参加城镇基本医疗保险的居民超过4亿、新农合8.3亿，覆盖面超过12亿。全民公平教育稳步推进，普及和巩固义务教育，大力发展职业教育，提高高等教育质量，城乡实现免费义务教育，为经济社会发展提供了强有力的人才支撑。城乡居民收入大幅增长，2006—2009年，我国城乡居民收入年均实际增长分别达10.2%和8.3%。2009年，城镇居民全年人均可支配收入达17175元，农村居民人均纯收入达5153元。重庆、成都等省市在统筹城乡发展综合改革展开积极探索，积累了一定经验。

但同时应该看到，农业基础仍然薄弱、农村发展仍然滞后、农民增收仍然困难、农村基本公共服务仍然落后、农村基础设施仍然不足、农民工权益不平等的局面尚未根本改变。城乡发展差距依然十分明显，农村居民年人均纯收入不到城镇居民人均可支配收入的1/3，不少农村地区行路难、饮水难、住房改善问题尚未解决，享受互联网等现代文明成果方面农村与城市差距甚远。阻碍城乡发展的二元“鸿沟”体制机制问题依然突出，城乡分割的户籍制度、城乡差异的土地制度、城乡分治的管理制度成为城乡发展一体化的重大体制障碍。

变化四：城市化水平显著提升，但日益蔓延的“城市病”成为城市发展面临的重大挑战

“十一五”期间，我国把城镇化作为促进经济长期平稳较快发展、加快转变经济发展方式的重要内容，坚持大中小城市和小城镇协调发展，走中国特色城镇化道路，积极稳妥推进城镇化，提升城镇发展质量和水平，城市化水平显著提升。城镇人口从2006年的5.6亿人增加到2009年的6.2亿人，城镇化率由42.99%提高到46.59%，年均提高0.9个百分点。

逐步形成多层次城镇体系。“十一五”期间，我国人口100万以上城市达122个，50万

我国城市规模变动情况 （单位：个）

城　市	1978年	2007年	增加个数	增长（倍）
城市合计	193	655	462	2.39
200万以上人口	10	36	26	2.60
100-200万	19	83	64	3.37
50-100万	35	118	83	2.37
20-50万	80	151	71	0.89
20万以下	49	267	218	

资料来源：国家统计局网站

—100万人口城市达118个。与此同时，小城镇快速发展，打破了城乡分割的体制，聚集效应显现。2008年底全国共有建制镇19234个，小城镇人口占城镇总人口的比重由1978年的20%上升到45%以上。小城镇蓬勃发展，促使城镇化进程快速推进，城市发展布局和结构日趋合理，城乡社会经济及基础设施建设突飞猛进，城镇居民的生活水平、生活环境有了根本性的改善。

我国已初步形成以大城市为中心、中小城市为骨干、小城镇为基础的多层次协调发展的城镇体系，走出了一条中国特色的城市化发展道路。

在城镇化推进过程中，日益蔓延的“城市病”成为城市发展面临的重大挑战：城市空间无序开发、“城中村”大量存在、“垃圾围城”、交通拥堵、住房拥挤、房价高昂、上学难、看病贵、食品安全、公共安全、生态安全、环境安全等问题日益突出，逃离“北上广”、“蚁族”、“蜗居”、“堵城”等流行词成为“城市病”日益蔓延的最真实写照。

变化五：城乡居民生活质量明显提高，但提升城乡居民生活品质的任务异常艰巨

“十一五”期间，我国城乡居民生活质量得到明显改善。2006—2009年，城镇居民人均可支配收入、农民人均纯收入分别从11760元、3587元增长到17175元、5153元，年均实际增长分别达到10.2%、8.3%，比“十五”的平均增速分别高出0.6个百分点和3个百分点；城乡恩格尔系数由2005年的36.7%、45.5%下降到2009年的36.5%、41.0%。

城镇居民人均可支配收入变化图

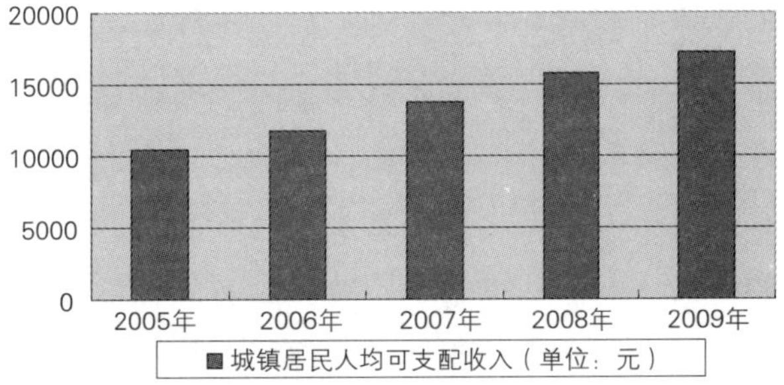

农村居民人居纯收入变化图

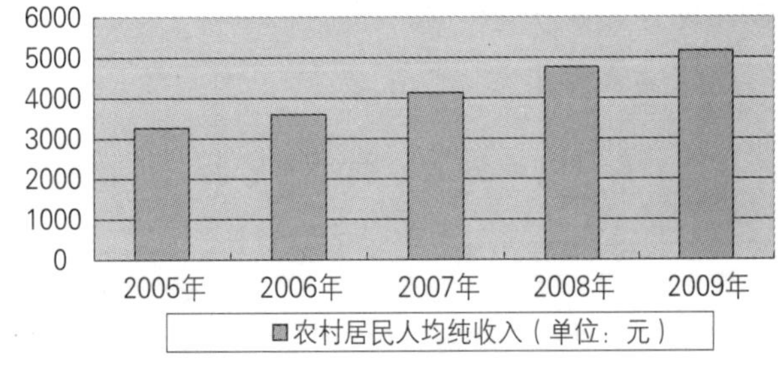

随着城乡居民生活质量的提高，城乡居民改善、提升生活品质的需求和动力增强，为城乡居民提供更加优质的公共服务、更加优秀的文化、更加优美的生活环境、更加和谐的社会

环境、更加平等公平的机会成为政府需要解决的重大任务。

变化六：城市功能日趋完善，但城市文化软实力亟待提升

“十一五”期间，我国城市功能日趋完善。城市道路交通体系不断完善，路网建设、公交发展加快，城市交通基础设施明显改善。2008年全国地级及以上城市道路面积达338795.3万平方米，实有公共汽（电）车营运车辆31.5万辆，230多个城市开辟了公交专用道（路），总长度2357公里。城市轨道交通进入快速发展时期，至2009年底，我国内地已有北京、上海、广州、深圳、天津、长春、大连、重庆、南京等10个城市建成城市轨道交通，运营总里程933公里，“长三角”城市群进入“高铁时代”。城市环境更加优美，截至2009年末，我国城市污水处理率达到72.3%，城市建成区绿地率达到34.4%。在2009年监测的612个城市中，有504个城市空气质量达到二级以上（含二级）标准，占监测城市数的82.4%。

应该说，“十一五”以来，中国城市“硬环境”整体上得到改善。但文化服务和文化产品与城乡居民的文化需求不相适应，城市文化软实力亟待提升。即将到来的“十二五”将为全面建设小康社会打下具有决定意义的基础，城市文化软实力在全面建设小康社会、实现中华民族伟大复兴的历史进程中具有全局性、战略性的地位和作用，提升文化软实力是增强城市的综合竞争力、实现城市内涵式发展的必然要求。

变化七：城乡基本公共服务得到改善，但公共服务水平与居民多元化、多层次、多变性需求尚存差距

“十一五”期间，城乡基本公共服务得到改善。具有中国特色的积极就业政策体系日渐完善。2006年到2009年,城镇新增就业年均增长1100万人以上。2009年，全国城镇新增就业超过1100万人，城镇登记失业率4.3%。基本医疗保险制度实现“全覆盖”。新型城镇居民基本医疗保险制度、基层医疗卫生服务体系、公立医院改革试点等医药卫生体制改革深入推进，基本医疗保险已覆盖全国92%以上的人口。社会保障制度建设取得突破性进展。连续6年提高企业退休人员的基本养老金，城镇企业职工养老保险转移接续、农民工养老保险、城镇居民基本医疗保险、新农保、城镇居民生育保障试点等制度设计出台,社保体系框架基本形成，社保覆盖范围不断扩大，社会保障水平明显提高。实现养老保险省级统筹，我国农民在60岁后首次享受到国家普惠式的养老保障，城镇职工养老保险制度覆盖2.45亿人。城市保障房制度逐渐完善。廉租房制度确保对住房困难的城市低保家庭“应保尽保”，城市新建保障性住房、各类棚户区改造、农村危房改造力度空前。

随着城市经济社会的快速发展，居民在信息提供、知识支撑、思想启迪、审美娱乐等文化方面的需求激增、需求多元，居民对生活品质提升问题、就业增收问题、医疗健康问题、教育培训问题、便捷出行问题、社区服务的便捷高效问题、社会治安问题、公共安全问题、食品安全问题等要求更高。不同阶层对公共服务需求有所差异，如何满足城乡居民多元化、多层次、多变性、差异化的新需求成为城市发展面临的新课题。2007年4月8日，发布的我国政府公共服务的第一份综合研究报告——《中国公共服务发展报告2006》，由国务院发展研究中心宏观部、中国社会科学院数量与技术经济研究所等单位共同完成。《报告》显示，我国政府公共服务无论从数量还是质量都不能满足公众需求，同时对公共服务的投入产出效率较低。报告还显示，我国当前政府公共服务体系整体呈现出“总体水平偏低、发展不平衡、效率低水平趋同”的基本特征。

总体水平偏低。主要表现为对公共服务投入的增长速度落后于总体财政支出增长速度，公共服务发展速度落后于整体经济增长速度，公共服务供给数量和质量落后于公众现实需求。

发展不平衡。主要表现为公共服务地区间发展不平衡，东部整体优于中西部；城乡间发展不平衡，农村公共服务严重短缺；各类基本服务间发展不平衡，相对于备受关注的教育、卫生问题，社会保障、公共安全、环境保护等基本公共服务供给不足问题更为严峻。

效率低水平趋同。主要表现为各地基本公共服务投入产出相对效率没有明显差异，政府基本公共服务整体属于“投入型”而非“效率型”，地区公共服务差距主要表现为投入差距。

变化八：城市的民主化进程明显加快，但促进社会公平正义仍然任重道远

“十一五”时期，我国在重点领域和关键环节的改革取得突破性进展，社会主义民主有效扩大，社会主义法制不断健全，政治体制改革稳步推进，现代化建设获得重要政治保障。干部人事制度改革不断向纵深推进、向广度拓展。人大代表选举制度得到完善，修改后的全国人民代表大会和地方各级人民代表大会选举法获得通过，扩大了群众参与国家政治生活的范围和途径，取消了城乡选举差别，实现“同票同权”；31个省级政府建立了新闻发布和发言人制度，建立行政机关门户网站43932个，建立了2.8万个综合性行政服务中心。各级政府信息公开范围不断扩大，公开方式不断创新；群众的知情权、参与权和监督权得到有效保障。

尽管“十一五”期间我国改革取得了显著成果，但当前工业化、信息化、城镇化、市场化、国际化相互交织，经济体制深刻变革、社会结构深刻变动、利益格局深刻调整、思想观念深刻变化，这一国情使我国城市民主政治建设面临诸多难题，一方面社会不公和贪污腐败等问题依然存在，另一方面，公民追求权益公平、机会公平、规则公平、分配公平、共享发展成果的意识和诉求日益强烈，推进社会的公平正义、促进人的全面和自由发展的任务十分艰巨。

变化九：城市发展加速转型，但城市可持续发展的新模式尚未建立

“十一五”期间，中国城市发展加速转型。以服务业为代表的第三产业得到迅速发展，城市的产业实现了的优化升级。2008年，全国地级以上城市（不包括市辖县）第一、二、三产业的增加值分别为5931亿元、94343.5亿元和86005亿元，三次产业增加值结构比重为3.2:50.6:46.2。特别是金融危机以来，面对能源资源涨价压力、居民增收压力、资源要素价格上涨压力、生态环境压力，各省市从全局和战略的高度出发，纷纷把产业结构调整是加快转变经济发展方式的重要途径和主要内容，把产业结构优化升级、着手培育发展节能环保、绿色低碳、新能源、新材料、生物工程等战略性新兴产业作为提高经济增长质量、效益和国际竞争力的战略重点。但绿色、低碳、宜居等引领城市发展未来发展的全新模式，尚未真正建立。

变化十：社会建设和社会管理创新深入推进，但影响城市和谐的不稳定、不安全、高风险因素仍然存在

“十一五”期间，中国城市社会建设和社会管理创新深入推进。人民调解、行政调解、司法调解三位一体的“大调解”工作体系不断完善，构建和谐劳动关系不断推进，政府与社会的良性互动逐渐建立。当前，我们处于城市病的多发期和爆发期，影响城市和谐的不稳定、不安全、高风险因素仍然存在，城市可以预见和难以预见的风险和多种安全威胁增多，城市完成多样化应急任务和城市治理任务繁重而艰巨。特别是当前五种不稳定因素正在演变成为城市的潜在风险：一是贫富差距进一步扩大；二是社会深层次矛盾日益凸现并有激化趋势；三是社会治安形势严峻；四是官民冲突加剧；五是非传统危机和人为制造的危机正成为城市安全的主要危险。

“十二五”中国城市价值十大新趋势

趋势一：城市发展由外延式扩张向内涵式发展转变，包容性增长成为城市“十二五”发展的核心理念

改革开放30年让中国经济社会发生了翻天覆地的变化，中国经济积30年的量变发展成果，位列世界第二大经济体，为更高层次的质变发展打下了深厚的物质和社会基础。然而，随着城市化水平和城市发展实力的提高，在经济高速发展进程中出现了与之不相协调的社会问题。2010年9月16日，国家主席胡锦涛在出席第五届亚太经合组织人力资源开发部长级会议开幕式时，发表致辞强调：实现包容性增长，切实解决经济发展中出现的社会问题。所谓“包容性增长”，根本目的是让经济全球化和经济发展成果惠及所有国家和地区、惠及所有人群，在可持续发展中实现经济社会协调发展。

基于“十一五”的发展成果，中国城市进入“十二五”时期，城市发展的首要任务就是要转变经济发展方式，提高经济发展质量，增加社会财富。包容性意味着制度公平，而增长则意味着效率，包容性增长涵括了制度的基本效能——公平与效率。包容性增长就是经济增长、人口发展和制度公平三者之间的有机协同。因此，“十二五”期间，中国城市的社会发展不仅需要GDP增长和技术创新，而且也要包容制度的优化和理念的改进，同时还要兼容人口发展、资源节约和环境保护，体现社会变迁过程的整体性、系统性和协同性。包容性经济发展由此成为包容性增长的自然逻辑延伸，这是以人口现代化和制度现代化所引领的经济增长。

趋势二：“调结构”成为城市“十二五”主攻方向，战略性支柱产业和新兴产业是城市“十二五”经济结构战略性调整的突破口

调整经济结构将成为“十二五”城市发展的主攻方向。调整经济结构就是要积极推进产业结构调整大力发展战略性支柱产业和新兴产业。发展现代产业体系、提高产业核心竞争力，改造提升制造业，培育发展战略性新兴产业，加快发展服务业，加强现代能源产业和综合运输体系建设，全面提高信息化水平，发展海洋经济。根据国务院2010年10月18日发布的《国务院关于加快培育和发展战略性新兴产业的决定》，明确了战略新兴产业发展的“三步走”思路。到2015年，战略性新兴产业形成健康发展、协调推进的基本格局，对产业结构升级的作用显著增强，增加值占国内生产总值的比重力争达到8%左右；到2020年，战略性新兴产业增加值占国内生产总值的比重力争达到15%左右，吸纳、带动就业能力显著提高。节能环保、新一代信息技术、生物、高端装备制造产业成为国民经济的支柱产业，新能源、新材料、新能源汽车成为国民经济的先导产业；到2030年前后，战略性新兴产业的整体创新能力和产业发展水平达到世界先进水平，为经济社会可持续发展提供强有力的支撑。可见，在“十二五”期间，战略性支柱产业和新兴产业将成为经济结构战略性调整的突破口。在税收激励政策方面，国家将综合运用各种手段，从激励自主创新、引导消费、鼓励发展新业态等角度，针对产业的具体特征，制定流转税、所得税、消费税、营业税等支持政策，形成普惠性激励社会资源发展战略性新兴产业的政策手段；在金融政策方面，政府将扩大对新兴产业创业投资资金规模，建立政府创业投资引导基金，进一步扶持和引导发展创业投资。

趋势三：“转方式”成为城市“十二五”发展主线，完善城市综合创新体系是城市转变经济发展方式的重要支撑

“十二五”时期，城市综合创新体系的完善将对经济发展产生重大的作用，并将成为经济发展方式的重要支撑。加快转变经济发展方式是我国经济社会领域的一场深刻变革，必须贯穿经济社会发展全过程和各领域，坚持把经济结构战略性调整作为加快转变经济发展方式的主攻方向，坚持把科技进步和创新作为加快转变经济发展方式的重要支撑，坚持把保障和改善民生作为加快转变经济发展方式的根本出发点和落脚点，坚持把建设资源节约型、环境友好型社会作为加快转变经济发展方式的重要着力点，坚持把改革开放作为加快转变经济发展方式的强大动力，提高发展的全面性、协调性、可持续性，实现经济社会又好又快发展。

趋势四：“扩内需”成为“十二五”的基本方针，着力提高城乡居民收入水平是城市扩大内需的根本要求

调整经济结构，要立足扩大内需，有效增强居民收入，同时还要提高消费能力，实现总需求结构的调整。“十二五”期间，“扩内需”已经成为了城市居民的普遍要求。这就要求我国在“十二五”时期内坚持扩大内需战略、保持经济平稳较快发展，加强和改善宏观调控，建立扩大消费需求的长效机制，推进农业现代化、加快社会主义新农村建设，统筹城乡发展，加快发展现代农业，加强农村基础设施建设和公共服务，拓宽农民增收渠道，完善农村发展体制机制；共同提高城乡居民收入，提高低收入阶层的收入水平，扩大中等收入群体，并且通过财税政策对高收入群体进行二次调节，引导分配向低收入群众倾斜。

趋势五：城镇化成为推动中国经济增长的持续动力，破除城乡“二元”分治的体制障碍是推动“十二五”城镇化健康持续发展的关键因素

城镇化是城市扩大内需的重要途径，中央领导一直高度重视我国13亿人口的城镇化问题。2009年末中央经济工作会议强调，要积极稳妥推进城镇化，提升城镇发展质量和水平。要以城镇化为依托，优化产业结构，努力使经济结构调整取得明显进展。中央的部署表明了城镇化的发展潜力巨大，是中国经济增长的持续动力，是未来一个时期的发展趋势和战略重点。

随着统筹城乡的不断推进，我国城镇化转型发展步入关键时期。2010年3月29日国新办新闻吹风会透露，“十二五”期间，我国城镇化水平预计超过50%，进入城市社会。城镇化加快是城市进步的表现，但随着城镇化快速发展，人民群众的生活方式和经济社会结构随之会发生一系列深刻变化，例如，进城农业人口的城镇化问题、土地制度等问题将更加突出。破解城乡分治的“二元”体制，推动城镇化快速健康发展，是“十二五”时期亟待解决的重大体制问题。对此，党中央发布2010年中央“一号文件”对破解城乡二元结构作出了新的政策安排，提出要推进城镇化发展的制度创新，把建设社会主义新农村和推进城镇化作为保持经济平稳较快发展的持久动力。同时，为进一步推动城乡二元体制改革，2010年3月，温家宝总理在政府工作报告中明确提出，要把解决符合条件的农业转移人口逐步在城镇就业和落户作为推进城镇化的重要任务，放宽中小城市和城镇户籍限制，推动有条件的城市允许有稳定职业和收入的农民工及其子女转为城镇户口，让农民有一个幸福生活的美好家园，积极推动城镇化持续健康发展。

趋势六：更加注重社会公平正义成为中国“十二五”发展新导向，构建基本公共服务体系和社会公平保障体系成为城市“十二五”的重点任务

当前，我国社会正处在发展机遇期和矛盾凸显期并存的关键时期，一些突出的社会矛盾和问题亟待解决。促进社会公平正义是当代中国社会发展的迫切需要。第十七届五中全会指出，着力保障和改善民生，要逐步完善基本公共服务体系，推进基本公共服务均等化，健全覆盖城乡居民的社会保障体系，切实维护社会和谐稳定，促进社会公平正义。在“十二五”发展目标中，社会公平正义将成为中国新的时代坐标。社会公平正义，是社会稳定的基础，它是通过一系列公平正义的社会制度体现出来的，而构建基本公共服务体系和社会公平保障体系是实现社会公平正义最为重要的两项任务。

构建公共服务体系，提升基础公共服务水平是促进公平正义的重要举措。完善公共服务体系的一个重要方面是使公共服务逐步扩展到整个社会，实现基本公共服务均等化，消除公共服务领域存在的不公平现象。同时，完善的公共服务体系为促进社会公平和权利平等提供强大的基础平台，有利于振奋社会成员的精神，提高社会总体效率。因此，促进社会公平正义必须推进基本公共服务均等化，构建基本公共服务体系。对此，中央领导高度重视，胡锦涛在深圳经济特区建立30周年庆祝大会上的讲话中指出，促进社会公平正义要加强和改善公共服务，要从加快构建覆盖全体居民的终身教育体系、就业服务体系、社会保障体系、医疗保障体系、住房保障体系，五个方面着手，努力满足人民群众在教育、劳动就业、社会保障、医药卫生、住房等方面的基本需求，

实现社会公平正义必须以“四个公平”为主要内容,着力构建中国特色公平保障体系。对此，胡锦涛在第五届亚太经合组织人力资源部长级会议上提出，要把维护社会公平放到突出的位置，综合运用多种手段，依法建立以“权利公平、机会公平、规则公平、分配公平”为主要内容的社会公平保障体系。权利公平是公平正义的内在要求,是实现社会公平正义的逻辑起点和实践起点。机会公平是公平正义的前提基础,是实现社会公平正义的基本条件和首要标

志。规则公平是公平正义的存在形式,是实现社会公平正义的重要环节和必要保障。分配公平是公平正义的理想目标,是实现社会公平正义的实际体现和最终归宿。

趋势七：文化成为城市发展的核心要素，增强软功能、改善软环境、提升软实力是城市“十二五”重要发展目标

文化成为城市发展的核心要素。随着人们对精神文化需求地不断增强，文化产业在国民经济中的地位和作用日显突出。2009年7月，国务院常务会议审议通过了我国第一部文化产业专项规划《文化产业振兴规划》，标志着文化产业上升为国家的战略性产业。《规划》明确，要着力做好发展重点文化产业、实施重大项目带动战略、培育骨干文化企业、加快文化产业园区和基地建设、扩大文化消费、建设现代文化市场体系、发展新兴文化业态、扩大对外文化贸易等八个方面的重点任务，更好地促进文化产业繁荣发展。同时，胡锦涛在中央政治局就深化文化体制改革研究问题进行第二十二次集体学习时强调，当前和今后一个时期，要加快文化体制机制改革创新，加快构建公共文化服务体系，促进基本公共文化服务均等化；要加快发展文化产业，提高文化产业规模化、集约化、专业化水平。

站在新的起点上，文化产业将成为国民经济支柱性产业。增强软功能、改善软环境、提升软实力将成为“十二五”城市发展的重要目标。党的十七届五中全会对文化发展提出了新思路和新部署，全会提出，文化是一个民族的精神和灵魂，是国家发展和民族振兴的强大力量。要推动文化大发展大繁荣、提升国家文化软实力，坚持社会主义先进文化前进方向，提高全民族文明素质，推进文化创新，深化文化体制改革，增强文化发展活力，繁荣发展文化事业和文化产业，满足人民群众不断增长的精神文化需求，基本建成公共文化服务体系，推动文化产业成为国民经济支柱性产业，充分发挥文化引导社会、教育人民、推动发展的功能，建设中华民族共有精神家园，增强民族凝聚力和创造力。这些新部署为“十二五”时期城市文化的发展指明了方向。

趋势八：节能减排的硬约束进一步增强，绿色低碳成为引领中国城市“十二五”发展的全新模式

世界银行报告指出，整个20世纪，人类消耗了2650亿吨石油和天然气、1420亿吨煤炭、380亿吨钢、7.6亿吨铝和4.8亿吨铜。另外，全球平均每年二氧化碳排放大约300亿吨。其中，75亿吨被森林固定，75亿吨被海洋固定，150亿吨排放到大气当中，增加的温室气体，使得地球不堪重负，也使得人类生产和生活受到极大影响。因此，控制温室气体排放成为未来经济社会发展面临的重要议题。

从发展的角度来看，中国的城市温室气体排放量虽然已经较高，但是由于发展还没有到位，还在进一步增长。所以在保证发展任务的同时，降低碳排放量是中国城市“十二五”时期需要破解的重大课题。因此，创新发展模式，以绿色低碳的理念来化解城市发展中的高排放的问题是“十二五”时期我国城市发展转型的首要任务。

“十二五”期间，中国城市应形成以创新为主要驱动力的低碳经济发展模式，坚持把节能减排作为低碳经济约束性指标，在能源、石油、冶金、建材、化工、交通等六大高耗能行业强制推行低碳经济技术，按照“减量化、再利用、资源化”原则大力发展循环经济，走城市可持续发展之路。在发展模式上，城市应以集群经济为核心推进产业结构创新；以循环经济为核心推进节能减排创新；以知识经济为核心推进内涵发展创新。在创新低碳经济发展模式的同时，还要建立绿色低碳的社会治理模式，发动市民倡导绿色低碳生活。通过引导和推广低碳消费、低碳生活、低碳出行等理念，使绿色低碳发展模式深入人心，成为一种新的社会共生方式。

趋势九：城市人口将首次超过农村人口，农民市民化成为“十二五”城市亟待解决的难点问题

2010年7月中国人口学会年会指出，“十二五”期间，我国人口发展将发生重大变化，城镇人口将首次超过农村人口，突破7亿。但由于受各方面条件的限制，目前城市在农民市民化的过程中仍存在很多问题，农民不能享有平等的社会公共服务权利，如，农民工就业、子女教育、医疗、保障性住房购买等问题都受到多种因素影响和制。农民工市民化是社会利益结构的大调整，是对政府社会政策和执政党执政能力的严峻考验。2010年中央一号文件明确提出，鼓励有条件的城市将符合条件的农业转移人口在城镇落户并享有与当地城镇居民同等的权益。要着力解决新生代农民工问题，统筹研究农业转移人口进城落户后城乡出现的新情况新问题。

专家认为，农民市民化成为“十二五”城市亟待解决的难点问题。农民工市民化的问题最重要的是要实现基本公共服务均等化，使农民工获得与城镇居民同等的公共服务。面对即将到来的“十二五”，党的十七届五中全会提出，着力保障和改善民生，必须逐步完善符合国情、比较完整、覆盖城乡、可持续的基本公共服务体系，提高政府保障能力，推进基本公共服务均等化。

趋势十：改革进入全面攻坚阶段，行政体制改革和政治体制改革成为城市“十二五”改革的重点领域

随着我国经济不断向前发展，社会也呈现出阶段性特征，一些新矛盾新问题不断涌现。投资消费关系失衡、收入分配差距较大、产业结构不合理、城乡区域发展不协调，社会矛盾增多等问题日益突出，我国改革进入全面攻坚阶段。而在这些改革中，行政体制改革及政治体制改革尤为关键。正如2010年8月温家宝总理在深圳特区成立30周年之际所强调，“完善社会主义制度的艰巨性，要求我们坚定不移地推进改革开放。不仅要推进经济体制改革，还要推进政治体制改革。没有政治体制改革的保障，经济体制改革的成果就会得而复失，现代化建设的目标就不可能实现”。同时，“十二五”也将是我国行政体制改革的关键时期，加快行政体制改革，是消除经济社会深层次矛盾和问题、全面深化改革和提高对外开放水平的关键环节。行政体制改革的核心就是要进一步确立公民在政民关系中的主体地位，把政府职能真正转变到为市场主体服务、为市民服务，营造良好政务环境上来。因此，要充分认识行政体制改革的紧迫性和重要性，把行政体制改革放在更加突出的位置。

党的十七届五中全会强调，我国发展仍处于可以大有作为的重要战略机遇期，必须以更大决心和勇气全面推进各领域改革，大力推进经济体制改革，积极稳妥推进政治体制改革，加快推进文化体制、社会体制改革，使上层建筑更加适应经济基础发展变化，为科学发展提供有力保障。要坚持和完善基本经济制度，推进行政体制改革，加快财税体制改革，深化金融体制改革，深化资源性产品价格和要素市场改革，加快社会事业体制改革。

反“三俗”与新道德运动

所谓“三俗”是指：庸俗、低俗和媚俗。胡锦涛总书记在中共中央政治局第22次集体学习时强调，要加强对文化产品创作生产的引导，真正从群众需要出发，继承和发扬中华文化优良传统，吸收借鉴世界有益文化成果，推出更多深受群众喜爱、思想性艺术性观赏性相统一的精品力作。要引导广大文化工作者和文化单位自觉践行社会主义核心价值体系，坚决抵制庸俗、低俗、媚俗之风。这是近年来中央最高层首次明确强调抵制“三俗”之风。香港《明报》2010年8月3日刊文表示，此次由中央发起的反“三俗”是一场新的“道德运动”。

“三俗”之风蔓延　亟须重塑社会道德标准

“三俗”泛滥道德困境　高层发声坚决抵制

胡锦涛在中共中央政治局第22次集体学习提出坚决抵制“三俗”之后，2010年7月27日中央宣传部发出通知，要求宣传思想文化战线把学习宣传贯彻胡锦涛抵制“三俗”的重要讲话精神作为当前一项十分重要的政治任务，以《讲话》精神为指导努力开创文化改革发展新局面。

中央政府反“三俗”举措受到国内外媒体关注。新加坡《联合早报》认为，新时代中国什么都在进步，唯有一些恶俗的“文化毒瘤”在拉后腿，中国的大众文化需要完成一个自

内地“反三俗”引港台、外媒关注

香港《大公报》	8月7日	来势猛烈的“新道德运动”引发各界关注。不少网民热议，社会风气恶化，一些媒体为了吸引眼球恶意炒作低俗内容，为了金钱放弃了应有的社会道德，这种行为应予以严厉打击
台湾《中国时报》	8月8日	大陆高层明确要抵制“三俗”，加上一系列整改措施，显示大陆官方正在形塑“新文化生活运动”，背后则是弘扬中华文化软实力，建立中国特色社会主义文化发展道路，亦即反“精神文明污染”
马来西亚《星洲日报》	8月9日	中国传媒纷纷响应，对“三俗”之风发起批判。当局还举办种种研讨会，为抵制“三俗”献计献策。有评论认为，以抵制“三俗”为标志，中国正在掀起“新道德运动”

我的超越。香港《明报》刊文说，许多迹象表明，内地正发起一次新的“道德运动”，低俗化已被视为文化体制改革新课题。

一段时间以来，伴随着市场经济的发展，一些低俗的文化现象不断滋生，引起了社会的广泛关注。比如，有些影视节目，迎合猎奇心理，卖弄感官刺激，明目张胆地推销“拜金主义”；有些图书以“励志”为幌子，宣扬“厚黑”学；有些报刊炒作明星绯闻，披露个人隐私，连篇累牍，肆无忌惮；有些网站哗众取宠，恶搞成风，渲染色情暴力，等等。“三俗”的泛滥以及社会当前所陷入的道德困境，迫切需要开展一场新“道德运动”。

文化部长连发六问谈反“三俗”：不能听之任之

2010年8月，中国文化部部长蔡武在接受媒体采访时指出，要用新的文化发展理念解决文化发展中的问题。针对“反三俗”蔡武连发“六问”：

——据说现在一年创作歌曲在两万首以上，但是真正为广大群众所传唱的有多少首?

——现在一年创作的小说等文学作品汗牛充栋，但真正为广大读者所一致公认的力作有多少部?

——出版业一年出版各类出版物30万种，但真正能与我们先辈几千年为我们留下的8万种历史典籍比肩的作品有多少?

——我们全国几百个电视频道，数以千万计的文化节目，真正有丰富文化内涵、高尚文化品位和品格的节目又占多大比例?

——我们每年生产400多部影片，上万集电视剧，其中能与我们耳熟能详的经典作品并驾齐驱的传世力作占多大比例?

——热遍全国的文化遗产保护浪潮中，逐利、炒作，托假的“虚火”占多大成分?

对于低俗化产生的原因，蔡武认为：

一是市场导向的负面影响。随着市场经济发展，追求商业利益最大化，以最少的付出获取最大的经济报酬成为一种价值追求。这是市场规律的体现，但也影响了人们的精神文化生活，期望一夜暴富，浮躁风气、快餐式创作流行起来，这些因素不可避免地对艺术创作产生消极影响。

二是受全球艺术发展趋势的影响。西方发达国家发端的由精英文化向大众文化、从严肃艺术向娱乐文化发展的倾向影响越来越大。在这个过程中不可避免会同时出现低俗化、庸俗化的东西。

三是文艺批评流于形式，助长了低俗化的趋势。目前，文艺批评状况堪忧，健康的、正常的文化批评式微，对低俗、消极、混乱等不健康现象或不进行客观批评，或批评缺乏针对性、实效性、公正性和权威性，有的甚至在利益驱动下作托，助长了低俗之风的泛滥。

重建道德体系　将“反三俗”进行到底

公众普遍支持“反三俗”

- 网友“古唐愚叟”认为:当“一切向前看”退化为“一切向钱看”时，社会文化就一步步地变味了
- 网友“京客”认为:庸俗文化的滥觞，正严重侵蚀着整个国家、社会及个人道德和伦理
- 网友认为:不是百姓不抵制“三俗”，是“三俗”可带来巨大的利润，不切断“三俗”的利益链，换个马甲还会出现
- 一位母亲在新浪上表示：我孩子今年6岁，不抑制这些乱七八糟的东西真怕把孩子教坏了，支持中央的决定
- 中国电影文学学会会长王兴东表示：市场只认精品，即便是庸俗、低俗和媚俗的东西一时得势，也不会长久
- 还有不少网友表示：运动可以一阵风，道德却没法一阵风

在反“三俗”开始之际，发生了相声演员郭德纲徒弟打电视台采访人员事件，随后郭德纲在舞台和博客中辱骂当事记者和电视台并引发舆论哗然，人民日报、新华社、中央电视台均连续发表评论文章，批评他“庸俗、低俗、媚俗”，“表现丑陋”，“面对监督要自重”，“自己把自己‘骂’下了舞台”。《人民日报》还指出，周立波、小沈阳等一些当红演艺人物近来屡有“状况”，负面表现同样令人遗憾、深思。目前，公众对社会上“三俗”泛滥的现象非常反感，对这次“反三俗”的举措表示了普遍的支持。舆论认为，“反三俗”具有现实意义，将“反三俗”进行到底，不是随便说说，必须付诸行动。而正确方法是以雅反俗，以雅代俗。目前最关键的是树立雅的标准。国家必须加强精神文明建设，构建现阶段核心价值体系，重建道德体系，坚决制止“三俗风”流行，特别是要加强对青少年的教育工作。同时，要制止媒体的三俗化，规范媒体行为。主流媒体必须宣传积极、健康、向上的思想观念和行为，要有强烈的社会责任感和使命感，勇于、善于批判腐朽堕落的世界观、人生观、价值观。

“反三俗”官方和民间应双重介入

官方：“三俗”之风需要相关部门和政策直接介入监管。这既是制订规章，更是宏观引导。要力促广播影视、出版机构在高雅文化上着力，清理文化传播源头

民间：有影响力的社会团体、高校和有识之士共同为社会的文化道德制订隐形典范，通过倡导高雅文化，与“三俗”文化拼抢势力范围。这是官方措施的必要辅助手段

上半年全国文化市场综合执法警告经营单位3.6万余家次

2010年7月29日，文化部发布了2010年上半年全国文化市场综合执法情况通报。据统

计，上半年全国共检查各类文化市场经营单位270万余家（次），责令经营单位改正6.8万余家（次）。全国受理群众举报2.3万余件，立案调查2.9万余件，办结案件2.3万余件。全国警告经营单位3.6万余家（次），罚款7495万余元，停业整顿6142家（次），吊销许可证250家。

根据文化市场重大案件管理办法，文化部将8个案件定为2010年上半年全国文化市场综合执法重大案件：河南省濮阳市南乐县脱衣舞表演案；浙江省瑞安市香格里拉娱乐有限公司未经许可、擅自从事娱乐场所经营活动案；天津宇动科技有限公司未经许可、擅自从事经营性互联网文化活动案；徐某某伪造《营业性演出许可证》案；江苏省连云港市镇海网吧复制淫秽物品牟利案；海众源网络有限公司超范围从事互联网视听节目服务案；北京市才智印刷厂出租《印刷经营许可证》案；贵州省贵阳市“41”非法音像制品案。

各地反“三俗”，倡导“新道德”面面观

海南：开展互联网和手机媒体低俗信息专项整治行动

2010年6月22日，海南省文体厅按照中央外宣办、文化部等九部门《关于印发〈进一步深入整治互联网和手机媒体淫秽色情及低俗信息工作方案〉的通知》要求，深入开展互联网和手机媒体低俗信息专项整治行动。专项整治以来，海南检查网吧9323家（次），查处违规网吧238家，检查网站35个，检查手机市场商铺186家，查处违规手机经营商1家。

海南开展互联网和手机媒体低俗信息专项整治行动的做法：

一是成立督导小组，设立网站调查组、市场暗访组、执法行动组和宣传报道组，明确各组的工作职责、任务及行动重点。二是周密组织，确保行动行之有效。首先，加大网吧的检查执法力度。严厉打击网吧接纳未成年人及利用网吧下载、复制、传播淫秽色情等有害信息违法行为。其次，加强手机销售网点的检查。三是加大宣传，营造高压打击氛围。充分发挥电视台、互联网站等媒体作用，营造良好的舆论氛围。另外，印制了1500份《关于加大对网吧接纳未成年违法行为处罚力度的通告》，张贴到网吧，同时通过报纸、网站登载《通告》，增强网吧自律意识。四是强化监控，确保市场管理有序。各稽查队不定时对属地的手机经销商铺进行暗访检查，坚决打击利用手机传播淫秽色情的犯罪行为。省文体厅积极协助公安、通信等部门，对互联网网站进行了全面的摸底调查。

山东：集中整治九类广播电视“低俗”之风

2010年5月25日至6月24日，山东开展了

广播电视抵制“低俗”之风集中整治行动。重点整治对民生类新闻节目批评性报道过多，新闻类、访谈类、故事类节目过度娱乐化，综艺娱乐节目环节策划低俗，广播夜间节目谈论渲染性话题，欺诈性有奖竞猜节目，未成年人选题中对未成年人图像不做技术处理，主持人主流价值观缺失、以低俗话题相互调侃，违规、低俗、涉性下流、虚假广告以及以新闻形式刊播广告等九大类问题。

四川：多档低俗节目退出荧屏声频

自2009年9月以来，四川省在全国率先开展以“净化荧屏声频，树立良好形象”为主题的“绿色频率频道”创建活动。经过半年多的整治，全省共取缔不良广告3850条，多档低俗的节目退出荧屏声频。

一是减灰色栏目。四川省广电局局长何大新表示，大众媒体市场化以后，片面追求收视率和经济效益，忽视了社会责任。GDP，要绿色的；收视率，同样也要绿色的！在四川广电网上开辟的“我心中的绿色频率频道”意见反馈和投票专栏，单纯追求收视率和广告效益的一些电视节目、违规医药广告，是群众投诉的重点。何大新说，要让观众看得舒心，不尴尬，必须毫不留情地“减”掉低俗节目，不论多高的收视率或者广告收入，统统拿下！二是加绿色报道。“减法”过后，四川广电工作者把更大的精力投入到如何做“加法”上来。低俗节目被撤下后，一大批内容丰富、格调高雅、时尚大气的栏目迅速与观众听众见面。成都广播电视台成立了以影视文艺频道为班底的综艺中心，着力打造《阳光主播歌会》、《舞动嘉年华》等青春活泼的栏目。达州市广播电视台对各频道和栏目重新定位、彰显特色，新办了《早间报道》、《晚间报道》、《基层党建》、《廉政经纬》、《财富在线》等栏目，节目形态进一步丰富，质量进一步提高。三是建长效机制。在创建活动过程中，众多市县电台、电视台向受众敞开了大门，定期征询观众意见，帮助电台、电视台有针对性地改进节目。同时，各级广电机构积极探索建立绿色声屏的约束机制，失实和低俗报道责任追究制、记者实名制、新闻阅评制度等逐渐完善。四川广电局将在广播电视媒体中建立起一套完整的新闻阅评制度，将“绿色频率频道”创建长久推行下去。

“反三俗”要从整治官风入手才能事半功倍

抵制“三俗”先正官风

“新道德运动”不仅要打“运动战”，更要打“攻坚战”和“持久战”。在当前形势下，抵制“三俗”之风，须多管齐下。有关专家认为，“反三俗”应该从以下四个方面入手：

首先要从领导干部入手。先正官风，才能事半功倍。要除去滋生低俗文化的社会土壤，应从制度建设入手。这首先更应该从官员自身的价值观与情操着手。领导干部的一言一行，无不对社会产生着导向作用，领导干部远离“三俗”，社会风气就会净化，领导干部对“反三俗”的意义是不言而喻的。如果这个层面的问题不解决，“反三俗”就会成为一种干打雷不下雨的形式主义运动。

其次要从媒体入手。媒体对“三俗”的形成与发展，是重要的推动力。近几年，电视台的相亲节目庸俗化情况十分严重，一些全人类都在摒弃的观念和思想，竟然堂而皇之地登上“大雅之堂”，媒体对“三俗”的推波助澜是“三俗”泛滥的重要原因。

第三要从商业文艺演出的审核入手。现阶段的商业性演出，是“三俗”的集中体现，反“三俗”应严把文艺演出审核关。

第四要从对群众的社会教育入手，倡导新道德。

抵制“三俗”之风须多管齐下

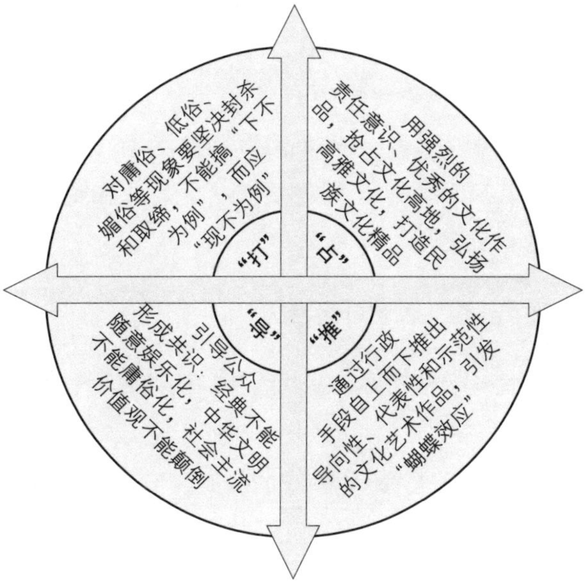

“反三俗”手段要更加灵活

在行政资源对社会资源、文化资源、经济资源等还具有相当大的支配作用的情况下，以行政手段“反三俗”，的确是一种有效手段。但也要看到，行政力量在发挥如此强大作用的时候，也容易走向反面。而且，当行政力量无法提供能够被受众喜闻乐见的“非低俗”内容的时候，行政力量的“反三俗”，很容易导致推倒无法重建的结局。

2010年8月10日的《西安晚报》署名评论文章认为，低俗之风之所以掀起，除了有着物欲社会的土壤之外，更主要的是，我们的“非低俗”文化，尤其是行政力量主导下的“非低俗”文化，过于板着面孔，才让低俗文化攻城略地。无疑，低俗文化是借助商业、资本的力量兴风作浪的。低俗文化是拜商业和资本之功，“反三俗”也不应该错过对商业和资本借力。只是，我们的“非低俗”文化，长期以来，习惯于在行政的怀抱里，喝着行政的奶长大，不敢到商业、资本左右的市场里一争天下，也因此一旦遭遇借力商业和资本的低俗文化，就节节败退。所以，低俗文化横行，除了反思物欲社会的土壤之外，还需要反思那些“非低俗”文化何以如此不争气。在“反三俗”过程中，不仅需要用更加灵活多样的行政手段“反三俗”，更需要借助于商业和资本的力量“反三俗”。

整治“三俗”需全社会合力

国务院新闻办公室网络新闻协调局局长彭波认为，“三俗”之风不是一天两天形成的，“三俗”的出现是大众价值观的改变，与社会的导向有很大的关系。提倡多元多样的文化，鼓励创造富有特色、个性鲜明的文化产品，但是，不管什么样的文化，都不能挑战社会公共道德的底线，不能破坏青少年成长的环境。不能把嘲讽戏谑、低级趣味当做有个性，不能把低俗庸俗当做追求“时尚”，不能把制造低级噱头博人注目当做“成就”。那些经过长期历史考验、洗刷保留下来的经典不能随意娱乐化，几千年悠久灿烂的中华文化不能庸俗化，社会主流价值观不能颠倒。彭波指出，“反三俗”是一场全民的心理战，它需要全社会合力。

封杀“三俗”不只是枪打出头鸟

东方网2010年8月10日评论文章认为，封杀“三俗”不只是枪打出头鸟，更不是“逗你玩”，需要公权部门与问责制度紧紧跟进。对调查认定为“三俗”的行为人采取责令公开道歉、罚款，暂扣资质与演出证照，在一定期间内禁演禁播，直到永久性取消演艺资质，禁入娱乐圈。行政处罚与“三俗”行为的情节轻重相当，经济处罚不能只是象征性的“拔根芦柴花”，而是要“把根留下”，让搞“三俗”者有明显痛感；封杀举措要形成全国联动机制，所有媒体都对其说“不”，无一例外，无一变通。对擅自解除封杀的媒体要予以追责，一环扣一环，全国一盘棋，绝不让搞“三俗”的“小卒子”跨过“楚河汉界”。只有公权力以零容忍态势积极作为，才能逼出公众人物的道德水准，正气才能得到弘扬，正义才能得到声张，百姓耳根才能彻底清净。

抵制“三俗”三群体尤须表率

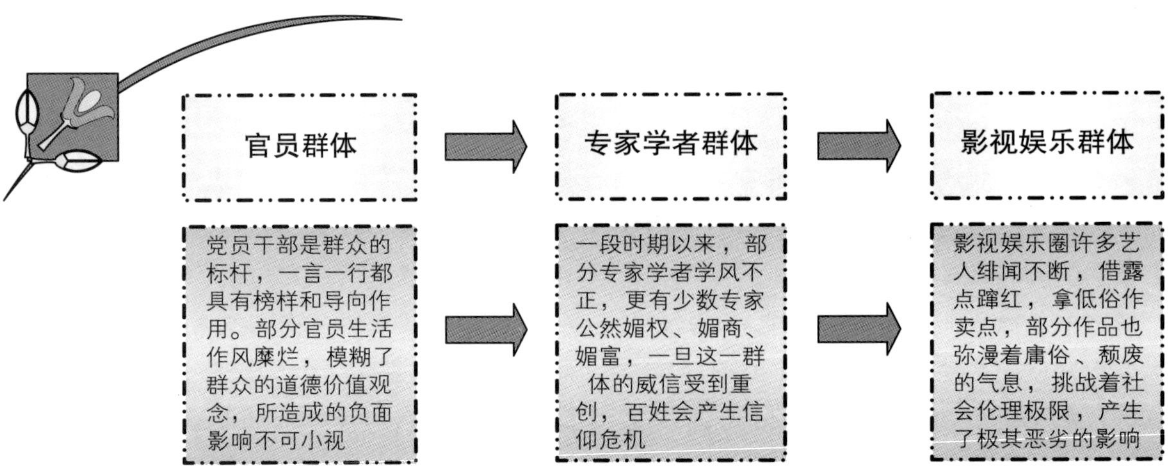

家政业“三化”之路怎么走

据国际劳工组织和全国妇联联合提供的数据显示，中国目前约有2000万名家政工和60万个家政服务机构，从业人数居世界首位。即便如此，家庭服务仍供不应求。根据中国家庭服务业协会的统计，家庭服务人员人数缺口在1000万以上，全国有近5000万个城镇家庭需要各类家政服务。2010年9月1日，温家宝总理主持召开国务院常务会议，研究部署发展家庭服务业的政策措施。会议将家庭服务业的作用提到“增加就业、改善民生、扩大内需、调整产业结构”的高度。并提出大力推进家庭服务业市场化、产业化、社会化的“三化”，最终目标是逐步建立比较健全的惠及城乡居民多种形式的家庭服务体系。

中央确定家庭服务业发展路线图，家政走向“职业化”

家政服务业需求巨大 已成为扩大就业“主力军”

中国社会正在步入家庭的小型化，人口的老龄化，生活的现代化和劳动的社会化，家政服务需求巨大。中国家政协会的统计数据显示，目前，全国要求社会提供不同服务的家庭占全国家庭总量的65%左右，需求涉及家务劳动、家庭护理、维修服务、物业管理等人们日常生活的各个方面，有20多个门类200多种服务项目。社会需求量越来越大，服务分工也越来越细。除了传统的保姆、家教、钟点工等，家庭服务新项目不断涌现。维修、文秘、翻译、购物助手、理财顾问、健康护理等中高端家政消费行情看涨，新兴的高学历“管家”也开始走俏。

劳动保障部对沈阳、青岛、长沙、成都四个城市的调查显示，家政服务占全部社区服务需求的30%以上。也就是说，在社区1500万个可能的就业机会中，就有500多万个是家政服务岗位。另据《中国家政服务业现状白皮书》2009年的调查数据显示，沈阳市对家政服务员的需求量为9.6万人，目前还有4万个空缺；武汉市需求量10万人，尚有9万个空缺；南京市需求量36万人，目前有24万个空缺；天津市的需求量每年以20%的速度增长。据国家发改委社会司介绍，到2020年，全国仅城市居家养老护理的潜在市场规模将超过5000亿元，提供650万个岗位。

我国社会家政服务三大层次

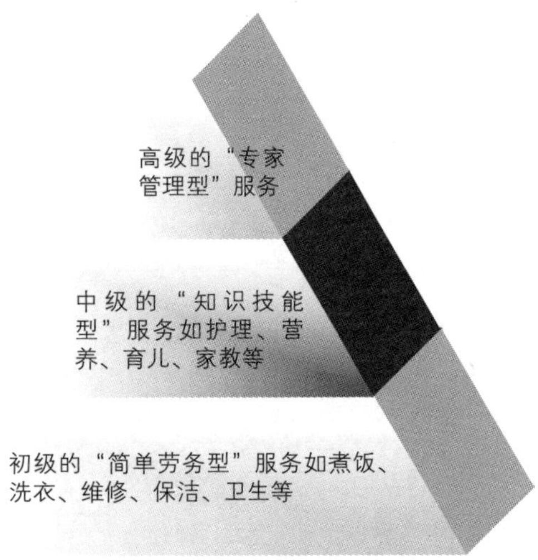

家政服务需求产生于家庭消费，可在经济增长所容纳的就业岗位外，增加新的就业机会；同时，还具有拉动有效需求，刺激消费的作用。这种需求，放到国家推动服务业发展、促进产业转型的大背景下，颇为可观。人力资源和社会保障部农民工作司司长汪志洪表示，家庭服务业已成为扩大内需、增加就业的“主力军”。

越来越多的家政服务品牌叫响全国 河南、安徽成为家政品牌大省

家政市场的亟须带动了各地家庭服务行业蓬勃发展。河南结合当地人文传统特色，因势利导，利用职业教育资源大力培育劳务品牌。2007年，河南展示了31个经过市场检验、信誉良好、质量过硬，在区域乃至全国都有较高知名度的劳务品牌。“安阳建筑”、“长垣厨师”、“遂平家政”等品牌被授予“全国劳务品牌展示交流大会优秀劳务品牌”。同时，安徽也提出要增强“品牌意识”，目前，安徽省内徽嫂、皖嫂、皖娘等家政服务品牌在省内外的知名度越来越高，阜阳正准备倾力打造“颍嫂”品牌。此外，山东“阳光大姐”、天津“半边天”等已经成为一批市场份额高、管理运行规范、社会信誉好的巾帼家政服务品牌。成都打造的“川妹子”劳务品牌有望成为走出国门与“菲佣”、“英式管家”等世界级品牌同台竞技的中国本土家政品牌。同样，家庭服务业也将目光瞄准高端市场。上海某家政公司和深圳一家公司联手的“中国菲佣”培育计划将在菲律宾的马尼拉举行，首批30名学员将赴菲，进行为期约半年的全封闭培训，培训课程包括家政专业英语会话与沟通、家政职业观教育、专业家政技能培训，同时进行涉外家庭实习。

人力资源和社会保障部农民工工作司司长汪志洪说，今后我国将不断完善家庭服务业的产业政策和法规体系，促进家庭服务业的健康发展，使服务业成为国民经济的主导产业，争取到“十一五”末，让服务型消费占总消费的比重达到37%左右。

国务院研究部署发展家政业政策措施 首次排定家政业发展路线图

国务院总理温家宝2010年9月1日主持召开国务院常务会议，研究部署发展家政服务业的政策措施。会议在宏观方向排定了家庭服务业发展的路线图。会议指出，发展以家庭为服务对象、向家庭提供劳务、满足家庭生活需求的家政服务业，对于增加就业、改善民生、扩大内需、调整产业结构具有重要作用。必须坚持市场运作与政府引导相结合，政策扶持与规范管理相结合，促进就业与维护权益相结合，大力推进家政服务业市场化、产业化、社会化，逐步建立比较健全的惠及城乡居民多种形式的家庭服务体系。会议确定了以下政策措施：

（一）加强统筹规划。从我国实际情况出发，重点发展家政服务、社区服务、养老服务和病患陪护，满足家庭的基本需求；因地制宜地发展家庭用品配送、家庭教育等，满足家庭的特色需求。鼓励各种资本投资创办家庭服务企业，培育家庭服务市场。推进公益性信息服务平台建设。实施社区服务体系建设工程，统筹社区内家政服务业发展。

（二）规范市场秩序。完善行业自律机制，规范服务行为。加强市场监管，依法规范家庭服务机构从业行为，严肃查处违法经营，维护家庭消费者合法权益。

（三）加强就业服务和职业技能培训。完善公共就业服务体系，为家庭服务从业人员免费提供职业指导和职业介绍服务。把家庭服务从业人员作为职业技能培训工作的重点，落实培训计划和培训补贴政策。

（四）切实维护家庭服务从业人员合法权益。规范家政服务机构、家庭和家政服务员之间的权利义务关系，维护家政服务员劳动报酬和休息权益。

（五）加大财税等政策扶持力度。将家政服务业作为促进服务业发展专项资金的支持重点，并纳入中央和地方社会事业、民生工程资金扶持范围；对符合条件的家庭服务企业实行税收优惠的支持政策。积极发展中小型家庭服务企业，鼓励多种方式的便民服务。

各地抢抓新机遇，家政服务业异军突起

浙江杭州：五大措施加大政府扶持力度

为进一步加快家政服务业向社会化、产业化、专业化、标准化方向发展，满足群众不断增长的多样化生活服务需求，2009年7月杭州市政府出台《关于进一步加快家政服务业发展的若干意见》，从政策上推动家政服务业在促进就业、扩大内需、推进产业转型升级、提升市民生活品质等方面的积极作用。《意见》明确提出了家政服务业的发展目标，到2013年，主城区家政企业服务网络覆盖率达到95%以上；到2020年，主城区家政企业服务网络覆盖率达到100%，家政服务业营业额达到50亿元，从业人员20万人。家政服务范围从清洁保洁、搬家搬场、病人陪护、消毒消杀和保姆等传统型家政服务，向涉外保姆、家庭顾问、家庭助理、家庭管家、精神陪伴（陪读、陪聊）等现代家政服务转变。

此外，《意见》提出五大措施加大对家政服务业的扶持力度：一是家政服务企业安置城镇失业人员享受税收优惠。对家政服务企业新增加的就业岗位，与其签订1年以上期限劳动合同并缴纳社会保险费的，3年内按实际招用人数予以每人每年4800元的依次扣减营业税、城市维护建设税、教育费附加和企业所得税。二是对城镇失业人员从事个体家政服务业给予税收优惠。符合条件的下岗失业人员从事个体家政服务业的，3年内按每户每年8000元的限额依次扣减其当年实际应缴纳的营业税、城市维护建设税、教育费附加和个人所得税。三是对家政服务企业实施财政奖励。年终对年营业额达到20万元以上的家政服务企业给予奖励。

四是支持开展家政服务职业技能培训。具备培训办班资格或办学条件的家政行业培训机构，相关培训补贴可按市有关就业培训补贴政策的规定给予补贴。培训合格者，由劳动保障部门颁发职业资格证书或职业技能培训结业证书，逐步实现“上岗先培训、劳动签合同、工资建专户、保险进统筹、维权多渠道”。五是对家政服务企业实行社会保险补贴。鼓励家政服务业吸纳和招用城镇失业人员。主城区范围内的家政服务企业，凡按照有关法律法规的规定及时缴纳职工社会保险费、安置主城区城镇失业人员比例达到全部职工人数15%(含)以上的，继续按企业当年实际缴纳的职工基本养老保险费和城镇职工基本医疗保险费给予全额补贴。

福建厦门：试水高端市场　大学生“管家”亮相

针对家政行业中普遍存在的学历较低、服务质量不高的状况，厦门市成立了家政服务网络中心，这是厦门市目前唯一一个家政服务公共平台。该中心集合了厦门市家政服务行业的优质资源，不仅要为市民提供诸如钟点保洁、保姆、搬家等普通家政服务，也瞄准了中高端家政市场。该中心推出了大学生“管家”来引导市场。由该中心培训出炉的大学生“管家”在2010年6月开始推向市场，这些大学生“管家”面向的主要是中高端家政服务市场，招聘对象主要是文化程度相对较高的人员，包括职业中专生、大专生以及本科生等，一般招聘专业是幼师、护理、社会工作、心理学等文科方面的，专业相对比较对口。招聘到合适的人员后，该中心会对他们进行集中的岗前培训，以提高他们的综合素质。家政服务网络中心主任曾志强表示，大学生进入家政服务行业，应该要走有“科技”含量的高端路线，让自己“学有所用”。

此外，为吸引大学生加入家政行业，服务网络中心推出两大“筹码”——“员工制”和不低于应届大学生就业平均工资的薪酬。该中心将对家政服务人员实行“员工制”，直接和中心签约，每个月领取固定工资，不必为拉业务发愁，目前该中心给签约员工定下的工资，扣除“三金”之前为2500元。

北京海淀区：家政业工资首次集体协商 企业不得拒绝拖延

2010年9月，北京海淀区花园路地区家政工会联合会代表辖区内6500多名家政员工，同家政企业选举的代表签订了《花园路地区家政服务行业工资协商协议书》，拟定了北京家政行业的首个“最低工资标准”。6500多名家政人员按照各自级别享受由1000元到6400元不等的最低工资。协议还明确，“本年度职

部分地区推进家政服务业发展实施措施

地区	实施措施
甘肃	2009~2010年计划培训7000名城镇下岗人员和农民工，从事家政服务。对家政培训项目采取财政补助方式予以支持，原则上每人不超过1200元补助金额
湖南	2009年底湖南家政网服务中心正式启用，并进一步细化家政服务项目，覆盖各个领域，包括清洗抽油烟机、接送小孩、代送包裹、重装电脑等细项。服务收费方式有小时制、天制等，也能“零售”和“批发”。湖南家政行业正在从散兵游勇状态走向规模品牌时代
河北石家庄	开展“家政服务工程”，主要培训城市下岗失业人员及农民工，参训人员费用由财政全额补助。争取在2~3年内，逐步培育形成家政服务培训机制和家政服务网络体系
吉林长春	由长春市人力资源管理部门、长春市就业服务部门共同牵头，将零散用工规范管理进入市场，统一介绍，使零散工职业介绍走向市场，规范化运作。同时重点培训“4050”钟点工

北京海淀区花园路“工资协议”规定的家政员工资标准

工平均工资增长率为10%”。2010年市总工会确定了55家试点单位，各个试点单位将围绕劳动报酬、工作时间、休息休假、保险福利等职工关心的热点、难点问题，开展工资集体协商试点。北京市总工会权益部部长黄伟介绍，按照规定，行业工资集体协商时，企业方的代表由企业推选产生，职工方可以由行业协会或行业工会联合会代表。下月起，全北京市将推广“工资集体协商制”，确保职工和企业双方的利益。市总工会有关负责人表示，“工资集体协商”并非就是“涨工资”。它改变了工资由老板一方说了算的状况，使职工也有了“话语权”，而最终的工资标准由劳资双方协商来定。协商让职工明白了工资是“怎么定”的，也就为工资“怎么涨”创造了条件，因此协商为职工谈出了合理收入，也为企业谈出了效益。此次行业协商结果就是工价有涨有落，但劳资双方均感满意。

此外，北京市人力社保局要求非公企业加速“集体合同”、“工资集体协商”制度的覆盖进程。并规定职工方要求集体协商时，企业不得拒绝或拖延，否则可由工会出面向人力社保部门申请调解。

家政服务业前景大，国际投行关注中国家政服务业

2010年4月，在济南举办的首届中国家政服务职业化论坛上透露，随着社会对家政服务需求不断增长，不少地方出现家政服务业“用人荒”，家政服务人员的薪酬也逐年看涨。以育婴师为例，经过正规培训并获得国家人事劳动保障部门认可的职业资格的育婴师、高级育婴师，月薪至少在3000元以上。在深圳育婴师月薪四五千元的不在少数，服务好的育婴师年薪最高可达七八万。国内家政服务行业的迅速发展，不仅为广大农村剩余劳动力、城市下岗失业女工以及大中专毕业生找到了就业岗位和实现人生理想的舞台，其巨大的发展前景，也引起美国高盛投资公司等国际投行的关注。据业内人士介绍，目前已有包括“山东大嫂”在内的国内多个家政服务品牌引起高盛公司关注，该公司不仅为各家政公司主要负责人提供10万元经费，到清华大学进行为期4个月的培

训，培训结束后还将为各家政企业提供为期5年的跟踪指导。这意味着国内家政服务业很可能成为跨国投资公司新的投资对象。据中国之声《新闻纵横》报道，北京的多家家政公司都表示，随着外资的进入，菲律宾、越南等地的保姆登陆中国不可避免。随着家政市场越来越火热，家政服务的价格也节节攀高。

专家认为，家政服务业既是传统产业，也是新兴产业。从服务业的发展来看，家政业尚未形成专业化。高端家政服务市场在中国处于起步阶段。在这一起步阶段，如果外资进入能够带动中国家政服务业产业升级、转型，肯定是好事。对于目前的家政服务来讲，外资的进入一方面能够带动家政服务市场的发展，另一方面，对于家政服务业的规范化发展和产业升级，具有明显的带动作用。国务院在发展家政服务业的举措里明确规定，鼓励各种资本（进入该行业）。就目前来讲，外资的进入对于家政服务业，应该会带来革命性的变化。

法律地位社会保障 家政服务业“缺一不可”

天津网2010年9月9日的署名评论文章指出，要保障家政服务业的健康稳定发展，明确家政工的法律地位和完善家政工的社会保障必须同时并举，缺一不可。

文章认为，目前家政行业正走向社会化、职业化的道路，政府应在提供保姆们的社会保障，推动家政行业职业化中有所作为。首先，有关部门应率先转变观念，尊重草根阶层的劳动，将家政工职业化，承认从事家政服务属于就业。完善法律法规、政策扶持、规范管理等诸多问题。其次，政府应在政策上给予家政行业更多的优惠扶植。政府可为一些实行员工化管理的家政公司提供补贴，鼓励家政公司利用政策补贴培训员工，并为员工缴纳社会保险。最后，政府还应统一行业标准。政府应加快行业管理和指导工作的步伐，比如指导家政公司与员工签订劳动合同，要求家政工持证上岗，从各方面推进家政业向职业化方向发展。

建立政府、企业、个人风险共担机制

《人民日报》题为《三方的困局：家政业成长的烦恼》的署名评论文章指出，家政服务培训市场的规范需要多方共同努力，要逐步建立政府、企业、个人风险共担机制，促进家政业稳定快速发展。文章认为，家政服务员有权享受符合行业特点的最高工资、最低工时、安全的工作环境和社会保险，这样就会有更多的人愿意从事此行业；同时，因为要承担员工工作失误责任，企业有了更多动力去培训员工，提高服务水平，满足市场要求，做强做大。市场有时会失灵，问题在行业内部很难解决。这时候亟须相关政府部门尽快制定国家职业标准，让雇佣双方都有个参照；严格监管让市场规范起来；同时建立职业培训体系，为保姆创造不断“升级”的职业培训通道；还要推动建立防范风险体系，建立政府、企业、个人风险共担机制，减少雇佣双方和家政业的风险。

重庆拿出2个亿：一年六大节 节节要“送礼”

中秋、国庆佳节刚过。对于中国人来说，两节更具象征意味，因而也备受重视。节前关于政府关注民生的报道也因此格外引人关注。2010年9月，中央政治局常委密集基层调研，虽然考察调研各有侧重，但“民生”是共同主题，常委们所到之处，无一不强调民生问题。高层浓浓的民生情怀，使全国上下感受到节日的温馨与温暖。在这一背景下，重庆市政府9月13日又表示，建立全市城乡困难群众节日送温暖长效机制。从2010年中秋节起，每年元旦、春节、五一、端午、中秋、国庆期间，开展送温暖活动，每年将送2亿“大礼包”，让全市200多万困难群众温暖过节。此开先之举更是让人称羡。

“一桶油半袋米”不再，送温暖升级换代

送温暖内涵发生了明显变化

当前，随着中国经济结构转型加快，困难群体组成结构和利益需求都发生了很大变化。他们的困难主要表现在就业、生活、教育、医疗、住房等方面，帮扶需求也从基本生活需要逐渐向追求社会公平等方面转变。以前的送温暖给人的印象常常是“一桶油半袋米”，就是困难群体在节日的时候获得一些生活用品的救助。而现在送温暖的内涵明显扩展。2002年以来，各地工会通过建立困难职工帮扶中心，不

“送温暖”内涵的明显变化

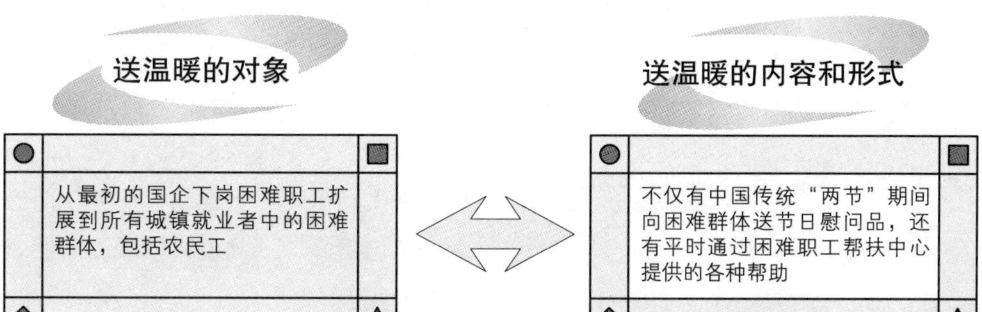

断拓展送温暖内涵，丰富送温暖内容。目前送温暖活动不仅仅开展生活救助，同时还开展就业服务、医疗救助、助学帮扶，送岗位、送技能、送保险、送文化；还针对农民工群体，积极开展帮助农民工平安返乡行动和工资支付专项检查行动，工会送温暖活动形成了内涵多元化、形式多元化的格局。

当前，困难职工群体组成结构和利益需求都发生了很大变化，他们的困难主要表现在就业、生活、教育、医疗、住房等方面，困难职工群体的帮扶需求呈现出多样化，即从着重解决生活难、医疗难等基本生活需要逐渐向维权、就业服务等追求社会公平等方面转变。正是在这样一个背景下，送温暖内涵才得以不断扩大。

避免流于形式走过场　新式温暖做法不断创新

为避免送温暖流于形式，近年来全总明确要求送温暖活动要重点锁定在协助政府解决困难职工和农民工最关心、最直接、最现实的利益问题上，并推出了系列创新举措：

送温暖开展以来全总推出的创新举措

建立纵向帮扶中心

自2002年以来各级工会建立了358个地市级帮扶中心和2722个县级帮扶中心，使送温暖工作走上了制度化、经常化、社会化的发展轨道

助学与帮助就业相结合

各级工会将困难职工子女送进大学门，并在他们毕业后积极开展困难职工家庭高校毕业生阳光就业行动，做到了助学与帮助就业相结合，解决了困难职工家庭贫困代际传递的问题

以创业促就业

开展小额担保贷款助贷工作，引导困难职工创业

加大就业培训帮扶力度

对城镇失业人员和农民工实行家政技能培训、就业安置、管理和维权服务一体化运作，促进城镇失业人员和农民工实现就业

一是深入开展调查摸底。各地工会深入困难职工人数多、困难程度大的地区和企业，摸清困难职工情况，争取更多的资源和手段，推动建立和完善帮扶解困的长效机制，有针对性地制定帮扶措施，确定帮扶群体，突出帮扶重点，务实地开展送温暖活动。

二是大力推动保障民生政策的落实。对于应该落实而没有落实的政策问题，积极主动向政府有关部门反映，推动政策的尽快落实，做到应享尽享。

三是加大对重点地区和重点群体的帮扶力度。根据致贫原因，“输血”与“造血”相结合，送医疗、送岗位、送技能、送保险、送文化、送教育，采取多种措施帮助他们解决突出困难和问题，维护社会和谐稳定。

四是做好“两节”集中走访慰问与日常四季“恒温”帮扶结合。

“送温暖”别犯“冷热病”

令人如坐春风、如饮甘醇的“送温暖”活动，自1992年初由全总倡导开展以来，已不知救助了多少困难家庭，温暖了多少贫困群众的心，其政治意义和精神感召力的确十分深远和巨大。然而，这意义非凡的“送温暖”活动，如今却患上了“冷热病”，即“节日之前蛮热闹，节日之后一边撂”，就好似“剃头的挑子——一头热、一头冷”。其实，“送温暖”若仅仅停留在节前发放区区几百元的“输血式”的救济或送些粮油物品的“慰问式”接济，对于困难已久的群众，只能是解一时之难、暖片刻之心，对于因病致贫、债务缠身的特困户，根本无济于事。这般“送温暖”，不仅意义不大，更让人感到领导们只是在例行公事，甚至是“作秀”而已。难怪如今的“送温暖”活动已难以激起人们感情上的交流与共鸣。

2010年1月21日大河网评论文章认为，政府部门不仅应把节前的“送温暖”与节后的“送恒温”相结合，不断完善社会保障体系，真正为困难群众筑起一道抵御天灾人祸，失业贫困的防线，而且要变单一的“输血式”为多元的“造血式”，根据不同的困难群体、不同的困难程度、不同的致困原因和不同的帮扶需求，分别采取送政策、送岗位、送技术、送医疗、送物资、送资金等不同的慰问方式和帮扶措施，施之以策，授之以渔，让他们掌握一技之长，为他们创造更多更实的就业机会和脱贫渠道，帮助他们尽快恢复或提高自身的“造血功能”。如此，“送温暖”活动才能真正落到实处，才能消除节前节后冷热不均的病兆，也才能让困难群众尽早摆脱“节日暂时脱贫，节后继续贫困”的恶性循环。

重庆建立城乡困难群众节日送温暖长效机制

为真正把关怀困难群众生活作为民生工作的大事要事，重庆市政府决定，建立全市城乡困难群众节日送温暖长效机制。专门为困难群众过节送温暖建立长效机制，在全国尚未有先例，重庆此举开全国先河。

在今后两年半时间内将投入3000多亿资金解决十大民生问题

2010年6月24日至25日召开的重庆市第三届委员会第七次全体会议，审议通过了《中共重庆市委关于做好当前民生工作的决定》，《决定》提出，在今后两年半时间内，全市将投入3000多亿专项资金，用于解决公租房建设、城市绿化、两翼农户万元增收、农村留守儿童等十大民生问题。重庆市政府决定建立全市城乡困难群众节日送温暖活动长效机制，正是贯彻落实市委三届七次全委会精神的一项重大举措。

重庆市自从在全市开展以“大下访”、“三进三同”、“结穷亲”为载体的机关党员干部下基层的“三项活动”以来，对加强党员干部与人民群众之间的联系，融洽干群关系、解决百姓疾苦、维护农村稳定、化解矛盾纠纷起到至关重要的作用。而向困难群众送资金、送技术、送温饱本是“三项活动”的重要内容之一，该市市委、市政府再次明确在节日期间开展向弱势群体送温暖，是进一步深入推进“三项活动”的重要举措。深入开展“三进三同”、“结穷亲”、“大下访”，深化“三项制度”，倾听群众心声，解决群众困难是“民生十条”的重要内容。此次重庆市委、市政府明确节日向困难群众送温暖活动，以制度的形式将此项活动固定下来，是兑现市委三届七次会议通过的“民生十条”的重要承诺。

从2010年中秋节起，每年六大节，节节送温暖

该市出台的《关于建立城乡困难群众节日送温暖长效机制的意见》中要求，全市各级各部门各单位要从改善民生和关怀困难群体的角度，从构建和谐社会、维护改革发展稳定大局的高度，从建立规范化、常态化、制度化的体制机制出发，认真扎实地开展节日送温暖活动。《意见》明确了慰问节日、慰问对象以及慰问资金。并要求，全市各级各部门各单位要通过开展形式多样的活动，把市委、市政府的关怀传达到基层，把各级党委、政府的温暖送到千家万户，把广大基层的社情民意摸清摸透，把困难群众最急迫的要求弄清弄准。要把节日送温暖与基层民俗民间文化活动、密切联系群众“三项活动”结合起来，采取节日联欢、文艺演出、经典诵读、娱乐比赛、院坝会等多种形式，开展节日慰问，倾听群众心声，改善群众生活，让困难群众欢快过节、幸福过节。

重庆市节日送温暖长效机制要点

送温暖对象

首次将城乡低保对象、生活困难的重点优抚对象、建卡贫困户、企业困难职工、农村五保对象、生活困难老干部、贫困党员等城乡困难群众全部纳入送温暖活动范围。其中，市级慰问对象有3.5万人，包括37个单位；各区县慰问对象有31万户，共217万人

活动节日

每年的元旦、春节、“五一”节、端午节、中秋节、国庆节将作为重庆市送温暖的固定节日

资金安排

市级送温暖资金也将由去年的1.437亿元增加至2亿元。初步规划将5000万元专项资金用在市级慰问对象，另外1.5亿元将直接拨至各区县

《意见》强调，要按照“条块结合、以块为主，统筹分工、协调配合，结合实际、形式多样”的原则，建立市与区县（自治县）分级负责，有关部门和单位分口把关的工作机制，确保每个节日有安排、有重点、有主题、有特色、有效果。要让困难群众真正知晓送温暖的活动时间、慰问范围、具体标准，让社会各界更加关注、关爱困难群体，形成互帮互助、扶贫济困的良好风尚。要加强供需协调，组织节日货源；加强市场监管，开展执法检查，让困难群众吃上放心的节日食品；加强安全维稳工作，确保节日期间交通运输和困难群众出行安全。要加强督查，确保慰问经费足额及时拨付，推动送温暖活动持续、深入、有效开展。

每年送出2亿元“大礼包” 2亿“大礼包”8成拨付区县

2010年中秋佳节，重庆全市困难群众将吃上“爱心月饼”。9月13日，重庆市政府举

行新闻通报会表示，为了让困难群众欢度传统佳节，市委、市政府确定每年将送2亿“大礼包”，让全市200多万困难群众温暖过节。2亿资金从何而来？市财政局负责人表示，过去，各级各部门和区县都是根据需求临时筹措资金。这次，通过预算，统筹各类专项资金和社会捐赠等筹集资金，建立起了送温暖活动的资金保障新机制。具体包括市级财政预算安排由5430万增加到10120万，增加4690万；低保、扶贫、国有资本经营预算等专项资金统筹由6060万元增加到7660万元，增加1660万元，增加的资金主要由企业承担对困难企业职工的慰问改为国有资本经营预算安排；再加上工会经费、党费和企业筹资等相应增减，总额达2亿元。这2亿元资金除部分用于市级单位开展送温暖活动以外，大部分资金用于支持和补助困难区县开展送温暖活动。2亿元资金，市级统筹安排5000万元，直接拨付区县1.5亿元，区县政府再作相应统筹，并多渠道筹资，确保资金及时到位，达到四两拨千斤的作用。

慰问标准将向社会公布

目前重庆市共有200多万城乡困难群众，其中市级人数3.5万，区县则有近217万，每次过节每人可以领到多少慰问金，由各区县根据实际情况统筹安排。市民政局相关负责人表示，各级民政部门负责维稳的困难群众占全市困难群众的50%以上，将按乡镇、街道、村、居委会为单位，认真调查，掌握困难群众的户数、人数，并登记造册，做到不漏一户，不少一人。市民政局还表示，各区县民政部门将根据当地经济社会发展和财政情况，提出各类不同对象每个节日的慰问标准，并向社会宣传公示。每个重大节日前，必须按时足额将慰问品、慰问金发放到困难群众手中，确保困难群众高高兴兴过节。在困难党员方面，市委党费下拨400万元，各区县和市级相关部门自留党费安排了300万元，对全市近10万名贫困党员进行全覆盖的走访慰问。对于离退休干部，根据市里建立的送温暖长效机制，全年将安排资金83.7万元。

部分地区中秋国庆期间帮困送温暖一览

地区	做法
福州市残联	2010年9月20日，残联和仓山区残联联合慰问30位重度残疾人，向他们致以节日的问候。残联部门不仅给他们安排聚餐，还每人发放一盒月饼和300元中秋慰问金
云南省文山县	2010年9月25日下午，县总工会举行国庆中秋慰问劳模、困难职工活动启动仪式。县总工会筹集8.5万元在国庆中秋前夕对县属特困职工、农民工、下岗失业人员和劳模模范进行慰问
大连市	大连市总工会筹资200万元，从2010年9月13日至21日，开展形式多样、内容丰富的“迎中秋、庆国庆、送亲情”活动，市各级工会组织共走访各类企业千余家，慰问含农民工在内的各类职工5万余人，发放慰问金1008.3万元

重庆15万困难职工每人可领不低于40元过节红包

2010年9月16日，重庆市工会启动“2010年中秋国庆送温暖”活动，其中市级慰问基金600万元，各区县根据实际自行配套。全市15万余名困难职工，陆续领到不低于40元的过节“红包”。这是工会系统首次在中秋、国庆期间发放“送温暖”慰问金，此前只在元旦、春节期间举行过类似活动。纳入慰问对象的困难职工主要有三类人群：14.8万名建档困难职工；1519名“五老”人员，包括曾在计划经济年代担任过规模以上国有企业的老厂长（书记）、老车间主任、老工程技术人员、老工会主席，以及还健在的70岁以上且退休后月收入在1600元以下的人员；763名因患重病和遭受自然灾害所致的省部级特困劳模。在发放慰问金之外，全市工会系统还组织了形式多样的慰问行动。送温暖行动中，全市1.8万名工会干部将对2万名牵手帮扶对象，进行一对一走访慰问，倾听困难群众的诉求；开展送岗位行动，解决就业问题。值得一提的是，工会还将组织联欢会和赏月会等活动，把党和政府的温暖送到困难群众的心坎上。

建立节日送温暖长效机制是弱势群体的福音

在许多地方，节日送温暖只是一种约定俗成和不成文的规定，没有建设一个完善的体制和机制，没有把在节日期间关心和关怀困难群众当成是党员干部必须完成的一种责任和义务，导致一些地方的党员干部在“节日送温暖”活动时或选择性开展，或不开展。

四川在线《天府论坛》栏目2010年9月15日的“天府时评”文章认为，重庆以《意见》的形式加以规范和明确，什么节日送、送什么人群、怎样送等都详细的做了规范，并将节日送温暖活动形成长效机制，成为党员干部必须履行的一种责任和义务。在全国各省市开了先河。

文章指出，社会弱势群体将是一个长期客观存在，关注社会弱势群体的生存状态，提升弱势群体的生活质量，也是全面建设小康社会的题中之义。民生问题，不仅是重庆社会经济发展的首要重任，更是执政兴国的要务。建立节日送温暖长效机制，其实质是对社会弱势群体生存生活状态深切关怀。建立节日送温暖长效机制，用制度来保护困难群众，弱势群体应该享有的权益，让他们在节日里感受党和政府的温暖，感受来自社会大家庭的爱，欢乐、祥和的过好每一个传统佳节，体现了执政为民、以人为本、构建和谐社会的理念。将民生问题放在关系经济社会发展全局的重大问题，不仅凸显了重庆市委、市政府在重视社会公平正义和执政理念的重大突破，更是社会弱势群体的福音。

做好民生工作　必须依靠完善的制度支撑

温家宝总理2010年9月12日在天津滨海新区考察时指出，“改善民生的担子不轻”，要把涉及民生的事情办好办实，千方百计提高农民收入，解决好失地农民的住房、社保、就业等问题。人民网9月15日署名评论文章认为，衣食住行等民生问题不仅关乎老百姓幸福指数的高低，关乎可持续发展，更关乎社会的和谐与稳定。可以说，“民生”是杆秤，一头连着百姓的锅碗瓢盆，一头连着国家的繁荣富强，秤盘承载着亿万家庭的生活和富足，从中可以掂量出官员与老百姓在彼此心中的分量与地位。

文章指出，解决好民生问题就是最大的政治，改善民生就是最大政绩。关注民生、改善民生、造福民生，是各级党委、政府的责任，是构建和谐社会的根本。中低收入群体和困难群体是社会的重要组成部分，特别要把中低收入和困难群体作为改善民生的主要对象，密切关注中低收入群体的困难，关注中低收入群体的需求，确保困难群众必需的基本保障和生活来源。做好民生工作，必须依靠完善的制度支撑，逐步形成操作性强的改善民生工作制度体系，全面加强制度执行的监督检查，不断提高民生工作的执行力，确保各项制度不折不扣地落到实处。要通过制定好的制度、执行好的制度，使重视民生成为各级党员干部的自觉行动，使改善民生成为各地各级各部门的工作常态，确保群众持续受益、长久稳定地得到实惠。